Colección

Primeras infancias

Edición: Primera en castellano. Julio de 2026
Lugar de edición: Barcelona, España / Buenos Aires, Argentina

ISBN: 979-13-87546-66-3
e-ISBN: 979-13-87546-67-0
Depósito legal: M-16971-2026

Código Thema: MKJA [Autism & Asperger's Syndrome]
JMC [Psicoanálisis (Psychoanalysis)]
MKM [Psiquiatría infantil y adolescente]
JNLA [Desarrollo infantil]
Código Bisac: FAM048000 [Autism Spectrum Disorders]
PSY040000 [Psychilogy / Developmental / Child]
PSY036000 [Psychilogy / Psychopathology / Autism Spectrum Disorders]
PSY026000 [Psychilogy / Psychotherapy / Psychoanalysis]
Código WGS: 153 [Psicología]
155 [Psiquiatría / Psicoterapia]
111 [Familia y educación infantil]

Traductora: Nora Woscoboinik-Scheimberg

Colaboradores de traducción: Verónica Cascante
Carlos Herrera
Leandro Jofré
Iván Páez
Thiago Palmeiro Oyhenard
Lorena Strunk

Ilustración de portada: Belén Pérez

MIÑO y DÁVILA
EDITORES

Página web: www.miñoydavila.com
Correo electrónico: minoydavila@gmail.com

Dirección: Miño y Dávila s.r.l.
Tacuarí 540, Ciudad Autónoma de Buenos Aires
(C1071AAL) República Argentina.

MARIE-CHRISTINE LAZNIK
NORA WOSCOBOINIK-SCHEIMBERG

con la colaboración de Catherine Saint Georges, Muriel Chauvet, Caroline Pelabon, Annik Beaulieu

Bebés y primera infancia en la clínica psicoanalítica

Detección temprana del riesgo de autismo
Abordajes interdisciplinarios

Dirección, compilación y curaduría:
Nora Woscoboinik-Scheimberg
Cynthia Frenkel
Melisa Fuchila
Juliana Mazza
Dolores Casares

MIÑO y DÁVILA
EDITORES

A Halimata, que nos enseñó tanto

ÍNDICE

Agradecimientos

A Rebeca Silberman, por formar parte del equipo original de trabajo y por sus valiosos aportes.

A Belén Rodríguez y a Andrés Solari por las desgrabaciones de las reuniones de trabajo.

A Belén Pérez, por el diseño de tapa.

A Martín Acevedo, por orientarnos con el armado del libro para su publicación.

A Thiago Palmeiro Oyhenard, Iván Páez, María Inés Camba, Leandro Jofré, Verónica Cascante, Carlos Herrera y Lorena Strunk por las correcciones de las traducciones.

A Laura Estefanía por su asesoramiento editorial.

A Carla Iannelli por su trabajo de edición y corrección.

"Es chocolate blanco de Bélgica, le dice la abuela a la criatura al tiempo que lo destapa. (...)

En un arranque de valor, atrapa la novedad con los dientes, la mastica, aunque no es necesario, se derrite sobre la lengua, enmoqueta el paladar, le llena la boca, y se produce el milagro.

La voluptuosidad se le sube a la cabeza, le hace jirones el cerebro y hace resonar una voz que nunca había oído: ¡Soy yo! ¡Yo soy la que vive! ¡Yo soy la que habla! No soy él, ni éste, ¡soy yo!

Fue entonces cuando nací a la edad de dos años y medio, ante la mirada de mi abuela paterna, por obra y gracia del chocolate blanco.

(...) Sentía que las cosas dejaban huella en una parte blanda de mi cerebro que guardaba constancia de todo".

Metafísica de los tubos, Amélie Nothomb

PREFACIO[1]

Los antecedentes de este libro son, en muchos sentidos, el relato de una búsqueda. Una búsqueda que comenzó en 1973, cuando, siendo muy joven, pude participar en la aventura de la creación, por parte del doctor René Berouti, de un servicio piloto para niños pequeños con autismo severo en el hospital de Maison Blanche. Un servicio de hospitalización con hospital de día donde treinta y cinco adultos intentábamos sacar a doce niños del encierro en el que se encontraban. A pesar de los grandes esfuerzos y del entusiasmo, los resultados resultaron escasos. Fueron siete años, el tiempo suficiente para constatar que separar a los niños de sus padres no cambiaba el panorama; los extraños comportamientos que estos niños suscitaban en sus padres se repetían de forma idéntica en todos los cuidadores, un fenómeno de repetición que me llevó a escribir dos artículos.

Este fracaso me impulsó a invertir en otro enfoque: un trabajo ambulatorio intensivo con los padres y los niños autistas. Durante tres horas a la semana, junto a un observador, analizábamos minuciosamente las notas de cada sesión, un trabajo que nos permitió descubrir que los sonidos proferidos por los niños eran, en realidad, palabras. Al devolver estos "códigos" al niño y a sus padres, estos podían apropiárselos, convirtiéndose así en coterapeutas. Los progresos fueron mucho más rápidos que en la institución, y esta experiencia, que reflejé en mi libro *Hacia el habla* (*Vers la parole)*, veinte años más tarde me llevó a cambiar el título por *Una psicoanalista con los padres y tres niños autistas*

1. De la edición francesa.

empiezan a hablar (*Une psychanalyste avec les parents et trois enfants autistes se mettent à parler)*, reconociendo la importancia del trabajo con los padres en el proceso.

La experiencia clínica me había enseñado la importancia del momento de la intervención. Siguiendo una idea que ya había planteado el profesor Serge Lebovici, mi aspiración era poder recibir a los bebés desde sus primeros meses. Comencé a trabajar en la consulta para padres-bebés del Centro Alfred Binet, donde adquirí valiosos conocimientos. Sin embargo, al inicio no había allí bebés en riesgo de autismo, ya que no existían los criterios para su detección ni un interés claro por el tema en el medio académico.

Fue una pequeña paciente de cinco años, Halimata, quien nos abrió una fabulosa pista de trabajo. Nora Woscoboinik-Scheimberg, quien la tenía en tratamiento, me honró al pedirme que supervisara su caso. ¡Qué gran enseñanza! Halimata comenzó a traer de la sala de espera la revista *Parents*, interesada en una publicidad de Guigoz que mostraba a un bebé boca arriba mientras lo cambiaban. El bebé tendía su pequeño pie a su madre, que fingía comérselo con gran placer. Halimata rodeaba con un círculo la boca y el pie, poniéndonos en la pista de lo que teníamos que ver. Trazaba líneas que unían la sonrisa del bebé y la mirada de la madre, y viceversa. Semana tras semana, la niña repetía sus trazos en cada nuevo número de la revista.

¿Qué era lo que para ella insistía con tanta fuerza en el placer que esa bebé encontraba al hacerse devorar el pie por una mamá maravillada? Esto me evocó un seminario de Jacques Lacan sobre la pulsión. Pasé el verano releyendo ese seminario, comparándolo con el texto de Sigmund Freud sobre la pulsión en su versión original. Gracias a Halimata, descubrí la importancia de los tres tiempos de la pulsión. La niña soñaba lo que no había podido establecer con su madre. Nos dimos cuenta de que los bebés que devenían más tarde autistas no estaban en condiciones de lograrlo. Los porqués de este problema no vendrían sino décadas más tarde, y el intento de responderlos es uno de los hilos conductores de este libro.

En nuestro grupo de investigación, una idea comenzó a germinar: si los lactantes típicos buscaban hacerse el objeto del placer pulsional de una madre maravillada, ¿podríamos entonces distinguir a aquellos que no lo hacían?

Una investigación, llevada a cabo por el equipo de Pisa del profesor Filippo Muratori y la profesora Sandra Maestro, que analizaba videos familiares de bebés que más tarde devinieron autistas, nos permitió confirmar la hipótesis del fracaso del tercer tiempo de la pulsión. A partir de esto, se desarrolló la investigación PRÉAUT que validó las hipótesis y cuyos resultados se publicaron en 2017 en *PLOS ONE* (Bérengère Olliac et al., 2017). Los tres tiempos de la pulsión no solo nos sirven como herramienta de diagnóstico, sino también como herramienta terapéutica. Lo veremos a lo largo de este libro.

El camino se amplió con otras investigaciones como por ejemplo sobre la prosodia del *maternés* y sobre el exceso de empatía emocional, o defecto de filtro, que explica por qué estos bebés se retraen ante la ansiedad de sus cuidadores.

La clínica me mostró la importancia de un abordaje transdisciplinario. Una paciente me reveló la necesidad de una atención sensoriomotora. Luego, Annik Beaulieu aportó el tercer hilo de la trenza con la osteopatía, para abordar los dolores gastroesofágicos que, según la investigación, afectan a casi todos los bebés con signos de riesgo.

La correlación entre los dolores gastroesofágicos patológicos y el autismo es un hallazgo que la investigación en distintos países del mundo ha confirmado. Si bien lo observábamos en nuestra práctica clínica, esta validación científica nos permitió fortalecer nuestra labor con pediatras y gastroenterólogos pediátricos, integrándolos como socios cruciales en el abordaje de los bebés en riesgo.

Es probable que estos bebés presenten no solo dificultades innatas, sino también una relación particular con el dolor que sugiere una ausencia de filtros. Estos dolores, que los padres no logran calmar solos, se convierten en una fuente de sufrimiento que, a su vez, agrava el encierro del bebé y aumenta la angustia parental. Es lo que denominamos "riesgos en cascada": una sucesión de eventos que se retroalimentan y amplifican el problema inicial. Este ciclo de sufrimiento solo puede ser abordado a través de un trabajo transdisciplinario, especialmente en los casos donde existen factores genéticos subyacentes.

Actualmente se sabe que cuando un bebé nace siendo ya hermano o hermana de un niño autista, tiene una probabilidad del 20% de desarrollar autismo, la cual aumenta al 25% si es varón. Por ello, estos niños son considerados de "alto riesgo". Estos datos genéticos se vuelven aún más impactantes al observar que en mellizos esta probabilidad es la misma (20% cuando uno de los dos es autista), pero en gemelos monocigóticos se incrementa significativamente, llegando al 70%.

La decepción del genetista Arnold Munnich, quien no logró identificar los genes responsables del autismo, sugiere que la complejidad es mayor de lo esperado. En esa misma línea, Ami Klin estima que entre 300 y 600 genes podrían estar implicados en la creación de los factores de riesgo del autismo.

Mientras que Klin no explica la interacción entre las fragilidades genéticas y la aparente indiferencia del bebé hacia lo que le interesa al otro, esta es una pregunta que nos ha apasionado. No estoy al tanto de sus hipótesis sobre por qué estos bebés no buscan la mirada de su cuidador ni se interesan por sus motivaciones. Colwyn Trevarthen nos enseñó que el bebé típico "nace con un motivo para el motivo del otro", una idea que traduzco libremente como: el bebé nace con un interés por lo que le "gusta" al otro. Este es el punto de partida, el prolegómeno del deseo que exploramos en nuestra investigación.

A diferencia de la perspectiva organicista, no creemos que las dificultades innatas de un bebé determinen de forma definitiva la evolución hacia el autismo. En cambio, consideramos que estas dificultades se manifiestan en un proceso de tres tiempos. Primero, factores genéticos u orgánicos innatos impiden que el bebé establezca contacto y disfrute de lo que motiva al otro. Sin embargo, existe un segundo tiempo en el que estas mismas dificultades desorganizan al "entorno", es decir, a los padres. Finalmente, en un tercer tiempo, la falta de contacto lleva a una organización cerebral diferente a la de un bebé con desarrollo típico. Mientras tanto, podemos intervenir. Klin, por ejemplo, ha señalado que antes de los dos años la intensidad del autismo podría reducirse, e incluso evitarse en algunos casos. De hecho, la mayoría de los bebés a los que nos referimos en este libro se los recibió en consulta antes de los tres meses, con el objetivo de prevenir la aparición del autismo siempre que sea posible.

Aceptar que haya factores orgánicos y genéticos entre las causas del autismo no impide al psicoanalista trabajar con sus herramientas: los tres tiempos de la pulsión y la transferencia. De igual forma, podemos conceptualizar una metapsicología que incluya la cuestión del dolor, como ya lo había propuesto Freud en su *Proyecto de psicología para neurólogos.*

Si nos expresamos en términos lacanianos, podríamos decir que las dificultades innatas de un bebé para sincronizar sus movimientos con la voz de su madre tendrán repercusiones en su primera organización significante.

Por todo esto estamos convencidos de que la culpabilización de la madre en este tipo de patología carece de todo sentido y de pertinencia, impidiendo además el amor de transferencia, tan necesario para que los padres, y sobre todo la madre, puedan convertirse en coterapeutas.

Este libro busca, por lo tanto, compartir esta trayectoria clínica e investigativa, demostrando que la detección temprana y la intervención transdisciplinaria pueden prevenir el autismo o mitigar sus efectos, aprovechando esa ventana de oportunidad que nos ofrecen los primeros meses de vida.

Marie-Christine Laznik

PREFACIO A LA EDICIÓN ARGENTINA

Me llena de placer y alegría saber que un nuevo libro sobre mis trabajos estará disponible en español, especialmente porque se publicará en Argentina. Esta iniciativa retoma el camino que comenzó Roberto Harari, cofundador de Mayéutica, quien en 1971 (Laznik, 1971/1997[1]) y en 2005 (Laznik, 2005) publicó mis dos primeros libros en su colección de Nueva Visión. Su muerte en 2009 puso fin a nuestros fructíferos intercambios.

Veinte años después, Nora Woscoboinik-Scheimberg ha asumido la tarea de producir este nuevo libro. Le estoy profundamente agradecida por haberse embarcado en el desafío de traducir al español una compilación de mis artículos más importantes sobre el psicoanálisis con bebés, especialmente aquellos centrados en el riesgo de autismo. La labor asumida es extraordinaria porque reúne artículos publicados a lo largo de varias décadas, en lugar de ser la traducción de un solo volumen, creando una obra que sintetiza décadas de investigación.

Algunos artículos están dirigidos a "todo público culto", expresión muy habitual en francés, pero Woscoboinik-Scheimberg ha insistido en incluir otros escritos en un "lenguaje lacaniano", pensado para colegas que utilizan esta terminología. Un ejemplo es el artículo sobre la diferencia entre psicosis y autismo, redactado sobre una base topológica. Recomiendo a los lectores no familiarizados con este tipo de textos que los dejen de lado. Lo verdaderamente importante es que la clínica, que

1. Disponible en castellano: <https://laznik.fr/wp-content/uploads/2017/08/Hacia-el-habla.-Tres-ninos-auti-Marie-Christine-Laznik-Penot.pdf>. (N. de T.).

atraviesa y trasciende las diferentes escuelas psicoanalíticas, sea el foco de este libro y pueda ser comprendida por todos aquellos interesados en el trabajo con los niños pequeños. La insistencia de Nora en incluir los artículos que llamaré "lacanianos" muestra su gran apertura de espíritu como psicoanalista de la Asociación Psicoanalítica Argentina.

Conocí a Nora cuando trabajaba en París. Fue un honor cuando me pidió supervisar el caso de una niña autista, Halimata, de cinco años. En realidad, no fue la supervisora quien le enseñó sino Halimata quien nos lo enseñó todo a nosotras. A esa pequeña, que no tenía lenguaje, le debemos el descubrimiento del tercer tiempo del circuito pulsional, una idea sin la cual el resto de los trabajos de este libro nunca habrían existido. Esto ocurrió a principios de los años 90, y fue esa misma experiencia la que impulsó la investigación PRÉAUT, el primer estudio sobre signos precoces de autismo en bebés menores de nueve meses que se publicó en una revista científica[2]. Por todo ello, considero que este libro debe ser dedicado "a Halimata que nos enseñó tanto".

La inmensa labor de compilar en un solo libro artículos de varias décadas de trabajo no podría haberse realizado sin un equipo de colaboradores. Por ello, mi gratitud se extiende a todos aquellos que hicieron posible este proyecto: Cynthia Frenkel, Dolores Casares, Melisa Fuchila y Juliana Mazza. Sin olvidar a los colegas que amablemente revisaron la traducción de algunos artículos: Iván Páez, Leandro Jofré, Verónica Cascante, Carlos Herrera, Lorena Strunk y Thiago Palmeiro Oyhenard.

Ningún avance científico, incluso en el campo del psicoanálisis aplicado, se logra de manera individual. Siempre hay un entorno que lo facilita. Reconozco que yo, junto con mis colaboradores que co-firman varios capítulos de esta obra, fuimos de los primeros en proponer una evaluación y un abordaje transdisciplinario para bebés llamados "en riesgo de autismo" durante los primeros meses de vida. Este enfoque fue posible gracias a una serie de encuentros clave que se detallan en el prefacio a la edición francesa de este libro.

Pero nuestra deuda es siempre mayor de lo que creemos. He omitido a quien me enseñó todo sobre el bebé típico: el profesor Colwyn Trevarthen, el "padre" del desarrollo infantil. Él me enseñó que el bebé nace con un apetito por lo que apasiona al otro, una idea que él mismo resumía en la frase *"the baby is born with a motive for the motive of the other"* (el bebé nace con un motivo para el motivo del otro). Parte de sus investigaciones sobre la intersubjetividad primaria, es decir, las

2. Es decir, con factor de impacto, de evidencia científica.

competencias de comunicación del recién nacido, supuso un cambio de paradigma para mis propios trabajos. Nos obliga a abandonar definitivamente la teoría del apuntalamiento en Sigmund Freud.

El bebé no descubre al otro materno un día, después de ser alimentado por un pecho que le proporciona alimento. Por el contrario, el interés por el otro es inmediato, incluso antes de la "bajada" de la leche. Podríamos hablar largo y tendido de este cambio de paradigma, pero las investigaciones sobre el desarrollo del lactante típico no dejan ninguna duda: el interés del bebé por el otro (generalmente la madre) es inmediato. ¿Podría esto estar relacionado con la neotenia del ser humano? Hay en el lactante una especie de saber filogenético que lo impulsa a buscar y manifestarse ante ese "prójimo auxiliador", como Freud lo denomina. Los hallazgos de Trevarthen nos permiten evaluar a ciertos recién nacidos que no lo logran, a los que nos referimos aquí.

Pero lanzarse a la investigación con bebés en riesgo de autismo requiere más que la colaboración de colegas; demanda un entorno especializado que nos escuche y asegure la relevancia de nuestro trabajo. He omitido este punto en mi prefacio anterior, al haberme centrado solo en los hallazgos con los bebés, y esta edición en español me permite corregir esa omisión.

Este entorno especializado en autismo, crucial para no extraviarme en la investigación, era doble: una parte de mis colegas eran "freudianos", mientras que la otra seguía la orientación lacaniana.

Del lado freudiano, mi universo de referencia se forjó en gran medida en el Centro Alfred Binet, donde ejercí como psicoterapeuta durante 45 años y donde también trabajaba Woscoboinik-Scheimberg. En ese entorno, mantuvimos por más de treinta años un seminario dedicado al autismo, que cada dos años organizaba jornadas memorables. Conté con el apoyo de dos amigos, el doctor Bernard Touati, un didacta de la Société Psychanalytique de París (SPP/IPA), y Fabien Joly, un antiguo psicomotricista que devino psicoanalista, cuya preocupación por las cuestiones corporales fue precursora a la mía por muchas décadas. A pesar de que ninguno de los dos se especializaba en bebés, su respaldo fue fundamental y nos permitió invitar a París no solo a Trevarthen, sino también a dos de sus alumnos. También pudimos invitar a los colegas de la Facultad de Medicina de Pisa de la Fundación Stella Maris, los profesores Filippo Muratori y Sandra Maestro, especialistas en videos familiares de bebés que devinieron autistas.

Esto creó un microcosmos de investigación en torno al bebé que permitió todos estos avances. De hecho, publicamos juntos dos libros sobre el autismo, el primero en 2007 (Touati, Joly & Laznik, 2007), que contó con las contribuciones de autores de gran peso en mi trayectoria, como Trevarthen, Anne Alvarez, y Geneviève Haag.

El siguiente libro escrito en 2023 por nosotros tres (Touati, Joly & Laznik, 2023) ya anunciaba en su título (*Autismes, corps et psyché*) el descubrimiento de nuestro grupo sobre la importancia de las dificultades corporales innatas en el autismo. Sin el *ethos* que ellos constituyeron para mí, mis investigaciones clínicas habrían sido imposibles.

¿Cómo articular todos estos avances clínicos y científicos con la metapsicología de Freud, reinterpretada por Jacques Lacan? Y también con los avances metapsicológicos de Lacan. Nos atrevimos a cuestionar conceptos fundamentales, como la teoría del apuntalamiento de Freud, cuando las investigaciones sobre el desarrollo del lactante demostraron la necesidad de hacerlo. Este es un cuestionamiento que Lacan nunca formuló de manera explícita, pero proponía modelos de establecimiento del aparato psíquico que daban prioridad a la voz y a la pulsión por encima de la necesidad alimentaria, la cual él separó del campo de las pulsiones propiamente dichas. Estas audacias teóricas, sin embargo, no son un logro solitario.

Mi trabajo se hizo posible gracias a los grupos de trabajo de la Association Lacanienne Internationale (ALI). A partir de los años 90, formé un grupo con Gabriel Balbo y Jean Bergès, un neurólogo que nos recordaba que el bebé participa activamente[3] para ser investido libidinalmente por el Otro originario. El bebé no es una "cera virgen" moldeada por los fantasmas y las investiduras parentales. Tiene una partida que jugar, algo que los trabajos de Trevarthen han demostrado con claridad. Esto nos llevó a una lectura innovadora del "esquema óptico" de Lacan y representó una verdadera revolución en el medio lacaniano.

Aunque nos dejaron prematuramente, otros colegas se unieron al grupo de trabajo sobre el autismo, el cual continúa activo desde hace décadas. Diversas investigaciones científicas han sido iniciadas por los miembros de este grupo, que hoy sigo coordinando junto al doctor Hervé Bentata, psiquiatra infanto-juvenil y psicoanalista. Dirigió uno de

3. Él decía: hay que ver "el funcionamiento de la función en el bebé", una frase enigmática durante mucho tiempo pero que mis colegas psicomotricistas de la escuela de André Bullinger usan permanentemente. La forma en que el bebé se las arregla para que su mirada, su voz, su gesto, su movimiento corporal se dirijan al otro.

los intersectores de la región parisina con un hospital de día para niños autistas, un hospital de día para madres deprimidas, pero también una consulta psicoanalítica dentro de un servicio de neonatología y una "Casa del bebé", dedicada a los muy pequeños.

En la última década, el seminario se centró en el bebé y dio como resultado la publicación de tres libros, fruto de nuestras jornadas de trabajo (Bentata, Ferron & Laznik, 2015; 2018 y 2022). Este último contiene en su esencia los revolucionarios avances sobre las dificultades motoras innatas del lactante desde el nacimiento. Estas jornadas fueron presididas por Haag, cuya obra es fundamental en el campo del autismo en Francia y en otros países, y cuyo referente es la escuela inglesa. Para entender su papel en la presidencia de las jornadas lacanianas, es crucial hablar de otro entorno: la CIPPA.

Haag creó en 2005 la Coordination Internationale des Psychanalystes, Psychothérapeutes et Professions affines s'occupant de personnes avec autisme: la CIPPA[4]. Me honra haber estado presente en la asamblea de su fundación en noviembre de 2005. Esta asociación representa la única respuesta política posible a los ataques que el psicoanálisis sufre en el campo del autismo. Su enfoque multifactorial de las causas del autismo y su abordaje transdisciplinario fueron determinantes para mi adhesión. De igual forma, Marie Dominique Ami, quien dirigía la CIPPA con Haag, fue pionera en defender la necesidad de evaluaciones cognitivas previas en los niños. Aunque confieso haber tenido reservas iniciales hacia los tests, hoy reconozco su importancia para el psicoanalista que trabaja en el campo del autismo.

Se han publicado varios libros a partir de las jornadas de estudio de la CIPPA. Hoy la CIPPA es presidida por el doctor Bernard Golse, profesor de psiquiatría infantojuvenil y Psicoanalista de la Association Psychanalytique De France APF. Lo secunda Armelle Barral.

Sin embargo, un punto de la CIPPA seguía siendo frágil: la "I" de "Internacional". Fue en Buenos Aires donde este aspecto comenzó a desplegarse. En 2017, durante el Congreso Mundial de la IPA, Woscoboinik-Scheimberg, el profesor Golse (por video) y yo dirigimos un taller sobre bebés y autismo que fue muy bien recibido. Este evento nos permitió reunir a colegas de varios países de América Latina, a quienes Nora entregó la carta de intención de la CIPPA en español.

---

4. Coordinación Internacional de Psicoanalistas Psicoterapeutas y Profesiones afines, que se ocupan de personas autistas.

Los colegas brasileños que trabajan con bebés y sus familias en el marco del Réseau international d'études sur la psychopathologie et la psychanalyse de l'Infans (RIEPPI[5]) se unieron a ellos para formar la CIPPA LA (latinoamericana).

La red RIEPPI, de la cual Nora forma parte, cuenta con muchos miembros en Brasil y en Francia, los cuales fueron formados por nuestros equipos transdisciplinarios. ¿Permitirá este libro que eche raíces en Argentina?

En el campo del psicoanálisis, como en cualquier ciencia, los avances nunca son el fruto de un trabajo solitario. Se construyen en comunidad, a través de la sinergia que surge al compartir ya sea un mismo horizonte analítico o una misma pasión por la clínica. Este libro, por lo tanto, no es solo el resultado de mi labor, sino un testimonio del poder transformador del trabajo en equipo. Que cada una de sus páginas sirva para recordarlo y seguir avanzando juntos en la ardua tarea a la que nos convocan los bebés, niños pequeños y sus familias.

Marie-Christine Laznik

5. Red Internacional de Estudio sobre el Psicoanálisis y la Psicopatología del Infans.

PRÓLOGO

La tarea de la clínica psicoanalítica se ha forjado en la profunda trama de los síntomas ya instalados. Sin embargo, para aquellos que trabajamos con la primera infancia, existe un imperativo ético que precede a la intervención: el de la prevención. La pregunta que ha guiado mi trayectoria profesional durante décadas no es solo cómo ejercer esta "profesión imposible" para aliviar el sufrimiento de los niños y sus familias, sino cómo evitar la cristalización del dolor y la patología. Y, en particular, cómo una mirada entrenada en la sutil semiología del desarrollo del bebé puede interceptar una trayectoria de sufrimiento antes de que se convierta en un trastorno severo. Prevenir no es predecir; detectar no es diagnosticar. La detección temprana nos da la oportunidad de dar sostén a lo imprevisible, de sostener una "ilusión anticipadora" que nos permite, cuando es posible, cambiar una trayectoria que de otra forma llevaría a un trastorno severo.

Este es el espíritu con el que nació el proyecto PRÉAUT (Prevention-Autisme) en Francia en 1998, una iniciativa de Marie-Christine Laznik en la que tuve el privilegio de participar desde su concepción. Nuestro punto de partida era una pregunta acuciante: ¿por qué los niños con trastornos del espectro autista llegaban a nuestros consultorios, invariablemente, alrededor de los cinco años, cuando los primeros signos ya eran evidentes mucho antes? La respuesta era dolorosa: nadie los había detectado. Los pediatras, que tienen un contacto privilegiado y asiduo con los bebés y sus familias, carecían de una herramienta que les permitiera una intervención oportuna.

Ya en Argentina, transformé esta valiosa experiencia de Francia en el programa "Mirar y Prevenir" en el vínculo temprano, una iniciativa que, con la invaluable colaboración de la doctora Marcela Armus y la licenciada Marisa Factorovich, adaptamos a las características de nuestro país. El proyecto fue aceptado por el Ministerio de Salud del Gobierno de la Ciudad Autónoma de Buenos Aires en 2005. A partir de 2007, y con el apoyo de la Fundación Kaleidos y Johnson & Johnson, el programa amplió su alcance a otras provincias, como Neuquén, Rosario, Mendoza, Santa Fe, San Juan, Mar del Plata y distintos puntos de la Provincia de Buenos Aires.

El programa se convirtió en la respuesta práctica a la urgencia de la detección temprana de signos de sufrimiento en los bebés y sus cuidadores. Al constatar que la investigación epidemiológica de gran escala era inviable en Buenos Aires (debido a la falta de continuidad en las consultas y la ausencia de historias clínicas en muchos servicios), optamos por una estrategia de formación y prevención comunitaria. Nos propusimos capacitar a todos los actores en contacto con la primera infancia (pediatras, agentes de salud y educación), entrenándolos para sensibilizar su mirada y detectar el sufrimiento precoz.

A lo largo de los diez años de efectividad del programa, pudimos trabajar con más de tres mil seiscientos agentes de salud y educación, así como con las familias en el armado de grupos de crianza y otras actividades como "La semana de las crianzas"[1]. Los resultados observados mostraron que se adelantó el acceso a la consulta en salud mental, ya que los profesionales capacitados para observar los signos de sufrimiento precoz pudieron intervenir y derivar a la atención especializada.

La evidencia de estos resultados valida nuestra premisa principal: la prevención es un acto ético. Nuestra praxis nos ha demostrado que una mirada temprana sobre la constitución de la subjetividad es la base rectora de la clínica de los primeros años de vida.

Un camino compartido

Finalizar la escritura de un libro siempre es un momento especial. Siento una enorme alegría y un profundo placer al poder compartir con el público de habla hispana los valiosos trabajos de Marie-Christine

1. Experiencia basada en la "Semana del Bebé", actividad anual creada en 1996 por el psiquiatra comunitario Salvador Celia en Canela. Esta maravillosa tarea intersectorial conformó una modalidad de prevención en salud mental en áreas de carencia social con bebés y sus cuidadores.

Laznik, una amiga y colega cuyo pensamiento ha sido un faro en mi camino profesional.

Su audacia clínica y su pensamiento han sido una guía para mí durante más de cuarenta años, y es un honor poder participar de la edición de este libro y ser el vehículo para la difusión de un trabajo que, a mi parecer, es indispensable para quienes nos dedicamos a la clínica con bebés y sus familias.

En este recorrido de mi trayectoria profesional, que se ha nutrido de lazos que trascienden fronteras, no quiero dejar de mencionar al profesor Bernard Golse, quien fue para mí no solo un maestro y un amigo fundamental, sino una figura clave en mi desarrollo profesional. Fue su impulso y visión los que me animaron a crear la Sociedad Argentina de Primera Infancia (SAPI) y a gestar la CIPPA Latinoamérica (Coordinación Internacional de Psicoanalistas, Psicoterapeutas y Miembros Asociados que se ocupan de personas con autismo) cuya creación fue un hito que comenzó en Buenos Aires, durante el Congreso Mundial de la IPA de 2017, en el que presentamos un panel Laznik, Golse y yo. La influencia de ambos ha sido determinante para consolidar en nuestro país y en toda América Latina estos espacios de formación y de difusión de una posición ética, y de un abordaje interdisciplinario e intersectorial del sufrimiento de los niños y sus familias.

Este libro, que he tenido el honor de editar, es el producto de muchos años de trabajo y no habría sido posible sin la dedicación de un equipo excepcional. Quiero expresar mi más profundo agradecimiento a mis colegas argentinas, cuyas contribuciones han sido inestimables: Cynthia Frenkel, Dolores Casares, Melisa Fuchila, Rebeca Silberman y Juliana Mazza. Su entusiasmo, su inteligencia clínica y la "garra" que le pusieron a cada etapa de este proyecto fueron la fuerza motriz que nos permitió ver esta obra terminada. Su pasión por difundir un trabajo de tanta relevancia para la clínica con bebés y sus familias es un testimonio de la ética y el compromiso que nos une. Que este libro no sea solo una fuente de conocimiento, sino también un testimonio de la alegría de un camino compartido, de la colaboración y de la esperanza de que, como dice Golse (2003: 304), invertir en los bebés tal vez sea, "la última utopía" para tener una ciudadanía y una sociedad más sanas y menos violentas.

Nora Woscoboinik-Scheimberg

INTRODUCCIÓN

¿Cómo se transmite el entusiasmo? Algo de ese efecto esperable –al menos en un fin de análisis– resultó también un hallazgo del trabajo de equipo que compartimos aquí. Lo que empezó siendo un grupo de estudio, coordinado por la psicoanalista Nora Woscoboinik-Scheimberg, para traducir, estudiar y dialogar sobre los textos de la psicoanalista Marie-Christine Laznik, generó un contagioso y exponencial entusiasmo que creció día a día y dio lugar a esta publicación.

Todo comenzó con un encuentro azaroso, como suele suceder. En un curso sobre la clínica psicoanalítica con bebés, Nora presentó un trabajo con una pequeña niña y compartió algunos de los desarrollos de Marie-Christine, mostrando un gráfico de un bebé, *His Majesty, the Baby,* coronado sobre una pelela frente al espejo. Allí estaba Cynthia Frenkel, quien quedó fascinada al ver que una psicoanalista contemporánea había retomado los desarrollos de Jacques Lacan sobre el esquema óptico articulándolos a la clínica temprana con niños pequeños que presentaban riesgos en su constitución subjetiva. Cynthia llevaba años estudiando esos textos de Lacan y pensando en su absoluta relevancia en la clínica con niños. ¡Encontrar a Nora fue un hallazgo! Y una invitación a trabajar juntas. También una ocasión para invitar a un grupo de queridas colegas a zambullirse en la obra de Marie-Christine: Melisa Fuchila, Juliana Mazza, Dolores Casares y Rebeca Silberman.

Nora no solo tradujo, palabra por palabra, cada texto que aquí compartimos; sino también –con humildad y sabiduría– nos abrió la puerta a una clínica para la cual la universidad no nos había formado lo suficiente. Y nos transmitió un mundo de posibilidades para el trabajo con bebés y niños pequeños.

Los intercambios y aprendizajes durante esos encuentros, que llevan ya ocho años de trabajo, fueron enriquecedores para cada una de nosotras. Y entonces surgió la idea de poder difundir y compartir este convocante material con otros colegas: psicoanalistas y profesionales de otras disciplinas.

Así fue como le propusimos a Marie-Christine publicar los textos que habíamos trabajado en su versión en francés, pero ahora traducidos al español. Hace ya casi treinta años se publicaba en castellano su valioso libro: *Hacia el habla. Tres niños autistas en psicoanálisis*, que resulta de imprescindible lectura para quienes trabajan con niños que presentan dificultades tempranas. Hoy esa obra se expande con sus desarrollos de más de tres décadas.

En las siguientes páginas encontrarán, en primer lugar, un texto central de Woscoboinik-Scheimberg, luego se presentan numerosos artículos de Laznik; ambas autoras dieron lugar a una producción valiosísima tanto conceptual como clínica[2]. Gracias a la pequeña paciente Halimata, las autoras dan en la tecla con lo que posibilitó resituar aquello que no se instalaba en el autismo, tanto para su detección temprana como para poder intervenir a tiempo y torcer el rumbo.

Al final del libro, compartimos algunas conclusiones que retoman los aspectos metapsicológicos y clínicos fundamentales que nos enseñan los textos de Laznik, como así también las herramientas concretas para la intervención oportuna de un psicoanalista que trabaja con bebés con riesgo de autismo junto con sus cuidadores primarios, haciendo hincapié en la importancia del abordaje temprano y del trabajo en equipo interdisciplinario.

Dada la extensión de la obra producida, este volumen consta de una parte impresa y otra digital, accesible a través de un código QR que el lector encontrará al final del libro, ambas concebidas como un conjunto integrado. Allí también hallarán una mención de los conceptos significativos que nos aportó cada uno de los artículos del libro.

Este trabajo nos impulsa a repensar el psicoanálisis y su práctica. Ordena y pone en relación conceptos centrales tomados de la obra de Sigmund Freud, por ejemplo, del *Proyecto de psicología para neurólogos* y de "Pulsiones y destinos de la pulsión"; pero también permite discutirlos, repensarlos, reformularlos. Marie-Christine y Nora producen algo

2. Las ilustraciones de los artículos corresponden a la versión original en francés. (N. de T.).

que pocos analistas logran: hacer una transmisión de las obras de Freud y Lacan poniendo de relieve su validez decisiva y actual para la clínica, incluso la de los niños pequeños. Ellas transmiten una clínica inteligente, que apuesta, aun en las contingencias más difíciles, a la emergencia del sujeto. Y tienen el mérito de no rechazar los aportes de las neurociencias, sino de darles su relevancia desde la óptica del psicoanálisis.

Ellas nos hacen testigos de una ética que atraviesa su trabajo comprometido y respetuoso en la clínica con bebés y niños pequeños, nos enseñan cómo detectar signos de riesgo de autismo e intervenir tempranamente sin culpabilizar a los padres, a quienes, muy por el contrario, los alojan. Las autoras son generosas para transmitir su práctica, nos permiten conocer el registro puntilloso de su trabajo clínico. En este libro conoceremos sus intervenciones clínicas con muchísimos bebés y niños pequeños: Halimata, Matteo, Marine, Enrico, Marco, Hassan, Ludivin, Louise, Sonia, Marianne, Mauricio, Dorota, Pedro, Alfredo, Emilie. Niños que, gracias al trabajo de "reanimación pulsional", han podido constituirse como sujetos.

Sus aportes son precisos y su posicionamiento ético y humilde han marcado un punto de inflexión en nuestro trabajo clínico. Un modo de agradecer el encuentro con estos hallazgos es compartirlos con ustedes, deseando contagiarles nuestro entusiasmo.

Este libro es una brújula para quienes se atreven a acompañar a esos bebés y niños "que nos necesitan" (Bernard Golse) en el viaje hacia el nacimiento del sujeto, hacia el habla. Y el psicoanálisis puede ofrecer respuestas donde muchas veces solo habita la desesperanza.

Cynthia Frenkel, Melisa Fuchila,
Juliana Mazza y Dolores Casares

BREVE NOTA ACERCA DEL ORDEN DE LOS ESCRITOS DEL LIBRO

En los siguientes textos, el lector encontrará una enorme producción conceptual y clínica necesaria para repensar los hitos fundamentales de la constitución subjetiva y sus posibles avatares.

Las autoras nos presentan una "metapsicología del niño" centrada en la importancia de la mirada (que tiene efecto de palabra), la voz y la representación. Se apoyan en los desarrollos de Sigmund Freud y de Jacques Lacan sobre la pulsión, otorgando fundamental relevancia a la mirada y a la voz en el armado subjetivo y en las fallas que se presentan en el autismo. Sobre la relectura que Lacan realiza de la obra de Freud, las autoras darán un paso más y nos mostrarán la relevancia clínica de dichos avances en el autismo: el circuito pulsional en tres tiempos, no concluye con un tercer tiempo pasivo, como lo pensaba Freud: no solo se trata de responder al Otro, sino de convocarlo. La teoría del apuntalamiento de Freud será también revisada por Lacan: las pulsiones parciales sexuales, diferenciadas del campo narcisista del amor, no se apoyan en el hambre y la sed, sino, como dice Marie-Christine, en la "apetencia extraordinaria por el goce que su presencia despierta en el Otro materno".

Los escritos del presente volumen, que han sido publicados previamente en revistas especializadas o presentados en ponencias de Congresos, nos permitirán repensar también los tiempos lógicos de la constitución subjetiva: el reconocimiento en la mirada fundadora del Otro como instancia previa al Estadio del Espejo y a lo que el modelo óptico, como metáfora, permitirá acceder.

Este libro (en su anexo digital) aporta otros conceptos fundamentales: el nudo Borromeo y sus errores, incluyendo el error presente en el autismo, del cual poco se habla. Así como también un modo de pensar las operaciones psíquicas de alienación y separación y sus fracasos. En los niños con riesgo de autismo se producen fallas en el armado del inconsciente, principalmente en el tiempo de alienación; la apuesta es entonces por el advenimiento de la constitución subjetiva.

Respecto del trabajo clínico con bebés y niños pequeños, seremos testigos del trabajo *in situ*, encontrando herramientas para la detección y el diagnóstico tempranos, junto con un preciso detalle sobre intervenciones del analista: como prójimo auxiliador, como reanimador pulsional que intentará establecer o restablecer la bidireccionalidad entre el bebé y su Otro primordial; atendiendo el impacto que tiene en los padres, de no ser mirados por su bebé.

Por último, conocerán los hallazgos más recientes en la investigación sobre el autismo, desde una perspectiva psicoanalítica, acerca de algunas dificultades en la constitución del aparato psíquico por efecto de vulnerabilidades orgánicas, una sensorialidad exacerbada por fallas en las terminaciones nerviosas, reflujo, dolor, así como también por una posible falta de organización sensorio y tónico-motora, rigidez, hiperextensión y disimetrías corporales. Aportes que permitirán trascender la falsa dicotomía acerca de la etiología en el autismo para sostener así una apuesta a la plasticidad neuronal y a los avances que posibilita la epigenética.

Encontrarán en este libro numerosos casos clínicos y textos metapsicológicos para un mejor seguimiento del lector respecto de los avances en la investigación que las autoras han ido realizando a lo largo de más de tres décadas de trabajo con bebés, niños y familias. Por hacer sido escritos como parte de diferentes publicaciones y en distintos contextos (escritos y orales), en algunos capítulos se percibirán menciones reiteradas a los casos analizados y a algunas referencias específicas de Freud y Lacan, pero esta misma insistencia nos permitirá comprender el alcance de las afirmaciones que se van hilvanando con nuevos conceptos. Finalmente el lector podrá hallar en el anexo digital una síntesis de cada artículo del libro, que le permitirá localizar rápidamente las ideas centrales abordadas en ellos.

CAPÍTULO 1

El circuito de la pulsión en la comprensión de los trastornos del espectro autista: la vida comienza cuando empieza la mirada[1]

Nora Woscoboinik-Scheimberg[2]

"¿Cuál es la diferencia entre los ojos que poseen una mirada y los ojos que no la poseen? Esta diferencia tiene un nombre: la vida. La vida comienza cuando empieza la mirada".

Metafísica de los tubos
Amélie Nothomb

El término *autismo* del griego *autós*, "sí mismo" fue introducido por Eugen Bleuler en 1911 en su libro *Dementia praecox oder Gruppe der Schizophrenien*, para designar la pérdida de contacto con la realidad en los enfermos adultos esquizofrénicos, con la consecuencia de una gran dificultad en la comunicación. "Denominamos autismo a este desapego de la realidad, combinado con la predominancia, relativa o absoluta, de la vida interior" (Gador, 2003: 54).

Más tarde, otros autores también describirán al autismo como un síntoma de la esquizofrenia infantil. Henry Ey define al autismo como el núcleo esencial y característico de la psicosis esquizofrénica. En 1943, Leo Kanner designa como "autismo infantil precoz" un cuadro clínico diferente de la esquizofrenia infantil caracterizado por una incapacidad del niño, desde el nacimiento, a establecer contactos afectivos con su entorno.

Las patologías del espectro autista son unas de las más graves que afectan el desarrollo psíquico de los niños. Se caracterizan por una alteración cualitativa de las interacciones sociales y de la comunicación,

1. Publicado en: Woscoboinik-Scheimberg, N. (2008). El circuito de la pulsión en la comprensión de los trastornos del espectro autista. La vida comienza cuando empieza la mirada. *Revista de Psicoanálisis,* 65(3), 611-625.
Sugerimos al lector la lectura complementaria de "Del porqué del lenguaje estereotipado. Entre estereotipia y lenguaje, cómo la instalación del representante representativo de la pulsión puede fracasar o lograrse", disponible en el anexo digital, p. 289 de este volumen. (N. de T.).

2. Psicoanalista, (Sociedad Psicoanalítica de París y Asociación Psicoanalítica Argentina).

acompañadas por comportamientos estereotipados, restringidos y repetitivos de las actividades psicomotoras. Estos síndromes generan discapacidades que afectarán a la persona a lo largo de toda su vida. Conviene hablar de "autismos" dada la heterogeneidad de esta patología.

Pensamos incluso que el término *autismo* requiere una revisión crítica. Por un lado, la definición de Bleuler como una "evasión de la realidad" presupone que hay una inscripción previa de dicha realidad; y, por otro lado, se utiliza el nombre de un síntoma para designar a un síndrome, síntoma que no siempre está presente. Esto nos sitúa frente a la paradoja clínica de un autismo (síndrome) sin autismo (síntoma).

La etiología de los trastornos del espectro autista carece aún de una demostración concluyente y ninguna de las hipótesis propuestas tiene consenso unánime de los investigadores y profesionales. No obstante, existe un creciente acuerdo en adoptar un modelo multifactorial.

Si bien las investigaciones genéticas no han evidenciado una anomalía franca susceptible de dar cuenta del autismo como una enfermedad hereditaria, la posible existencia de un factor de "vulnerabilidad", acrecienta la responsabilidad ética de nuestra labor analítica. En este sentido, los nuevos modelos sobre la relación entre el genoma y el entorno son reveladores. Como señaló Peter Fonagy en el Congreso Mundial de la WAIMH (Montreal, 2000), el entorno no altera el contenido del genoma, pero sí influye decisivamente en su expresión. De esta manera, el ambiente se constituye como un elemento clave para evitar la deriva hacia los trastornos del espectro autista. Además, considerar que la patología del espectro autista se manifiesta como una falla en el establecimiento del vínculo primario del bebé con el otro, no implica de ninguna manera suponer una etiología psicológica al origen de las alteraciones.

Más allá de los debates etiológicos, existe hoy un consenso clínico: el diagnóstico temprano y la intervención precoz son vitales para el futuro desarrollo del niño. Según los criterios de la Organización Mundial de la Salud, el diagnóstico de autismo puede ser establecido con certeza a la edad de tres años. Sin embargo, en la práctica, este suele postergarse hasta el inicio de la escolarización. Esto limita dramáticamente las posibilidades de una intervención terapéutica eficaz en una etapa de máxima plasticidad (Baron-Cohen et al., 1992; Lecouteur, 1989).

Diversos autores han publicado estudios focalizados en el reconocimiento de indicadores que permitan establecer un diagnóstico antes de los tres años. Los trabajos de Simon Baron-Cohen han permitido establecer la existencia de signos precursores de autismo y de trastornos graves de la comunicación desde los dieciocho meses de edad a través de un cuestionario: el *Checklist for Autism in Toddlers* (CHAT). Aplicado en Inglaterra, demostró su utilidad y actualmente es aceptado como herramienta de diagnóstico precoz en ese país (Baron-Cohen, Allen & Gillberg, 1992). Su sensibilidad y especificidad fueron confirmadas en una población de diecisiete mil niños evaluados a los veinte meses de edad, con un seguimiento de cuarenta y dos meses (Cox, 1998).

Complementariamente, investigaciones recientes sugieren que la detección precoz abre la puerta a una evolución favorable de casos de autismo cuando se realiza una intervención terapéutica temprana (Lovaas, 1987; Ozonoff, 1998; Sheinkopf, 1998).

No obstante, una de las mayores dificultades en el diagnóstico del autismo radica, precisamente, en la ausencia de especificidad de ciertos signos. Los trastornos en la mirada de los lactantes –que suelen acompañar otras alteraciones graves del desarrollo– constituyen indicadores de detección simple, pero resulta azaroso y antiético anticipar un diagnóstico basándose exclusivamente en dichos indicios. Por otra parte, los estudios sobre las interacciones precoces –como los de Colwyn Trevarthen y su equipo (Nagy & Molnar, 2004)– han demostrado la capacidad del lactante para iniciar y provocar las interacciones con su madre desde las primeras horas de vida.

Trabajando con Marie-Christine Laznik y un grupo de psicoanalistas constituimos la *Asociación Préaut* (Prevención de Autismos) de París con el objetivo de investigar teórica y clínicamente los indicadores más tempranos de los trastornos de la comunicación y del espectro autista. Con un enfoque psicodinámico y a través del análisis minucioso de registros fílmicos realizados por las familias de niños que más tarde desarrollaron alteraciones severas de la comunicación y patologías del espectro autista, propusimos una hipótesis central: la asociación de dos signos fácilmente identificables en la consulta pediátrica[3] a partir del cuarto mes de vida, podría anticipar una evolución hacia dichos trastornos. Estos signos son:

1. Ausencia de mirada entre el bebé y su madre (o quien cumpla esa función), especialmente cuando la madre parece no darse cuenta de esta situación.

3. "Lo que el pediatra desconoce es que uno de sus roles fundamentales es prevenir la salud mental de los niños" (Winnicott, 1958/1999).

2. Falla en el circuito completo de la pulsión: el tercer tiempo del circuito pulsional no se instala, lo cual se manifiesta en la incapacidad del bebé para buscar y provocar el contacto con la madre. Se percibe indiferencia y falta de placer del bebé en la relación con el otro.

La mirada

Respecto al primer signo, resulta imperativo distinguir la mirada de la visión. Mientras que la visión es la función biológica de un órgano, la mirada es una función psíquica de presencia, que abre a la temática de la representación.

La clínica de la mirada es central en el primer año de vida. No solo porque su ausencia constituye el signo patognomónico de las patologías graves de la comunicación, sino también porque la instauración de la mirada en el sentido del "acceso a lo especular" constituye el umbral del mundo de lo visible.

Del acceso a lo especular depende el reconocimiento de la imagen de sí mismo, que Jacques Lacan describió en el Estadio del Espejo (Lacan, 1966). Momento fundante en el que la anticipación visual de la propia inmadurez motora preside la constitución de la imagen del propio cuerpo. El conjunto de las llamadas adquisiciones del desarrollo psicomotor depende de la imagen del cuerpo, es decir, de una construcción psíquica.

En el momento del parto, el recién nacido emerge en el campo perceptivo de la madre volviéndose aprehensible a través de los sentidos (visual, olfativo, táctil y auditivo). En ese instante, ella entra en contacto con lo que, siguiendo a Michel Soulé (1970), denominamos "el bebé imaginario". Se trata de una construcción psíquica esencialmente inconsciente, heredera de la elaboración de la problemática edípica femenina.

El nacimiento marca un tiempo de encuentro signado por ese movimiento que denominamos "reconocimiento primordial". En este acto, el recién nacido –aún extranjero absoluto– se encontrará, gracias a la percepción de semejanzas de los otros del entorno, asido e introducido en el orden de lo conocido.

El reconocimiento primordial es un acto de proyección pura. Nada más subjetivo que un parecido. Frente a un recién nacido siempre hay personas que afirman: "¡Es igual al papá!", o bien: "¡No, si es el vivo retrato de su madre!". Este movimiento tiene un valor fundante; inaugura el ingreso del recién nacido a una filiación, a una pertenencia, y pone a la madre en posición de identificarse con él. A partir de ese momento el niño se transforma verdaderamente en un semejante.

Todos sabemos que, curiosamente, una adopción exitosa determina parecidos. En este sentido es posible decir que "todos nuestros hijos son adoptados, inclusive aquellos que hemos concebido biológicamente" (Crespin, 2007). El tiempo del reconocimiento primordial habilita a la madre poder atribuir a ese bebé –transformado en su bebé– los objetos de su deseo. Así, se va construyendo, en la mirada que le dirige, una imagen compuesta de lo real del cuerpo del bebé y de las atribuciones del deseo materno[4].

Recordemos el experimento de física óptica, llamado "experimento del ramo de flores invertido" de Henri Bouasse, utilizado por Lacan. Una cajita le oculta al observador un ramo de flores y mediante una imagen real, producida por un espejo cóncavo, un florero vacío, colocado sobre la cajita, se ve lleno de flores. El observador, siempre y cuando se encuentre dentro del cono diseñado por la difracción de los rayos del espejo cóncavo, percibe un florero con flores, engañado por tratarse del "armado" entre un objeto real (el florero) y una imagen real (las flores).

Este experimento constituye para Lacan un modelo analógico de la manera en que va a constituirse la imagen especular del sujeto. En lugar de la mirada materna, Lacan introduce el gran Otro, bajo la forma de un espejo plano que devuelve al sujeto observador la imagen virtual, o especular, de sí mismo. Esto precipitará la formación de su yo. De esta manera, en un movimiento de anticipación visual a la inmadurez motora, el bebé se percibe como una unidad en la cual, a la vez, se precipitan su yo y la imagen del cuerpo.

Metafóricamente Laznik considera que el florero representa lo real del cuerpo del bebé al nacer (bebé real); que las flores representan los objetos del deseo inconsciente materno (bebé imaginario) y que el resultado de ese "armado" en la mirada de la madre, constituye la imagen con la cual el bebé va a identificarse.

Donald Winnicott en su trabajo "El rol de espejo de la madre en el desarrollo del niño" (1972) postula que es en la mirada que la madre dirige a su bebé donde se forja la imagen con la cual podrá identificarse.

> Si preguntáramos: ¿el bebé qué ve cuando mira a su madre? Contestaría: a sí mismo. Los bebés (...) pasan mucho tiempo enfrentados a la experiencia de no recuperar lo que ellos mismos brindan (...) miran, pero no se ven a sí mismos (...) Si el rostro de la madre no responde (...) se perfila una amenaza de caos y el bebé

4. Laznik ha trabajado mucho este problema, en particular en su artículo "Acerca del rol fundante de la mirada del Otro" (1991).

organiza su repliegue, o no mira nada (...) y, entonces, el espejo se convierte en una cosa que se puede mirar, pero en la cual no es posible mirarse. (p. 156).

Difícil expresar mejor el considerable factor de riesgo que para el recién nacido configura la depresión materna. Sobre todo, cuando se presenta como una depresión "blanca" o asintomática, algo así como una ausencia psíquica.

Los trastornos autistas y la pulsión

Sigmund Freud pone en evidencia la diferencia que existe entre la satisfacción del deseo y la satisfacción de la necesidad, y elabora la teoría del apuntalamiento: la satisfacción de la pulsión se logra apuntalándose en la satisfacción de la necesidad sin confundirse nunca con ella.

Sabemos que la satisfacción de la pulsión solo se obtiene dentro del marco de la relación con el Otro, mediando la vivencia de ser un objeto satisfactorio para el Otro. Es lo que Lacan llamó el tercer tiempo del circuito de la pulsión (Lacan, 1964)[5] y que nos sirvió de base para elaborar el segundo signo de alarma, precursor de una posible evolución hacia los trastornos graves de la comunicación y del espectro autista[6].

Según Freud el circuito de la pulsión se desarrolla en tres tiempos. Si tomamos como ejemplo la pulsión oral:

1° tiempo: es activo. El bebé va hacia el seno o el biberón que lo alimenta ("tiempo del comer").

2° tiempo: es reflexivo. El bebé se auto satisface oralmente con su pulgar o con un chupete ("tiempo del comerse")[7].

3° tiempo: es pasivo. Se completa la satisfacción pulsional cuando el bebé se ofrece como objeto de placer de su madre (o sustituto) y se satisface por el placer que él procura en el otro (tiempo del "hacerse comer" por el otro).

---

5. Ver también: Laznik, 1993.

6. Este signo (falla en la instalación del circuito completo de la pulsión) formó parte de la investigación de la Asociación Préaut, que estaba en curso en el momento de la escritura de este artículo. Sus resultados se publicaron posteriormente en: Olliac, B. et al., 2017.

7. Este tiempo solo podrá ser "autoerótico" una vez que se instaló el tercer tiempo, como lo explicaremos más adelante. En el caso contrario se tratará de procedimientos autocalmantes y no de un verdadero autoerotismo.

En la práctica esto se traduce en un bebé -sin indicadores de riesgo- en la capacidad para iniciar, buscar y provocar el contacto y la comunicación con el otro a través de la sonrisa, el juego, etc. Por ejemplo, al finalizar la consulta pediátrica el lactante busca activamente la comunicación incluso si ha llorado durante toda la consulta. En el momento del cambio de los pañales, podemos también observar a un bebé que se ofrece o entrega una parte de su cuerpo para que su madre pueda deleitarse con él.

La observación clínica y el análisis minucioso de los registros fílmicos familiares ya mencionados evidencian que este tercer tiempo del circuito de la pulsión falla en los bebés con riesgo de una evolución hacia alteraciones severas de la comunicación. Esta falla cobra relevancia cuando se presenta asociada a la ausencia de contacto con la mirada, configurando un indicador temprano de alta especificidad.

Halimata, una niña autista, cuya clínica abordaré más adelante, nos brindó una traducción magistral de este tercer tiempo del circuito de la pulsión oral. Fascinada, dibujaba repetidamente un trazo circular sobre una publicidad de crema donde se veía a un bebé introduciendo su piecito en la boca de una madre cuyo rostro irradiaba placer. Ese trazo que unía circularmente la boca materna con el bebé, se repitió incesantemente durante meses, tres sesiones por semana.

Esta imagen ilustraba el "hacerse comer", aquel tercer tiempo de la pulsión que Lacan denominó el tiempo del "hacerse" (diferenciándose de Freud que lo consideraba "pasivo"). Si bien los bebés sienten un gran placer "haciéndose" comer por una madre maravillada, este circuito se encuentra trunco en los bebés "futuros" autistas: en los videos ellos no "se hacen" comer, ni mirar, ni escuchar. El llamado al Otro permanece ausente.

Retomando el *Proyecto de una psicología para neurólogos* de Freud, Lacan propone que, con la instauración del tercer tiempo de la pulsión, algo de la representación del deseo se inscribe en el polo alucinatorio de la satisfacción primaria. Se inscriben no solo, huellas del otro semejante (*Nebenmensch*) sino también algo del placer de ese otro. Así, cuando el bebé se encuentra a solas con el chupete y alucina, una carga es enviada al polo de satisfacción que reactualiza la representación de deseo. En el caso de la pulsión oral podemos decir que en la experiencia alucinatoria de satisfacción el bebé reencuentra también el placer del otro.

Este circuito pulsional es también el del sistema del pensamiento inconsciente; la posibilidad de la representación se constituye precisamente sobre ese pasaje por el polo alucinatorio de satisfacción. Es la condición *sine qua non*. Si esto fracasa –es decir, si el tercer tiempo de la pulsión no se instaura y el circuito se bloquea entre el primer y el segundo tiempo– nada garantiza que el autoerotismo este provisto de la marca del lazo al otro, que es *Eros*. Laznik, en un agudo juego de palabras, señala que si restamos *Eros* a autoerotismo, queda la palabra autismo. Nada asegura entonces que el polo alucinatorio de satisfacción se integre al circuito y que todo el sistema de representaciones, del pensamiento inconsciente, logre constituirse.

Las investigaciones en psicolingüística van en el mismo sentido. Ann Fernald (1992), una de las fundadoras de esta disciplina, constató en los recién nacidos una apetencia oral exacerbada por una forma particular de la palabra materna llamada *maternés* (o *motherese* en inglés), que presenta una serie de características específicas a nivel gramatical, de la puntuación y de la prosodia. Las investigaciones de Fernald en neonatología aportan una evidencia empírica fundamental: un bebé de un día de vida –que aún no ha tenido la experiencia de la satisfacción alimentaria–, muestra una atención especial hacia la voz de su madre traduciendo su interés pulsional en una succión intensa con un chupete no nutritivo que solo registra la intensidad de la succión. Este hallazgo permite distinguir radicalmente el objeto causa del deseo (la voz) del objeto de satisfacción de la necesidad (el alimento).

Asimismo, Fernald demostró que el *maternés* es una construcción vincular: la madre no logra producirlos en ausencia de su hijo y el bebé pierde el interés si ella se dirige a otro adulto. Esta musicalidad específica, capaz de convocar al sujeto, solo emerge en un estado afectivo de sorpresa y placer intenso. Es ese "maravillamiento" el que dota a la voz de los picos prosódicos del *maternés*. Laznik articula estos hallazgos con la "tercera persona" *-dritten Person-* trabajada por Lacan y Freud. Así como en el chiste el oyente atraviesa un tiempo de estupefacción y sorpresa ante lo enigmático, para luego acceder al placer de la risa, la madre se deja sorprender -que es la marca de una falta- para luego dejarse llevar por la iluminación que generan los picos prosódicos y la melodía del *maternés*. Con la sorpresa y la risa del otro estamos también en el tercer tiempo del circuito de la pulsión.

De esta manera, desde el nacimiento y antes de toda experiencia de satisfacción alimenticia, el bebé tiene un extraordinario apetito por el placer que la vista de su presencia provoca en la madre.

Asimismo, el rostro que corresponde a esa voz particular será activamente buscado por el bebé. Intentará hacerse objeto de la mirada de la madre en la cual podrá encontrarse con la investidura de la que es objeto idealizado. Efectivamente, la madre lo ve coronado del valor fálico que ella misma le atribuye.

Este proceso se extiende al registro acústico: ante la masa sonora emitida por un bebé, la madre escucha y traduce una palabra o una frase y le responde. Esta "locura", ilusión anticipadora de las madres como decía Winnicott, es indispensable para que se constituya el sujeto hablante. Escucharlo en su potencialidad de "sujeto de palabra", mucho antes que el lenguaje aparezca. Los psicolingüistas denominan a este intercambio "protoconversación": un monólogo en el que la madre ocupa tanto su lugar como el del bebé cuando traduce un sonido y el suyo propio cuando le responde. Esto nos lleva a pensar la voz materna y sus picos prosódicos como primeros objetos de la pulsión oral.

Otra observación, probablemente la más valiosa y novedosa que hemos concluido con Laznik, es el hecho de que estos bebés grabados en los videos familiares, que más tarde desarrollaron una patología del espectro autista, pueden responder a la estimulación de los padres en edades muy tempranas (protoconversación) pero son totalmente incapaces de tomar la iniciativa, de iniciar el intercambio con el otro. En dichas filmaciones podemos observar claramente cómo en la situación en que el adulto cesa la estimulación, el bebé parece ausentarse completamente de la relación. En ningún momento trata de captar nuevamente la atención del adulto. Este es el momento crítico en el que una detección precoz permitiría una intervención temprana con muchas más probabilidades de revertir la posible deriva hacia un trastorno del espectro autista.

Halimata no es un bebé... y sin embargo...[8]

Si elijo narrar aquí un fragmento de la cura es porque ilustra claramente cómo adviene la palabra y el lenguaje. "Una palabra solo es una palabra en la medida exacta en que alguien cree" (Lacan, 1953-4: 98). Pensamos, en efecto, que el bebé accede al lenguaje sí y solo sí sus producciones sonoras son escuchadas por otro (en particular la madre o la persona que ejerce la función materna) como un mensaje que le es dirigido y al cual le responde. Esto implica que el lenguaje adviene en el seno de una interacción donde el adulto, gracias a la capacidad de *revêrie* (Bion, 1991), transforma los sonidos del bebé, les supone intencionalidad y sentido y dialoga con él.

En nuestra experiencia de analistas sabemos que la entrada del sujeto en el lenguaje solo se instala en una relación del sujeto al Otro; ese Otro indispensable de la relación ya que el circuito de la pulsión invocante se cierra para volver a empezar en el "hacerse escuchar" por otro de carne y hueso que confirma el llamado (Lacan, 1957-8).

Halimata es la cuarta de siete hijos de una familia de origen africano, residente en París. Su historia está profundamente atravesada por el duelo: su madre perdió en Senegal, a los dieciséis años, a su hija primogénita de apenas dos años de edad. Por otro lado, Halimata es concebida dos meses después de un aborto terapéutico de un embarazo avanzado de mellizos. En el seno de la familia predomina el dialecto peulh y persiste una estructura de parentesco tradicional donde la madre se refiere a su esposo como "mi tío". Pese a llevar más de seis años instalados en París, su dominio del francés continúa siendo rudimentario.

La consulta se produce debido a que Halimata presenta un retraso importante en su desarrollo: no habla, es indiferente a los demás, no responde cuando se la solicita; durante mucho tiempo sus padres pensaron que era sorda.

El psiquiatra que la evalúa orienta el diagnóstico de autismo y propone una terapia de tres sesiones semanales. Organizo cada sesión en

8. En base a Woscoboinik-Scheimberg, 2001.

dos tiempos: treinta minutos de trabajo individual con Halimata y otros treinta dedicados al trabajo vincular con la madre o el padre.

Halimata tiene cinco años cuando la veo por primera vez. Su mirada se dirige hacia la luz y los objetos del consultorio. Indiferente a mi presencia, toma una mamadera de juguete y se la pone en la boca diciendo *"tiquitiquitiquitiqui..."*. Entonces le digo: *"Hummm... ¿Está rico?"*.

Halimata acerca su mano a su rostro, pero no se toca. Intervengo traduciendo ese movimiento en una experiencia de placer: *"¿Las caricias?... Tan ricas como la leche..."* y acaricio mi rostro. Halimata se acerca y se toca el rostro. Sin embargo, su mirada no se cruza con la mía, parece muy lejana...

Halimata es la única de los hermanos que tiene un apodo "francés", los demás tienen uno "africano". Y es la única también que no muestra las marcas características de su grupo étnico. La madre me explica que Halimata *"tiene la piel dura... no se deja marcar"*. Lo que significa que no recibió las marcas necesarias para ser reconocida como perteneciente a su cultura y a su grupo de origen. (Este punto requiere una aclaración: habiendo nacido en Francia, a diferencia de sus hermanas mujeres, Halimata no fue sometida a otra marca fundamental de su grupo étnico: la ablación del clítoris. Esta práctica, prohibida en Francia, es indispensable para que una mujer sea reconocida como tal por los peulhs. Su madre sin embargo no quiso someterla a esta "mutilación" en condiciones sanitarias dudosas).

Como si algo hubiese impedido la operación de esos "cortes" simbólicos necesarios para que un sujeto pueda advenir en su cultura, para que Halimata pueda tener un lugar en el mundo de los humanos. Halimata era un ser sin mirada, sin lenguaje, sin voz; sin lazo alguno con los otros.

El *"tiquitiquitiquitiqui"* de la primera sesión se repitió infinidad de veces, en cada encuentro, sin que la madre o el padre pudieran escuchar, a pesar de mis preguntas repetidas y reiteradas, otra cosa que un ruido sin significación. Ni en el dialecto peuhl, ni en senegalés, ni en francés.

Al cabo de algunos meses, convencida de que Halimata nos estaba diciendo algo con ese "ruido" que insistía y se repetía incesantemente, decido proponerle una significación operando "un corte" en el interminable *"tiquitiquitiquitiqui"*. Delante de la madre, le pregunto: *"t'es qui?... t'es qui?... t'es qui?"* (en francés ¿quién sos?).

¡Cuál no sería mi sorpresa cuando la madre, luego de mi intervención, pudo ella misma ejercer un corte significante y dar un sentido a las palabras de su hija! ¡Y qué sentido!: Me mira y dice: *"tiqui en mi lengua materna quiere decir triste, no estoy contenta"*.

Sin ocultar todo mi asombro y mi sorpresa le digo a Halimata que tenemos que hablar de la tristeza. Empiezo a decir *"tiqui"* con una entonación que, para mí, quiere decir "estoy triste". Dibujo al mismo tiempo unas caritas con la boca "triste". Halimata comienza entonces a dibujar caritas diciendo *tiqui hahaha*. Yo traduzco "Tiqui Halimata". Y asocio la tristeza con todos los sucesos "tristes" que me contó la mamá a lo largo de todos estos meses: la muerte de la hermanita mayor, la muerte de su abuelo materno cuando la madre era aún bebé, el aborto de los mellizos antes de la concepción de Halimata...

A partir de ese momento se abre para ella un nuevo mundo: la posibilidad de comunicar a través de la palabra y del dibujo:

Las vocalizaciones de Halimata empiezan a enriquecerse. La madre se maravilla de las producciones de su hija y empieza a "escuchar" palabras en la masa sonora producida por ella. Así, un mes después de esta sesión, Halimata habla: *"titati coco iata... a titi ... coca... hypopo pas du tout... icato... a papa... aeti...djadja...a cata"*. La mamá asocia y me explica que el hermano menor la llama "Iata", que "cata" quiere decir "vamos" y que ella piensa que Halimata me está contando que ayer fueron al restaurante Hypopotamus donde ella tomó mucha coca. Fueron con el papá, con el hermano menor y con la hermana que ella llama *djadja* (Djeneba).

Varias veces Halimata dice *"suko"*. La madre me traduce *"quiere decir cerrá la boca"*. Y agrega que ella piensa que el problema de Halimata es en realidad un "poder", que ella sabe muchas cosas que no debe decir y que entonces "Dios la hace callar".

Pensamos, con Laznik (1995) que el trabajo del analista con niños autistas se efectúa en sentido inverso que la cura analítica clásica: el objetivo del analista no es interpretar los fantasmas de un sujeto del inconsciente ya constituido sino de permitir a un tal sujeto de advenir. El analista se hace "intérprete" en el sentido de traductor de una lengua extranjera, tanto del niño como de sus padres. Muchas son las veces en que las conductas estereotipadas y las reacciones paradojales de estos niños desorganizan a los padres. Ese primer trabajo de traductor va a permitir al padre y/o a la madre mirar al niño de otra manera; recuperar la ilusión anticipatoria descrita por Winnicott: escuchar una significación allí donde solo hay una masa sonora.

Es importante subrayar que muchas veces esta capacidad materna parece opacarse o perderse. Lo que puede ser causa o consecuencia de los trastornos del niño. Un bebé que no llama, que no contesta, que no mira puede desorganizar completamente a su madre, instalándose así un círculo que hay que romper.

Cuando un analista decide tratar a un niño autista, su apuesta fuerte es que toda producción del niño ya sea gestual, gráfica o verbal posee un valor significante. Se constituye en destinatario de lo que él va a considerar como un mensaje. Gracias a lo cual el niño va a poder reconocerse *a posteriori* como emisor de ese mensaje.

El analista puede ocupar el lugar de esa tercera persona que, al escuchar una "formación defectuosa como algo ininteligible y enigmático", lejos de rechazarlo, luego de un tiempo de perplejidad se deja llevar por la sorpresa y reconoce allí un chiste. Perplejidad y sorpresa son los términos que utiliza Freud al referirse al célebre "famillonario". Y son también las dos características del *maternés*. Frente a un neologismo, el otro puede rechazarlo. "Eso no quiere decir nada" suele ser la reacción de los padres de niños con trastornos autistas ante sus emisiones sonoras. Pero también puede ponerse en juego a una tercera persona en la constitución de un lapsus o de un chiste: aquella que se deja "sorprender". Lacan (1957-8) señala que, en ese caso, el enunciado desborda al código y al sujeto. Esa estupefacción es el testimonio de un vacío interno, una falta, una incompletud en ese otro.

La "sorpresa" descripta por Freud sería el placer pulsional de la tercera persona. Lo mismo sucede con los enunciados de los niños con patologías del espectro autista. Al principio es un enunciado que lo atravesó y que sale de él sin tener destinatario. Pero si el analista se deja sorprender y lo devuelve como teniendo una significación, como siendo mensaje, algo puede inscribirse en el niño. *A posteriori*, él mismo se podrá identificar como fuente de ese placer sentido por el Otro.

Es indudable que el trabajo del analista con su contratransferencia es indispensable para poder ocupar –soportar– los lugares a los que el análisis de niños con trastornos del espectro autista nos convoca. En este sentido, el método de observación psicoanalítica de bebés de Esther Bick nos abre una valiosa perspectiva. Los bebés son nuestros maestros.

En nuestra clínica con bebés (Woscoboinik-Scheimberg, 2005) y con niños hemos comprobado que, gracias al trabajo terapéutico con la madre y el niño, se ha podido restablecer en ella su capacidad de ilusión anticipatoria y de *revêrie*. La madre puede recuperar la mirada que le permite al bebé devenir un sujeto con una imagen del cuerpo unificada y no desmembrada; un sujeto capaz de relacionarse con sus semejantes.

CAPÍTULO 2

¿Por qué los pediatras deben aprender a evaluar los signos de riesgo en el curso de los primeros meses de la vida? ¿por qué vale la pena intervenir tan temprano?[1]

Marie-Christine Laznik

Con la colaboración de
Catherine Saint Georges[2]

El equipo en el que trabajamos, dirigido por Catherine Saint Georges, propone en este momento un proyecto de investigación que fue sometido a la Dirección General del Ministerio de Salud para un programa hospitalario de investigación clínica nacional, llamado PHRC. Esta investigación tiene como objetivo utilizar dos grillas validadas por investigaciones científicas: la grilla de PRÉAUT y el análisis de los movimientos generales de los bebés.

Los resultados concordantes de estas dos evaluaciones nos llevan a pensar que debería ser posible evaluar el riesgo de autismo a los cuatro meses en lugar de esperar los dieciocho meses o dos años, como lo hace actualmente el M-CHAT. Esta evaluación, a la edad de cuatro meses, les podría permitir una intervención ultra-precoz con bebés con riesgo, con el objetivo de modificar su trayectoria autística. En ese proyecto de investigación, la población objetivo está constituida por hermanos y hermanas de niños autistas, ya que la literatura indica que el 20% de ellos estarán dentro del espectro del autismo a los tres años.

---

1. Publicado en: Laznik, M.-C. (2025). Pourquoi les pédiatres doivent-ils apprendre à évaluer les signes de risque au cours des premiers mois de la vie, et pourquoi vaut-il la peine d'intervenir si tôt?. Dans *Bébés fragiles et risques en cascade* (pp. 47–62). Éditions Erès.

2. Psiquiatra infantil, doctora en neurociencias, médica hospitalaria; trabaja con el profesor David Cohen en el hospital de la Pitié-Salpêtrière; autora de numerosos artículos con impacto en los primeros meses de vida de los bebés que devienen autistas; psicoanalista, miembro de PRÉAUT, miembro del RIEPPI (Red Internacional para el Estudio de la Psicopatología y del Psicoanálisis del Lactante).

¿Podemos cambiar la trayectoria hacia el autismo en los primeros meses? Hace más de cuarenta años, el profesor Serge Lebovici, con quien tuve el honor de trabajar durante muchos años, repetía que antes de un año esa trayectoria podía ser evitada, razón por las cual desde el año 1990 invertimos mucho en la grilla PRÉAUT, validada hace algunos años (Olliac et al., 2017). Pero si hoy nosotros nos dirigimos al conjunto de los pediatras es porque la investigación científica de estos últimos quince años vino a responder a nuestras preocupaciones, validando en particular en el campo de las neurociencias. Uno de los más concluyentes en este dominio es el neurocientífico Ami Klin, quien mostró la posibilidad de una detección desde los primeros seis meses de vida, repitiendo los análisis con el *Eye Traking*.

Este investigador de fama mundial es brasileño y reside en Estados Unidos. Sostiene que en el curso del desarrollo no es el cerebro el que va a determinar los comportamientos, sino que son los comportamientos los que van a determinar la construcción del cerebro. En lo que concierne al autismo, dice: "tenemos una ventana de posibilidad de acción porque el cerebro es maleable durante un cierto tiempo. Si podemos intervenir durante los dos primeros años de vida, podemos atenuar (los síntomas autistas), y a lo mejor quizás prevenir en ciertos casos" (Klin, 2011). Nuestra experiencia clínica de más de veinte años nos lleva a creer que en los primeros meses de vida es generalmente posible prevenir el autismo o, por lo menos solo presentar formas leves, que no son visibles en la clínica (o sea, que pasan desapercibidas en la escuela pero que son detectables con instrumentos como el ADOS Toddler). Vamos a tratar de demostrarlo en este libro.

Klin no es el único. Desde el 2008, muchas voces se elevaron en la investigación para pensar que intervenciones tempranas en el dominio del autismo podrían ya modificar esta evolución. Geraldine Dawson, una de las creadoras del método Denver, escribió: "Por primera vez, la prevención del autismo es posible. Esta prevención implica la detección de los bebés en riesgo antes de la aparición del síndrome autista completo" (Dawson, 2008: 775).

Ella afirma que existen, sin duda, factores genéticos y orgánicos que contribuyen a que el autismo sea posible y que son factores de riesgo. Pero según Dawson, no intervienen directamente en los circuitos neurológicos, sino que van a perturbar los esquemas de interacción entre el bebé y su entorno, y esos esquemas perturbados van a conducir a un organismo de tipo autista. Si bien nosotros pertenecemos al campo psicodinámico, encontramos en todos los bebés con riesgo varios de estos factores: dolor gastroesofágico atípico, falta de organización corporal en la gran mayoría de los niños, factores innatos de irritabilidad a los estímulos sonoros, táctiles y un exceso de empatía emocional[3] que hace que eviten a sus cuidadores, sobre todo cuando ellos parecen inquietos ante esta situación.

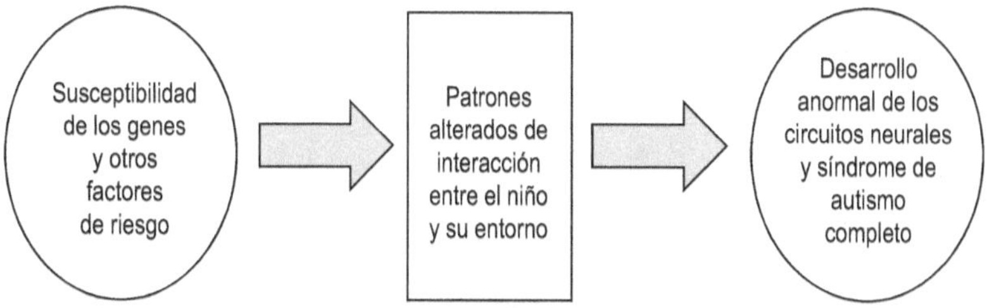

Dawson propone pensar en tres etapas: los factores de riesgo que conducen a una alteración de los esquemas de interacción del bebé con el entorno; ellos conducen a un circuito anormal o atípico; el cual conducirá al síndrome autista. Es una visión del autismo como trastorno del neurodesarrollo. Hablar de desarrollo implica tiempo necesario para los procesos. Ciertos psicoanalistas conocen el autismo desde sus principios gracias a los estudios hechos sobre los videos familiares de los bebés, que luego fueron diagnosticados autistas. Saben que hay un desarrollo del autismo. Los cognitivistas, como Dawson, también lo saben. El problema es una visión reduccionista del autismo, tal como la conciben ciertos organicistas y comportamentalistas. La persona nacería con autismo; en ese caso, no puede ser tratado. Los psicoanalistas que no trabajaron nunca con bebés tienen a veces esta visión simplista en dos tiempos. Pero en lugar de lo orgánico suponen que la causa hay que encontrarla en el psiquismo materno. Pero nada puede lograrse si pensamos en dos tiempos. Solo si pensamos en tres tiempos podemos intervenir. Y es lo que Dawson va a hacer.

Por otra parte, esta investigadora no excluye la posibilidad de que un entorno ya frágil desde antes pueda agravar los factores de susceptibilidad, incluso actuando sobre la expresión de los genes.

Uno de nuestros colegas (Araujo, 2013) hizo su tesis de doctorado analizando familias donde había un niño autista en una población muy

3. El exceso de empatía emocional es un concepto del cognitivista Ami Klin. Este concepto nos ayuda a comprender las razones del retraimiento relacional de los bebés.

frágil, la de los bolivianos sin papeles en un suburbio de San Pablo en Brasil, y en lugar de encontrar el 20% de hermanos y hermanas presentando el síndrome, encontró el 50%. Esto concuerda con la hipótesis de Dawson.

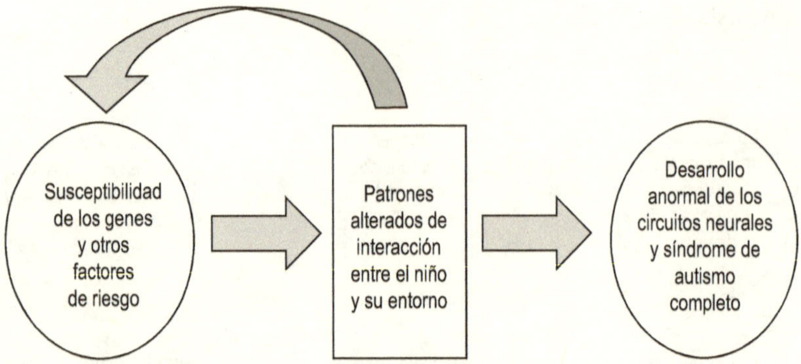

Sin embargo, el aspecto estimulante de este artículo es que Araujo propone una intervención con las familias (el entorno) y sus bebés, para ayudar a los adultos a comprenderlos y saber cómo actuar frente a sus particularidades. Esto puede conducir a un desarrollo más típico del circuito y reducir los síntomas autistas.

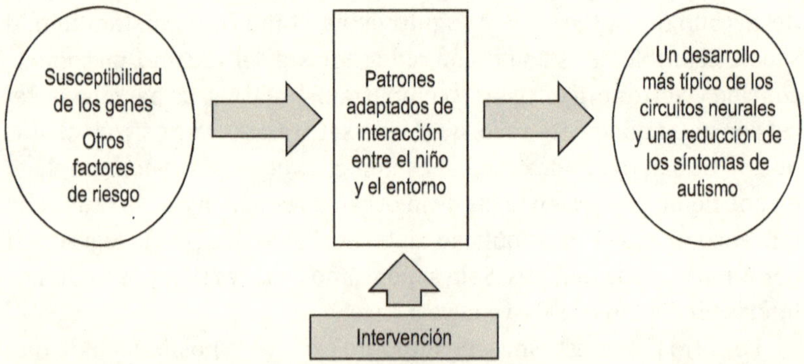

Es también nuestra experiencia desde hace veinte años. Podemos ayudar a los padres de esos bebés a entrar en su ritmo, que no es el filogenéticamente programado, a respetar las distancias, que son cruciales para ellos (y no para los bebés típicos), a comprender que es el dolor lo que los hace alejarse del cuerpo de la madre, y que no es un rechazo, como es comprensible que la madre lo interprete, cuando su bebé se arquea sistemáticamente para atrás cuando ella lo toma en sus brazos.

Pero también, ayudar a los padres a instalar el cuerpo de su bebé, que solo podrá comunicar bien si tiene toda su espalda bien sostenida (Roman-Teboul, 2022), y que, en esas condiciones, podrá responder a un tipo de prosodia característico, llamado *maternés* o *paternés*.

Muchas publicaciones con factor de impacto mostraron que los bebés que más tarde devienen autistas responden en los primeros meses a este tipo de prosodia particular (Cohen et al., 2013). Para el terapeuta es un arma muy potente para poder entrar en contacto con el bebé, pero es también la causa de error del diagnóstico más grande por parte de los pediatras. Quienes practican desde hace muchos años, conocen la siguiente situación: una madre se queja de que su bebé no la mira, el bebé está tranquilamente instalado en la camilla de examen, y usted se dirige a él con una voz musical que se despierta en usted porque le encantan los bebés (si no, no sería pediatra). Entonces, dice, en *maternés* "Vos que sos tan linda, ¿no querés mirar a mamá?". Y el bebé no solo le mira, sino que le sonríe. Entonces tranquiliza a la mamá. A lo mejor usted vio a alguno de ellos, que a la edad de dos años presentaban síntomas que no dejaban ninguna duda sobre el autismo. Y entonces debe haber pensado que era imposible evaluar los riesgos en los primeros tres meses de vida.

Lo que las publicaciones científicas sobre la respuesta a la prosodia del *maternés* nos permite comprender es que la voz del pediatra, en ese momento, es portadora de dicha prosodia. Y que, entonces el cuerpo del bebé estaba cómodamente instalado, es decir, la espalda bien apoyada en la camilla, lo que le permitió responder. Los pediatras, para poder examinar fácilmente a los bebés, desarrollan esta prosodia, que no habría que llamarla solamente *maternés, paternés*, sino también *pediatrés*. Es una situación ideal para ilusionar al pediatra, que concluye demasiado rápido que el bebé está bien y que su mamá está demasiado angustiada.

Nuestro trabajo con esos bebés es transdisciplinario: un psicoterapeuta interviene en paralelo con un osteópata y un especialista de trastornos sensoriomotores del bebé.

En este libro, algunos colegas como Annik Beaulieu y Muriel Chauvet van a explicar en qué consiste su intervención con esos bebés de algunos meses.

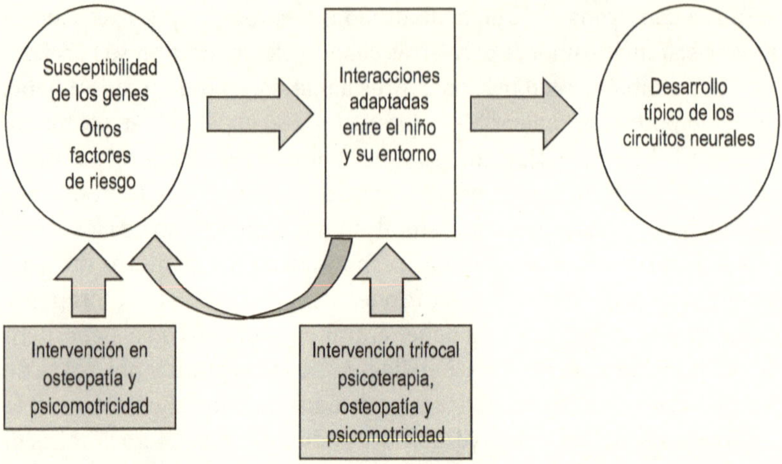

Por esta razón, proponemos modificar la tercera parte del gráfico de Dawson. Este esquema hace explícita nuestra intervención trifocal sobre el entorno, sin olvidar la ayuda recibida por el bebé para reducir sus factores de riesgo: el dolor será tratado no solamente por la osteópata, con la ayuda del pediatra, sino a veces con una intervención puntual del gastropediatría o de un especialista en alergias alimentarias, cuando el omeprazol no reduce lo suficiente los síntomas. Esos dolores gástricos, actualmente documentados en el dominio científico, dieron incluso lugar a un metaanálisis (McElhanon, 2014) y una revista de la literatura subraya la importancia de tomarlos en cuenta y tratarlos (Wasilewska y Klukowski, 2015). Estos dolores parecen omnipresentes en los bebés a riesgo.

En paralelo a todo nuestro trabajo transdisciplinario, una intervención de especialistas en la neurovisión para algunos bebés es, a veces, necesaria.

Pero volvamos a lo que podemos hacer cuando evaluamos que un bebé presenta a lo mejor un riesgo de autismo. El rol del terapeuta es, ante todo, reintroducir placer en la relación padres-bebé, placer que no pudo ser establecido por las dificultades del bebé a entrar en contacto, sobre todo por culpa del dolor, generalmente gástrico y por las dificultades motoras. Cuando logramos reintroducir lo que llamamos los juegos pulsionales de placer entre el bebé y su entorno, podemos incluso pensar en modificaciones en la expresión de los genes. ¿Esta afirmación no es demasiado audaz? Sí, es cierto. No tenemos todavía publicación científica sobre este tema. Sin embargo, Eric Kandel, Premio Nobel de Medicina, hace la hipótesis siguiente: el placer va a activar un sistema de regulación en el cerebro como la dopamina y la serotonina. Este placer libera un neurotransmisor que refuerza la conexión sináptica y aumenta el número de conexiones neuronales. Si el bebé siente un gran placer, ese recuerdo puede registrarse definitivamente (Long Term Permanence, LTP) y va a actuar sobre la expresión de los genes en las neuronas (Kandel, 2007).

El protocolo que nosotros propusimos evaluar comprende tres intervenciones: la psicoterapia, la osteopatía y la sensoriomotricidad. Pero nuestros colegas pediatras nos dicen, con razón, que no pueden cambiar radicalmente su visión sobre los bebés, sin publicaciones científicas sobre los resultados de este tipo de tratamiento. Bueno, esas publicaciones existen.

Emily Jones y Mark Johnson, cognitivistas muy conocidos de la Universidad de Londres, hablan de una "revolución" para los bebés en riesgo:

> Dos vías revolucionarias se abren, que ponen el acento en el desarrollo temprano. Debemos aportar cambios radicales en la detección y el tratamiento de los trastornos del neurodesarrollo desde el principio de la vida. (Klin y Jones, 2013).

Los investigadores acuerdan en lo siguiente: a pesar de los factores de riesgo iniciales, la trayectoria autista no está determinada y puede ser modificada con una intervención muy temprana, cuando todavía la plasticidad cerebral lo permite. Efectivamente, nuestro cerebro social se construye gracias a interacciones muy precoces. Si un bebé presenta un riesgo genético, por ejemplo, un hermano o hermana de una persona autista, o factores orgánicos pudiendo conducir a una cascada de situaciones que llevan al autismo, podemos actuar sobre esas experiencias muy tempranas, permitiendo instalar interacciones que pongan en juego circuitos retroactivos de placer con las personas centrales del entorno (madre, padre, etc.) que pueden modificar el futuro del desarrollo del bebé. Lo que Jonathan Green mostró con el método i-BASIS VIPP (Whitehouse, 2021) es que el diagnóstico de autismo a los tres años puede ser evitado. Muestra cómo las dificultades tempranas del bebé van a perturbar el ajuste de las respuestas de los padres y producir una distorsión de ese circuito de interacciones recíprocas acelerando la trayectoria hacia el autismo. Es precisamente a nivel de ese circuito de interacción que se sitúa su intervención terapéutica. Su estudio demuestra que una prevención temprana alrededor de los doce meses puede tener un efecto preventivo. En el estudio inglés, ochenta y ocho bebés de nueve a catorce meses que presentaban signos de riesgo, fueron seleccionados al azar: cuarenta y cinco de ellos para recibir tratamiento por i-BASIS-VIPP (diez sesiones en el domicilio durante cinco meses), y los otros cuarenta y tres para un tratamiento habitual (tratamiento libre).

Esta técnica i-BASIS-VIPP utiliza mucho el video *feedback* para mostrar a los padres y a los terapeutas los momentos importantes que funcionan con el bebé, lo que permite a los adultos adaptarse mejor a ese bebé diferente. A la edad de tres años, entre aquellos que habían recibido este tratamiento, solamente tres niños estaban dentro del espectro autista, mientras que había nueve en el grupo testigo. Esto demuestra la eficacia, incluso relativa, del método y más generalmente de una intervención precoz. En este estudio los bebés fueron detectados gracias a SAC-R (*Social Attention and Communication Surveillance Revised*) a los doce meses. La plasticidad cerebral nos lleva a pensar que una intervención con el bebé a los cuatro meses debería dar resultados aun mejores. El profesor Filippo Muratori, gran especialista de los bebés que más tarde devienen autistas, subraya que se trata de una prevención secundaria porque las dificultades orgánicas están desde los primeros meses de vida.

Hoy, en 2024, la situación en Francia es la siguiente: el test recomendado para evaluar el riesgo de autismo es el M-CHAT R, que solo puede ser aplicado a los dieciocho o veinte meses. Por eso la gran mayoría de los niños son identificados a los dos años, cuando su trayectoria autista ya está bien instalada, con redes del cerebro social que no se han establecido, y cuando la plasticidad neuronal baja considerablemente. Sin embargo, es posible detectar ese riesgo desde los cuatro meses. Ya tenemos la grilla llamada PRÉAUT cuyo interés es la fuerte correlación a cuatro meses con el futuro resultado del CHAT. Esto permite ganar catorce meses con respecto al M-CHAT utilizado a los dieciocho meses. Realizado con bebés, en consulta de niño sano, el estudio mostró que la mitad de los bebés que son positivos a los cuatro meses, presenta un trastorno del neurodesarrollo a los tres años. Esta grilla evalúa las interacciones del bebé con su entorno. No evalúa cómo reacciona cuando uno lo llama, porque sabemos que en buenas condiciones de instalación del cuerpo y con una prosodia del *maternés*, todos los bebés responden, incluso aquellos que van a devenir autistas más tarde. La grilla evalúa la motivación del bebé para hacerse mirar, hacerse escuchar, hacerse comer, chupar el dedito de la mano o del pie por su mamá, etcétera. O sea, su motivación para provocar al otro. Para tener una idea de esta grilla existe un video realizado hace diez años por la Ciudad de las Ciencias de París que está disponible en YouTube[4]. Allí podemos ver a un pediatra de P.M.I. (protección materno infantil) que la utiliza con un bebé delante de sus padres. Esta grilla es gratuita pero como solo existen dos publicaciones científicas, todavía no se impuso como ineludible.

Hoy existe un nuevo estudio, ligado al análisis de los Movimientos Generales a los cuatro meses, publicado en octubre de 2022 en la revista *Nature* (Doi et al., 2022). ¿Qué dice este nuevo estudio? Que a los cuatro meses la calidad de los movimientos del bebé (llamados *Fidgety*) puede predecir qué bebés van a ser positivos en el M-CHAT a los dieciocho meses. Sobre todo, si la observación de los movimientos *Fidgety* se realiza al mismo tiempo que la observación de la capacidad del bebé de juntar espontáneamente sus dos manos y sus dos pies sobre la línea mediana. Estas dificultades motoras existen en el bebé que va a devenir autista, pero no constituye una condición suficiente.

Esta publicación refuerza y consolida otras investigaciones sobre el mismo tema (Phagava, 2008; Einspieler, 2014; Zapella, 2015; Cleary, 2023; Doi, 2023) que plantean: las anomalías de los Movimientos Generales y *Fidgety* en los bebés que devienen autistas más tarde. Entonces ya tenemos muchas publicaciones científicas que convergen y van en el mismo sentido.

Estas dos herramientas, la grilla PRÉAUT y la observación de los Movimientos Generales, tienen buena correlación con el M-CHAT y permiten ganar catorce meses para poder intervenir con el bebé. Nuestros equipos, y en particular Annik Baeulieu, con el profesor David Cohen y Catherine Saint Georges en la Pitie Salpetriere, trabajan con el equipo japonés del profesor Hirokazu Doi, que publicó artículos más recientes sobre este tema. Por nuestra parte, nos comprometimos en un proyecto de evaluación de los resultados de los tratamientos trifocales realizados con hermanos y hermanas de personas autistas, a quienes se les propuso ambas herramientas a los dos meses y medio y a los cuatro meses de edad. Este proyecto recibió comentarios muy elogiosos de los expertos, de los cuales uno se cuestiona sobre la factibilidad en el sistema de salud francés para encontrar profesionales formados y disponibles. Vamos a proporcionarle la lista de aquellos comprometidos con el proyecto. En Francia existen cerca de doscientos colegas capaces de ocuparse de estos bebés de alto riesgo, tanto en el sistema de salud pública como en los consultorios privados. Pero muchos servicios públicos se quejan de

---

4. <https://youtu.be/fxQQnUst6iQ?si=Tw3iWeOMYuGPIB7W>.

que estos niños llegan recién a los dos o tres años, cuando la plasticidad epigenética y neurológica es mucho más reducida.

Entonces, si un bebé no le parece que va a buscar por sí mismo la interacción con el otro y sobre todo si la madre se lo plantea preocupada, un pequeño video de tres minutos puede darle los elementos esenciales sobre su motricidad espontánea. Usted puede pedirles a los padres de hacerlo con su teléfono, el bebé acostado boca arriba, con toda su espalda apoyada y sin nadie que le este hablando. Un equipo del hospital de la Pitie Salpetriere podrá evaluar ese *film*. Después de dos o tres bebés de su consulta que participen de esta evaluación quizás despierte su interés en una formación sobre los movimientos generales, pero no es indispensable.

Así que, queridos pediatras, ¡¡¡ahora les toca a ustedes!!! Gracias a la detección temprana que puedan realizar, nosotros podremos intervenir y modificar la trayectoria en el desarrollo de esos bebés.

CAPÍTULO 3

Enrico: un bebé con "alto riesgo de autismo" y la cuestión del dolor en su tratamiento transdisciplinario[1]

Muriel Chauvet[2]

Marie-Christine Laznik[3]

Annik Beaulieu[4]

La investigación científica (Ozonoff, 2011) ha demostrado que un bebé con un hermano o hermana en el espectro autista tiene un 20% de probabilidades de desarrollar autismo. Si se trata de un varón, esa probabilidad se eleva al 25%.

Desde hace algunos años, recibimos de forma bastante sistemática bebés cuyos hermanos mayores autistas fueron atendidos por nosotros. En tres cuartas partes de los casos, hemos tenido la suerte de poder tranquilizar a los padres sobre las capacidades de su bebé, y todos han quedado encantados. Pero a los padres cuyos bebés nos preocupan, les decimos que, trabajando muy precozmente, la plasticidad cerebral y genética permite prever un futuro tranquilizador para su hijo, tanto más cuanto que somos tres especialistas diferentes que nos ocupamos de la atención precoz. El psicoanalista recibe aquí una gran ayuda del psicomotricista formado en el enfoque sensoriomotor, que trabaja tanto más rápido cuanto que el osteópata intervino para liberar las tensiones del bebé.

---

1. Basado en: Chauvet, M. & Laznik, M.-C. (2022). Enrico, un bébé dit a "haut risque d'autisme". Dans Marie-Dominique Amy, Armelle Barral, Bernard Golse (Éds.), *Des troubles sensoriels aux stratégies thérapeutiques, Autismes et psychanalyses IV* (pp. 115-126), Éditions Eres, y en la publicación web: <https://www.apdeba.org/wp-content/uploads/Enrico-Muriel-et-Laznik%5EJ-avec-Annik-en-frances-1.pdf>.
2. Psicomotricista, formada en la evaluación sensoriomotora de Bullinger.
3. Psicoanalista, Doctora en Psicología.
4. Doctora en Psicología, Psicoanalista, Osteópata.

Enrico se benefició de ello desde que tenía un mes y medio. Su tratamiento osteopático por Annik Beaulieu, que empezó cuando tenía trece días, se describió en otro artículo.

Nuestra relación con la familia

—Marie-Christine Laznik—

Conocí a los padres de Enrico ocho años antes, cuando su hijo mayor, de dieciocho meses, acudió a una consulta en el Centro Alfred Binet. El doctor Bernard Touati y yo estábamos muy preocupados por este niño, que tenía un autismo bastante desarrollado para su edad. Como no estaba domiciliado en nuestro sector geográfico, lo derivamos a la doctora psicoanalista Claire Favrot, que realizó un tratamiento a razón de tres sesiones semanales. Nosotros lo seguimos viendo en consulta regularmente, con sus padres, varias veces al año. Sus excelentes progresos habían creado una transferencia muy positiva entre la familia y nosotros.

Si bien la evolución del hijo mayor fue muy positiva, a la luz de los conocimientos actuales, hubiéramos actuado de forma diferente en dos aspectos: en primer lugar, el área sensoriomotora: hoy estaríamos mucho más atentos a su irritabilidad extrema. Parecía desarrollarse bien desde el punto de vista motor, pero sus gritos para entrar en la ducha eran tan estridentes que alguna vez los vecinos llamaron a la policía. La evaluación inicial evidenció sus habilidades motrices y se perdió de vista su irritabilidad, rasgo característico en los niños que desarrollan autismo.

En segundo lugar, el dolor. Hoy seríamos mucho más cautos ante los peligros del reflujo gastroesofágico, una condición frecuente en niños con autismo que suele pasar desapercibida. Fue a los dos años y medio que la intuición de su madre marcó la diferencia: incapaz de seguir escuchando aquella tos incesante que nadie lograba explicar, buscó por su cuenta a un otorrinolaringólogo. El diagnóstico fue devastador: todos los tejidos del tracto faríngeo estaban quemados por el ácido del reflujo.

Cuando decidieron tener otro hijo, los padres sabían que existía un riesgo genético y ya habían planeado venir a verme para una consulta después del nacimiento del bebé. Les prometí que, si presentaba alguna preocupación, nuestra intervención precoz podría detener el peligro de una progresión hacia el autismo.

Inicio del tratamiento psicoanalítico de Enrico

Primera sesión, el bebé tiene seis semanas

Desde el primer contacto, nos llamó la atención la mirada vidriosa de Enrico. Después de la sesión, Bernard Martino, que estaba filmando[5], me comentó que tuvo la impresión de ver una película blanquecina en los ojos del bebé, como una catarata. Pero al cabo de una hora, cuando por un instante logré establecer contacto visual con el bebé, su mirada se volvió translúcida. El padre, que lleva a Enrico en brazos e intenta en vano establecer contacto con él, nos explica que prefiere mirar las lámparas o las filas de libros de la biblioteca. Es un padre muy atento a las dificultades de su hijo y no quiere que algo pase desapercibido. Nos damos cuenta de que Enrico aún no sostiene la cabeza.

A continuación, la madre, cómodamente sentada en un sillón, lo toma en brazos. Después de describir con detenimiento todas las dificultades que ha experimentado el bebé desde su nacimiento (descritas por Beaulieu en otro artículo), intenta establecer contacto con él. Sujetado por debajo de los brazos, sin apoyo dorsal, nos dice que la está mirando. Me sorprendió mucho, porque en esta posición, los bebés frágiles se niegan a mirar.

— ¿Qué pasa, mi amor? -dice la madre en castellano.

— Cuando lo tenés así, ¿podés ver la expresión de su cara? Porque muchos bebés se niegan a mirar cuando no tienen la espalda apoyada.... -intervengo.

— No, se le ve y se le ve bien.

— ¿En una posición tan difícil para él? -insisto.

— Sí, siempre está mirando a su mamá. Le encanta. Y habla con su mamá.

Camino hacia ella y me instalo detrás de la madre y de la cámara para entender a qué se refiere. Un pequeño bebé con los ojos semicerrados posa frente a ella. No hay señales de que quiera mirar a nadie. Pienso que esta madre nunca ha tenido otra experiencia con su hijo mayor; no sabe lo que significa tener un bebé que mira.

— ¿Pero tienes sueño? ¡Oh! ¡Mi vida! -dice la madre.

5. Los padres de Enrico habían accedido a participar en una película sobre el cuidado temprano de bebés en riesgo.

El bebé se encuentra entonces con la mirada de su madre durante un breve instante, desencadenando lo que Geneviève Haag (2018) denomina un colapso tónico total.

Podríamos pensar que la madre de Enrico conserva una capacidad de ilusión anticipatoria, lo cual es positivo. Pero sabemos que su hijo mayor, que es autista, ya era así con ella y nunca había conocido algo diferente. También sabemos que tuvo un embarazo y un parto difíciles, y que desde su nacimiento Enrico preocupó mucho a sus padres.

Beaulieu, en el capítulo anterior, describió todas las vicisitudes y sufrimientos de este bebé tan pequeño. ¿Podemos pensar la tonicidad de Enrico como un exceso de empatía emocional? Esto significa que las preocupaciones de sus padres, incluso cuando quieren disimularlas y adoptan un tono alegre, son percibidas por él y le provocan un colapso. El término "exceso de empatía emocional" fue propuesto por el cognitivista escocés Adam Smith para describir el cierre autista que se traduce en una pérdida de toda posibilidad de empatía cognitiva (Laznik, 2014).

El neurobiólogo Yves Burnod propone la hipótesis de un defecto de filtro (Burnod & Laznik, 2018). Esto se relaciona con lo que Sigmund Freud plantea en el *Proyecto de una psicología para neurólogos* cuando subraya la importancia de los filtros que impiden que grandes cantidades de excitación del mundo exterior invadan el aparato neuronal *phy* retráctil y *omega*. Cuando este filtro, al que a veces llama tamiz, es defectuoso, los efectos que pueden tener grandes cantidades en el aparato psíquico son devastadores, comparando la situación con la caída de un rayo (Freud, 1895/1996).

Durante esta primera sesión, solo consigo captar su mirada durante un breve instante al final de la sesión, cuando está bien instalado, con la espalda apoyada en un pequeño cambiador y los brazos, la cabeza y las piernas ligeramente levantados.

En ese momento busco algo que me sorprenda y me deleite: compruebo que está "bien equipado" y exclamo: "¡Pero si tienes suficiente para garantizar futuras dinastías!". Su padre se ríe con orgullo y su hijo tiene una expresión de sorpresa por un momento. Me doy cuenta que su mirada se había vuelto cristalina. La filmación confirma esta impresión.

Segunda sesión

Hacia la mitad de la sesión, cuando el bebé acaba de mamar, su madre lo pone delante de ella, dándole palmaditas en la espalda para que eructe. En esta posición, no tiene apoyo.

Laznik, elogiándolo por su eructo, dice:

— ¡Oh! ¡Bravo! ¡Bravo hombrecito!

A pesar de que me parece que es muy bonito, vestido como un vaquero con camisa de cuadros, mi prosodia no le hace ningún efecto. Luego, dirigiéndome a los padres:

— Todavía no logro el contacto. Todavía no lo tengo.

La madre le habla largo rato, con una voz entrecortada y rápida que denota su preocupación. Como son padres a los que conozco desde hace nueve años y con los que tengo una muy buena relación transferencial, decido explicarles lo que es el *maternés* (nunca lo haría con unos padres a los que acabo de conocer). Colocando cariñosamente mi mano sobre el hombro de la madre le digo:

— Por el momento, mamá tiene una voz de adulta con su bebé. Y eso refleja su preocupación.

La madre asiente y explica:

— Cuando mis sobrinas eran pequeñas (nacieron mucho antes que su hijo autista) nos dijeron que teníamos que hablarles como si fueran adultas.

Les explico que la voz a la que todos los bebés responden fácilmente es la del *maternés* (Laznik & Saint-Georges, 2013) y les hago una demostración, con el bebé en brazos, cosa que yo tampoco habría hecho nunca si no los conociera muy bien.

Tomo a Enrico en brazos, le hablo en tono teatral, murmurando y exagerando los contornos melódicos, lo que provoca risas de los padres, que dicen que Laznik es como la tía vieja que han traído de Sudamérica para cuidar al bebé. Les parezco ridícula cuando hago esto, pero reconocen que el bebé me está mirando. El hecho de poder reírse de la psicoanalista les permite recibir toda su información sin sentirse juzgados.

Siguiendo la broma, les digo que la tía y yo acordamos por teléfono hablar de la misma manera. Y agrego:

— Esta forma de hablar normalmente es espontánea, pero si ocurre algún problema o preocupación en las mamás, esto se pierde.

Al final de esta segunda sesión, el bebé, de espaldas sobre el pequeño colchón, con las piernas, la cabeza y los brazos ligeramente levantados, ¡hace tres magníficas cacas! Semejante proeza desencadena en la psicoanalista una prosodia de sorpresa y asombro. Enrico no solo observa, sino que responde en protoconversación. Gracias al trabajo conjunto de Haag y André Bullinger sabemos lo esencial que es para estos bebés en las primeras fases del autismo tener el cuerpo bien instalado, con apoyos, si queremos que nuestra voz, portadora de la prosodia del *maternés* (*motherese* en inglés y *mamanais* en francés) pueda llegar a ellos.

Nuestras investigaciones científicas con los equipos de la Pitié Salpêtrière y de Pisa han demostrado que la presencia de esta prosodia puede desencadenar este tipo de respuesta, incluso en bebés que posteriormente se convierten en autistas (Cassel et al., 2013). Pero a veces, estos mismos bebés no responden. Pensamos que la forma en que está configurado el cuerpo del bebé desempeña un papel en su capacidad para recibir esta voz.

— Viste cómo tu hijo es un rey ahora. Con su corte a sus pies, le sienta como un guante, ¿no te parece? –el bebé vocaliza.

La madre responde preocupada:

— ¿Sigues haciendo caca? Porque este es el último pañal.

El bebé pronuncia una vocalización muy larga y melodiosa que Laznik traduce como:

— ¡Pero no importa, mamá! ¡La señora Laznik tiene! ¡Puedo cambiar de opinión en mitad del camino! –a continuación, Enrico da otra larga respuesta musical.

— ¡Mamá! ¿Estás escuchando? *¡Ga eu!* ¿Estás escuchando la perfecta protoconversación de tu hijo? Para su edad, ¡es perfecto con el lenguaje!

Mientras Enrico continúa con su vena musical, su padre responde con el mismo ritmo y tono. Su intercambio de sonidos es magnífico. Habla con facilidad en *paternés.*

En la siguiente sesión, se detectó la presencia de reflujo gastroesofágico y se trató con protector gástrico, recetado por el pediatra. Quince días después, el bebé hablaba por primera vez con su madre.

Fragmento de una sesión cuando Enrico tiene diez semanas

Enrico está en el suelo, bien apoyado, la parte inferior del cuerpo ligeramente levantada y los brazos apoyados. Le digo a la madre que mostré el video de la sesión anterior a psiquiatras infantiles (que se están formando para trabajar con bebés que están "en riesgo de autismo"[6]) a quienes les cuento cómo había admirado las vocalizaciones musicales de Enrico, que se sentía orgulloso de ser elogiado por las tres cacas que había hecho. Dice la madre:

— ¡Y los dos *wee-wees*! ¡Todo en cantidades generosas!

Ante el tono admirativo y juguetón de su madre, Enrico la mira y responde inmediatamente. Me sorprende gratamente oír que la propia madre puede ralentizar su discurso y hacerlo más melodioso y acorde con la musicalidad de su hijo.

Lo que ocurrió en las semanas siguientes me hizo pensar que debería haberle dicho a la madre que lo que ocurría allí también se debía al protector gástrico, que había frenado el dolor gastroesofágico del bebé.

Sin embargo, la mayor sorpresa llega cuando la madre recupera de su teléfono pequeños fragmentos de filmaciones de los primeros meses de vida de su hijo mayor. Allí la vemos hablar en *maternés* a un bebé que evitaba su mirada. En los meses siguientes, había perdido la prosodia. Entonces la idea de que a un bebe hay que hablarle como a un adulto es, en realidad, una reconstrucción de la experiencia traumática de hablar a un bebé que no contesta.

Quince días después, Enrico (doce semanas) se encierra

La madre llega a la sesión llevando a Enrico, que aún no había cumplido los cuatro meses, en un fular. Sin embargo, no lo porta como suelen hacer las madres con bebés tan pequeños, apoyados contra ellas. Enrico se ha enderezado y está literalmente sentado, con el torso arqueado hacia atrás. Su madre se queja de que se niega a apoyarse contra ella e imita los movimientos opistótonos que puede hacer su hijo. Por mi parte, no logro tener ningún contacto con él.

Intentamos acomodarlo en el suelo, con el almohadón de lactancia y un buen apoyo dorsal. Pero ni nuestros meticulosos arreglos, ni mis intentos de seducirlo con una bella prosodia de *maternés* consiguieron que establezca contacto. Con las marionetas logramos captar su atención un momento, pero rápidamente se retrajo. La madre me explica que hace una semana que le suspendieron el Nexium. Le dije a la madre que este tratamiento era indispensable para evitar que su hijo se encerrara aferrándose al dolor gastroesofágico.

---

6. Se refiere a los bebés que nacen en una familia donde ya existe un hermano o hermana autista. Los padres de Enrico son muy conscientes de todo esto.

En otro artículo anterior, la osteópata Beaulieu describió los movimientos de extensión hipertónica asociados al dolor por reflujo. Durante esta semana, cuando Enrico está muy retraído, conseguimos poner en marcha el abordaje sensoriomotriz.

El enfoque sensoriomotor

— Muriel Chauvet —

Enrico tenía casi cuatro meses cuando lo conocí junto a sus padres. Para entonces ya contaba con la inestimable ayuda de Beaulieu, la osteópata, y de la psicoanalista Laznik. Un mes y medio antes, a los dos meses y diez días de vida, Laurance Launey, psicomotricista del Centre Médico Psicológico, había realizado una evaluación sensoriomotriz siguiendo el protocolo de André Bullinger.

Regulación tónica frágil

La evaluación puso de relieve la fragilidad extrema de la regulación tónica. Enrico estuvo disponible durante toda la sesión[7], adaptándose a las sugerencias, respondiendo atentamente, sonriendo hasta que, de repente, alcanzó su límite de saturación. En ese momento, Enrico se desorganizó, lloró y gritó durante varias horas. Su madre se esforzó por consolarlo protegiéndolo de todas las variaciones sensoriales: lo acercó a su pecho, le ofreció el contacto con la zona oral y le cubrió los ojos con un pañal, rodeando su cuerpo con firmeza y meciéndolo.

Toda la familia estuvo presente en el primer encuentro. Entre nosotros ya existía un vínculo previo de confianza pues yo había realizado una evaluación sensoriomotora de su hijo mayor. Además, me comentaron un detalle curioso: el dibujo de mi tarjeta de visita se parecía mucho al símbolo del nombre de su bebé.

Enrico es un bebé serio, con una cara poco expresiva; no fomenta mucho la interacción. Desde el punto de vista sensorial es extremadamente vigilante. Aparece como muy vulnerable a las variaciones del entorno. Abrumado por los estímulos sensoriales, en particular el sonido y el tacto, necesita estar muy contenido. Y cuando Enrico grita, sobre todo cuando sufre dolor, sus padres se sienten desarmados. Durante

7. La evaluación sensoriomotora se había realizado mientras Enrico estaba bajo tratamiento por su reflujo gastroesofágico.

mucho tiempo, los llantos de Enrico fueron intrusivos, recordando los momentos de desorganización de su hermano mayor.

Observo varios factores de riesgo en términos de habilidades sensoriales y motoras: la primera es que Enrico necesita un entorno inmutable y predecible. Cualquier situación –una cena con amigos, la falta de regularidad en la hora de comer o de acostarse, el abrazo de unos amigos–, alteran su precario equilibrio sensorio tónico[8]. "Nos dio una disciplina que no teníamos", dicen los padres. Insisten en que su hijo necesita rutinas y que los cambios de ritmo provocan momentos de desorganización (llanto intenso). Esto contrasta con su hijo mayor, que, siendo un bebé pasivo, aceptaba cualquier cambio sin protestar. Para esta familia cosmopolita y viajera esto es un descubrimiento y un desafío.

Como segundo punto, señalamos la permeabilidad de Enrico a las variaciones de los flujos sensoriales, lo que comprendemos como un defecto de filtro.

— Cada dos por tres, llora cuando le sacamos de la bañera y le ponemos la toalla: ¡hay demasiados estímulos! Es entonces cuando ya no se lo puede tocar –dicen los padres.

Salir de la bañera es una verdadera pesadilla: los gritos de Enrico revelan que las variaciones cuando pasa del agua al aire fragilizan sus límites corporales, incluso lo desdibujan y desmantelan. Su irritabilidad táctil[9] era notable. Rápidamente le propongo baños envolventes para reducir dichas fluctuaciones y estabilizar la construcción de sus límites corporales. Cuidamos cada detalle como la textura de la ropa de cama utilizada. Los padres acordaron cambiar de una tela áspera a otra suave. Poco a poco, al cabo de unas semanas, el ritual del baño dejó de ser una amenaza: con un pañal suave y un largo periodo de estabilización envuelto, Enrico pudo absorber más fácilmente las variaciones del flujo táctil.

El tercer punto se refiere a los aspectos tónicos y posturales. Llevado en brazos de su madre, Enrico mantenía una postura extendida; había desarmonía tonal entre la parte anterior y posterior del cuerpo, que se acentuó en los meses siguientes. Esto se explicará más adelante.

---

8. Superficie de equilibrio donde se siente existir de manera estable y donde se tiene algún medio para observar y actuar sobre el mundo.

9. Irritabilidad o defensa táctil: dificultad para procesar señales táctiles del entorno. Variaciones táctiles que tocan la envoltura del cuerpo; aquí las variaciones entre agua, aire y tela.

El ajuste tónico-postural y el diálogo tónico-emocional son delicados, como una huella dejada por un traumatismo perinatal.

Estudio de los movimientos generales

Durante nuestro primer encuentro me pareció importante observar la calidad de su motricidad espontánea y, en particular, de sus movimientos generales. Estos fueron estudiados y descritos por Heinz Prechtl y luego por Mijna Hadders-Algra. Comienzan en la séptima semana de amenorrea y continúan hasta el quinto mes postérmino. De esta manera pueden observarse en el feto, en el bebé prematuro, en el recién nacido a término y en el niño muy pequeño.

A la edad de Enrico (cuatro meses), la observación precisa de la calidad de los movimientos generales es tan significativa como una resonancia magnética (RM) desde el punto de vista del diagnóstico y atestigua el buen funcionamiento del sistema nervioso central. Estos movimientos conciernen todo el cuerpo, no son previsibles y preceden a los movimientos intencionales[10]. Su análisis se basa en criterios de puntuación como:

- variabilidad (índice temporal, en este caso un flujo continuo);
- complejidad (inversión de las extremidades en todos los planos del espacio);
- fluidez.

Nos mantuvimos todos detrás de la cámara, observando a Enrico sin interactuar. Por supuesto, lo habíamos acordado previamente, se lo comunicamos y se lo propusimos en el momento oportuno (cuando estaba tranquilamente despierto). Observamos entonces los inquietos movimientos (Chauvet & Laznik, 2022) característicos de esta edad; todas las partes del cuerpo participan en un flujo continuo de pequeños movimientos. El tronco proporciona estabilidad.

Los movimientos generales de Enrico muestran mayor complejidad en la parte inferior del cuerpo que en la parte superior. Presenta algunos movimientos repetitivos y previsibles de los miembros superiores, sobre todo en el brazo derecho. No obstante, comienza a vislumbrarse a una coordinación entre la parte superior e inferior del cuerpo, lo que indica el inicio de una motricidad más voluntaria. Un aspecto resulta

---

10. La técnica iniciada por Prechtl (1990) se basa en la evaluación cualitativa de motricidad gruesa espontánea. Ver también Hadders-Algra (2003).

particularmente delicado: su cabeza inclinada hacia la derecha tiene una mirada intrigante, como ansiosa. En general, la motricidad de Enrico es espasmódica y carece de fluidez.

Aunque la fluidez sea el criterio de menor importancia en la "puntuación", los movimientos generales de Enrico quedan encuadrados en la categoría de subóptimos en comparación con los de un bebé con una motricidad óptima.

Enriquecida por estas observaciones precisas y por el relato de los padres, elaboré las primeras directrices del tratamiento centradas en las formas del cuerpo y la manera de comer.

Trabajar con las formas del cuerpo

Le propuse rápida y activamente a Enrico trabajar en la conformación de su cuerpo mediante un abordaje preciso de los apoyos y del porte. El objetivo era triple: la construcción de una contención, favorecer la integración alrededor del espacio oral y promover el enrollamiento activo de la pelvis para unificar sus sensaciones corporales. Estas formas permiten constituir un "fondo" (la estabilidad de los planos posterior, laterales y anterior del cuerpo que delimita el espesor del espacio del busto). De esta manera se facilita la orientación de la mirada y la interacción.

El apoyo a la alimentación oral fue también otro pilar clave para el desarrollo armonioso de Enrico ya que lidiaba con un dolor permanente. Desde la operación, sufría cefaleas y la lactancia, esencial para la madre, era una experiencia dolorosa para ambos. Observe en él un tono neumático (una respiración alta y exclusivamente torácica). A la madre y al niño les costaba encontrarse oralmente y compartir el placer, lo que debilitaba el diálogo tónico-emocional.

La esofagitis le provocaba movimientos de hiperextensión y vómitos frecuentes, agravados por las variaciones del tratamiento antirreflujo con Nexium (protector gástrico), cuya administración fue, al principio, un poco caótica. Cuando se estabilizo el tratamiento antirreflujo, todos pudimos recuperar el vínculo con el bebé.

La palabra hablada

La introducción de los alimentos sólidos y de la cuchara pronto se revelaron como un desafío y una tarea compleja. Para Enrico, estar en una posición pasiva, obligado a esperar y aceptar en la boca un objeto que no fuera el pecho ¡era insoportable!

Las interrupciones rítmicas inherentes a la alimentación con cuchara le resultaban dolorosas. La "cadena narrativa" de la comida se rompía a cada bocado; Enrico gritaba, arqueaba la espalda y se agitaba durante las comidas.

Desde mi punto de vista, este dolor experimentado en el espacio oral puede actuar como un potente agente desorganizador, agravando el cuadro de hipersensibilidad y de desequilibrio tónico-postural. Como afirma Bullinger: "El dominio del espacio oral prefigura, por sus exigencias de conformación y coordinación, gran parte del resto del desarrollo".

Con esmero, en cada sesión proporcionaba estimulación perioral moldeando los dientes y ejerciendo presión conjunta. Con un bastoncillo de algodón humedecido en aroma de plátano, jugaba olfativamente con Enrico. A medida que avanzan las sesiones dejándome guiar por su placer a oler, saborear, chupar y lamer, introduje suavemente el bastoncillo de algodón en su boca para desensibilizar la zona intraoral debilitada. Entre las sesiones, su madre seguía con los masajes bucales postoperatorios solicitados por los cirujanos. Al mismo tiempo, estimulaba la lactancia materna y el narcisismo maternal. Poco a poco, Enrico empezó a jugar activamente con la cuchara llevándosela alegremente a la boca. El espacio oral se convirtió en una herramienta de exploración y tránsito. Así logró empezar a alimentarse con "trocitos" y la madre desplegó toda una investigación y los recursos en torno a la Diversificación Dirigida por el Niño (DDI). En el transcurso de nuestros encuentros, la merienda se transformó en un espacio de placer y de conexión, dejando a Enrico libre para explorar con total libertad sus sentidos: el olfato, el tacto y el gusto.

Al mismo tiempo, Enrico muchas veces evitaba el contacto y parecía volverse excesiva y rápidamente autónomo. Su disponibilidad dependía también del dolor. Por mi parte, en nuestros encuentros, proponía momentos de narración sostenida y de intercambio emocional.

Durante las vacaciones de verano, cuando estaban en el extranjero, y a petición del gastroenterólogo, la madre redujo a la mitad el tratamiento antirreflujo y Enrico empezó a no dormir por las noches. Al inicio del nuevo ciclo escolar, pedimos que se restableciera el tratamiento con Nexium. Coincide con un periodo de gran precariedad doméstica: los padres llevaban dos meses residiendo en una vivienda en obras. Esta situación impactó directamente en la madre y en Enrico que no cesaba de llorar por las noches.

Veamos ahora otro escollo en cascada en el desarrollo de Enrico.

Enderezamiento por extensión sin construcción de la verticalidad

Tras unos meses de tratamiento, marcados por la fluctuación del dolor por el reflujo y el tratamiento con Nexium, Enrico parece haber "fabricado" un enderezamiento basado en un exceso de tonicidad. Esta hiperextensión posterior le impide explorar el plano ventral. Por lo tanto, se endereza mediante la extensión de la cadena posterior sin haber construido ese "espesor" en el plano ventral, entre la parte delantera y trasera del cuerpo y empuja hacia atrás en hiperextensión. Enrico adquirió la sedestación por sí solo antes de los siete meses; mucho antes de iniciar el gateo. Sin embargo, esta posición se sostenía sobre una respiración alta y torácica. Adquirida demasiado pronto, esta postura limita su capacidad de exploración y su autonomía de movimiento afectando por ende su organización narcisista. Durante varias semanas, Enrico se encerró en sí mismo, totalmente dedicado a la construcción y el mantenimiento de una verticalidad "tambaleante". Una lucha solitaria por sostener una posición inestable que le servía para esquivar el dolor y las relaciones.

El plano ventral

Para Enrico, recuperar el apoyo ventral era un requisito indispensable para desarrollar el gateo y los movimientos de arrastre. El gateo es un periodo sensible del desarrollo, rico en covariaciones sensoriales y de apoyos. A través de sugerencias vibroacústicas recurrentes sobre el suelo de madera le posibilitó recuperar el placer del apoyo ventral. Este trabajo de resonancia impacta directamente en el sistema óseo y en la sensibilidad profunda, logrando unificar las sensaciones corporales y desensibilizar el sistema auditivo. Solo a partir de esta base, comienza una exploración más serena del desplazamiento, primero reptando y luego gateando, construyendo los puntos de apoyo necesarios para una verticalidad más armoniosa.

La continuación del tratamiento psicoanalítico

— Marie-Christine Laznik —

Al llegar las vacaciones de noviembre, la reforma del hogar llegó a su fin. Enrico se desarrollaba bien al cuidado de una madre que se hallaba por fin en paz. Ver su evolución me permitió irme quince días de vacaciones con tranquilidad. Sin embargo, esta interrupción y un viaje familiar pondría pronto de manifiesto los puntos débiles que aún quedaban por trabajar.

Primera sesión después de las vacaciones de noviembre, Enrico tiene diez meses

Por primera vez, Enrico llegó profundamente dormido y no despertó hasta cuarenta minutos después. Parecía como si, en su letargo, hubiera sentido la necesidad de cederle el espacio a su madre para que pudiera desahogar su agotamiento y sus preocupaciones. Ella está convencida que Enrico ha recaído. Dedicamos gran parte de la sesión a recorrer los problemas que la agobian, centrándonos en su reciente viaje al sur de España para reunirse con la familia. Luego de una noche en un hotel de Madrid y cinco horas de ruta hasta la casa de su hermana, llegaron a la playa con toda la ilusión de que Enrico disfrutara del mar. Pero la madre me cuenta que las cosas no salieron bien.

— ¡Cómo lloró! No fue el hecho de desvestirlo, ¡en cuanto le puse los pies en la arena gritó como si fuera el fin del mundo!

La tranquilizo sobre los factores de irritabilidad que siempre están presentes en estos bebés, pero que ceden a medida que avanza el trabajo sensoriomotor. Ella continúa:

— ¡Estuvo gritando! –y le imita–: ¡*AEH*! ¡*AEH*! ¡*AEH*! ¡Gritaba muy fuerte!

— Me da la sensación que lo que estás describiendo, al menos cuando lo imitas, es lo que llamamos un tono neumático, o sea un grito que implica que está bloqueado en el pecho –le digo.

— ¡Sí! –Y echando la cabeza hacia atrás la madre vuelve a imitar el grito desgarrador del hijo, igual de insoportable para ella.

— Me describís dos cosas: la hipersensibilidad a la arena y el tono neumático. Eso es para trabajar con Muriel Chauvet, tiene que ver con la sensoriomotricidad.

— Sí, pero grita demasiado, demasiado alto –afirma ella.

— Parece un grito estridente, más que un grito muy agudo –la madre asiente con un gesto–. Y eso es un tono neumático.

— Y cuando lo hace durante media hora, mi cabeza se pone así –la madre levanta los brazos alrededor de la cabeza para mostrar la enormidad de la situación.

La irritabilidad táctil, la hiperextensión y dificultades como el tono neumático suelen ser mucho más persistentes y lentas a revertir que el retraimiento relacional. Personalmente considero este hecho como algo positivo ya que evidencia que la depresión no era la causa de la desconexión de Enrico, sino que existía una afectación más global, que comprometía su neurodesarrollo. No obstante, entiendo que para los padres esto resulta sumamente difícil, especialmente cuando estos síntomas evocan las experiencias vividas con su hijo mayor, diagnosticado posteriormente autista.

La madre aprovecha el sueño del bebé para confesar otros síntomas que la agotan. Enrico permanece constantemente aferrado a ella impidiéndole realizar cualquier actividad. Esto inevitablemente suscita en ella movimientos de rechazo que intenta ocultar, pero que Enrico percibe lo cual a su vez intensifica tanto su aferramiento a ella como sus movimientos agresivos. Las noches resultan especialmente abrumadoras ya que el bebé se niega sistemáticamente a dormir en la cuna junto a la cama de los padres. Me cuenta:

— Pero no se queda solo en la cama. Eso es imposible. Incluso en nuestra cama: se quedará despierto y no podemos dormir a su alrededor. No.

La madre imita los movimientos del bebé mientras éste da golpecitos con la cara alrededor de su boca, como si tirara de sus labios. Se me ocurre una idea y decido probarla. Es una apuesta peligrosa, porque si no resulta acertada, arriesgo perder gran parte de mi credibilidad. Y le digo:

— En ese caso, tengo una receta para vos: comele el dedito y decile que es un buen bebé, un bebé delicioso. Porque estamos en una espiral negativa, no la del autismo, sino una mucho más tonta. Porque cuando se cabrea -seamos maleducados (¡la madre asiente!)- siente que es un bebé malo. No sabe qué hacer para ser un buen bebé. Si le decís: "¡Pero si sos un bebé muy bueno, muy bueno! ¡*Uhm*! ¡Sos el bebé bueno de mamá! ¡Sos un bebé delicioso!"... entonces puede ser que eso le tranquilice, lo alivie del pensamiento: "Soy un bebé malo".

— Vale...

— Llevarse los dedos a la boca es su forma de pedir. Porque es la misma palabra "bueno", como buen pan y buen bebé. Dile: "¡Eres el bebé delicioso de mamá!"

En ese momento, Enrico se despierta e inmediatamente lleva a cabo la escena que la madre me había descrito. Con violencia, intenta meter los dedos en la boca de la madre, que se esfuerza por evitar esta intrusión como puede. Laznik, acercándose al sillón donde están sentados la madre y el niño dice:

—¡Mamá! ¿No vas a probarlo? ¡Cómetelo! ¡Cómetelo! ¿Está bueno o no?

La madre le sigue el juego, diciendo:

—¡*Uhm*! ¡Qué bueno! –y empieza a comerse los deditos que le habían introducido violentamente en la boca.

Laznik, para caldear aun más el ambiente:

— ¡Come, come! ¿Está rico? ¿Sabe bien?

Enrico me mira sorprendido e interesado por lo que digo. Y continúo:

— ¡Mamá tiene que decirlo!, Enrico aún no sabe hablar español. No nos puede decir: "¡Mamá! ¡Decime que soy un nene bueno, un nene delicioso!".

Considero que el juego del tercer tiempo del circuito pulsional –en la que un bebé se convierte en un delicioso manjar para que su madre juegue a comérselo– se ve comprometido por la violencia que Enrico emplea para conseguirlo.

En general, consigo establecer antes este circuito pulsional oral entre el bebé y la madre, pero la complejidad de los problemas con los que nos enfrentamos no nos dieron el tiempo necesario para lograrlo.

Me planteo que, a pesar de su corta edad –apenas diez meses–, si consiguiera que Enrico represente esta tercera etapa del circuito pulsional oral de una manera un poco más sublimada, como lo hacen los niños en el segundo año de vida al simular que alimentan a su mamá, la situación sería mucho más llevadera para ella, que se siente maltratada por su hijo.

Decido entonces ir en busca de un plato y una cuchara, alegando de paso que no tengo mamadera para muñecas. Armada con mis juguetes, pongo a Enrico en el suelo a mi lado y durante ocho minutos –la grabación muestra exactamente cuánto tiempo toma el proceso– juego con él. Simulo alimentarme, fantaseando con un delicioso puré que no existe. Le ofrezco un poco y lo invito a disfrutarlo conmigo. Le doy una cuchara mientras le ofrezco un poco de puré con la mía. Tras ocho minutos de este juego bastante activo, sucede: ahora es él quien me da de comer y, por supuesto, ¡me encanta!

Así es como Enrico descubre el placer de complacer al adulto. Está tan encantado con el juego que al marcharse, quiere llevarse la cuchara mágica para reencontrar el placer del otro. Se la presto, subrayando a su madre el valor de esa cucharita y lo importante que será traerla de vuelta a la próxima sesión.

Próxima sesión: Enrico tiene diez meses y una semana

Madre e hijo, cuando llegan, se los ve muy bien. Mientras su madre le saca el abrigo, me inclino ante él para admirar sus pantalones vaqueros de terciopelo y digo (en castellano):

— ¡Todos los hombres de la familia se visten igual! Es solo una cuestión de talla, ¡todos se ponen vaqueros!

Para agradecer mi admiración, Enrico me tiende delicadamente el dedo meñique para que lo pruebe. Obviamente, me parece delicioso. Y continúo (en castellano):

— ¡Sí, muy rico! –Enrico me da las gracias con una hermosa sonrisa.

La madre muy sonriente me entrega un regalo que me trajeron: un juego de mamadera, chupete y botella de jugo para jugar con las muñecas.

— ¡Qué bonitos, mamá! ¡¡Muchas gracias!! Los he buscado en la juguetería, pero no los encontré –le digo en castellano y extasiada–. ¡Así podremos dar de comer a las muñecas! ¡Qué bonito! ¿Vamos a buscar las muñecas?

La madre, muy contenta por el éxito de su regalo, me devuelve también la cuchara que les había prestado. Mientras voy a buscar los muñecos, la madre lo sienta en el suelo a sus pies. Enrico tiene la cuchara en la mano. Me mira atentamente, se la lleva a la boca y me da de comer. Estoy encantada, por supuesto. Me digo que es genial que traiga el juego de la última sesión y el placer del otro que lo acompaña.

Esta capacidad de fingir ofreciendo a un adulto una taza de té o café es una de las cinco preguntas patognomónicas del M-CHAT, el test cognitivo para el autismo diseñado por Simon Baron-Cohen. En otras palabras, es una de las preguntas en la que más suelen fallar los niños que van a devenir autistas. Este ítem no figura entre los dos primeros debido a los falsos negativos detectados. Efectivamente, algunos niños muy inteligentes lo lograban y sin embargo, devinieron autistas. Habían entendido la consigna. Tuve la oportunidad de hablar con Baron Cohen en los años noventa. Le sugerí que, para evitar los falsos negativos, bastaba con añadir una pregunta a su test: "¿Miraba el niño la cara del adulto para ver el placer que suscita en él? ¿Sonreía?". A lo cual me respondió que añadir eso implicaba incluir el afecto y que el afecto es muy difícil de corroborar. Me sorprendió pues yo creía que se podían incorporar observaciones conductuales. Pero si para mi era tan evidente y para él no, era porque yo veía con claridad que aquello que él consideraba puramente cognitivo estaba en realidad basado por completo en el tercer tiempo del circuito de la pulsión: cuando el sujeto se constituye como objeto del goce del otro. Esta dimensión de su propio test, comprensiblemente, se le había escapado.

En esta sesión, el placer de Enrico ante mi placer era evidente y la grabación nos permite volver a verlo y corroborarlo. Pero no todo es perfecto. En esta sesión, la madre me confiesa que ella y su marido están muy preocupados porque, durante la noche, los llantos de Enrico les recuerdan a los del hijo mayor. Una vez más imita el sonido desgarrador de estos llantos que emanan de un pecho oprimido. Sigue siendo el mismo tono neumático que no ha desaparecido por arte de magia desde la semana anterior. Mientras la madre se concentra en reparar los ojos de uno de los muñecos, Enrico, que ya me ha alimentado copiosamente, intenta ahora alimentar a su madre. Llamo su atención sobre el gesto de su hijo, que me conmueve.

— ¡Mamá! ¡Enrico quiere darte de comer con su cuchara!

Enrico no está muy contento consigo mismo ya que su cuchara no está en la posición correcta. Lo expresa con esos pequeños gritos agudos de los que se queja su madre. Lo ayudo a enderezar la cuchara, lo cual me vale ser alimentada una vez más. Tras comentarle lo rico que está, me dirijo a la mamá (en castellano) para decirle:

— ¡Es un gran cocinero, tu hijo!

Enrico se regodea ante mi placer, emitiendo nuevamente esos pequeños gritos estridentes que tanto preocupan a sus padres. Luego, dirigiéndome a la madre:

— Lo que escuchamos ahí es el tono neumático. Todavía hay algo de tensión ahí –añado, mientras acaricio el pecho de Enrico.

— ¿Hace falta seguir trabajando con Annik? –me pregunta.

— Con Muriel y Annik. ¿Cuándo fue la última vez que vio a Annik?

— Hace dos semanas.

Entretanto fueron las vacaciones de noviembre, pero la madre me asegura que tienen cita con ella en dos días. Entonces le digo (en castellano):

— ¡Vamos a hacer el masaje con Annik!

Mientras hablo, Enrico aprovecha para darle de comer a su madre con la cuchara, llevándola delicadamente a su boca. La madre acepta encantada comer lo que su hijo le ofrece y él está radiante. Pero la madre tiene otras preocupaciones respecto a él: me cuenta que Enrico ha empezado a morder, lo cual la disgusta profundamente.

Decido entonces hacer un psicodrama con una familia de muñecos de trapo. Saco a la madre-muñeca, al padre y al niño pequeño y a un bebé. Empezamos a hablar del niño de trapo que quiere morder a su madre.

En ese momento es el propio Enrico quien busca al padre de tela y lo coloca junto al niño que quiere morder. Entonces tomo al padre en mis manos, junto con un bebé diminuto y digo (haciendo hablar al padre de trapo que se dirige al bebé):

— ¡No se muerde, no muerde, no, no, no!

Enrico está muy interesado en este padre de trapo que gira su cuerpo de derecha a izquierda para indicar la prohibición. Mira intensamente a Laznik y luego, con la mayor seriedad, reproduce los movimientos de prohibición con su propio cuerpo. Resulta difícil no estallar a carcajadas.

— ¡No debo reírme! Es la primera vez que veo un "no" en tu hijo, mamá.

La madre me responde, con una enorme sonrisa de orgullo:

—¡No, pero si lo hace! -mientras el rostro de la madre irradia felicidad, su hijo se acerca a darle un beso.

La especificidad de la osteopatía en la atención interdisciplinaria de los bebés con riesgo de autismo

— Annik Beaulieu —

Introducción y puntos clave

En el marco de un triple enfoque de la atención a los bebés con riesgo de autismo, que incluye la psicoterapia psicoanalítica, la psicomotricidad con enfoque sensoriomotor (Bullinger) y la osteopatía, cada intervención es específica a la vez que complementaria. El tratamiento osteopático tiene como objetivo armonizar el tono del bebé aliviando los bloqueos y los dolores. De este modo, el bebé está más cómodo, más abierto a las relaciones y puede atravesar su desarrollo psicomotor con mayor facilidad.

Este triple abordaje terapéutico se puso en marcha muy precozmente en el caso de Enrico. Tuvimos nuestra primera sesión de osteopatía cuando tenía apenas trece días. Yo también atendía a su hermano mayor (que presenta un autismo de alto nivel) y a la madre desde el último trimestre de su embarazo. En el ámbito de la osteopatía, no supone ningún inconveniente tratar a varios miembros de una misma familia de manera concomitante.

La cascada del desarrollo en la que se adentraba Enrico estuvo marcada por dos puntos esenciales. En primer lugar un embarazo difícil y doloroso para la madre, que tenía antecedentes de fractura de coxis cuyos síntomas se reactivaron durante la gestación. El segundo punto concierne a Enrico, cuyos primeros días de vida fueron traumáticos y dolorosos debido a una subluxación de la articulación temporomandibular (ATM) así como una doble y prolongada frenectomía (corte de frenillo), realizada sin anestesia cuando tenía apenas diez días de vida.

Durante las sesiones de osteopatía, encontraba la misma hipertonía en el cuerpo de la madre que en el de su hijo. Como no se había desarrollado en un "entorno mullido" –por las razones mencionadas–, Enrico se arqueaba en una hipertonía en extensión. Esto fue lo que me llevó a decirle a la madre, cuando a los cuatro meses Enrico intentaba desplazarse tenso como un resorte: "lo que me gustaría no es que Enrico sea un pequeño tigre que se desplaza, sino un gatito que se relaja en su almohadón buscando su posición más cómoda".

Un embarazo doloroso

Las condiciones del embarazo y del parto fueron fundamentales en la dificultad de Enrico para apoyarse en los demás, en un diálogo ajustado. Ante mi asombro por sus numerosos bloqueos articulares y su gran tensión muscular a nivel de la pelvis, la madre me relata su historia. Antes de quedar embarazada de su hijo mayor, sufrió una caída sobre los glúteos que le fracturó las tres últimas vértebras del coxis. Permaneció en licencia laboral absoluta durante seis meses, con una reincorporación progresiva a lo largo de un año. El dolor era tal que tuvo que utilizar un flotador para sentarse durante tres años. Además del dolor, el daño en el perineo causado por las fracturas de coxis puede provocar trastornos de continencia y de la sexualidad. Estas problemáticas suelen silenciarse a pesar de su elevada prevalencia.

La madre describe sus dos embarazos como procesos sumamente dolorosos. Las restricciones de movilidad de su pelvis impidieron que su cuerpo realizará los micro ajustes necesarios para sintonizar con el feto. Estas tensiones recíprocas pueden tener consecuencias no solo en el tono del futuro bebé, sino también en la formación misma de sus vías sensoriomotoras.

El impacto del entorno uterino en la formación de las vías sensomotoras fetales

Sabemos que los movimientos generales de los niños que han desarrollado autismo son de menor calidad que los de los bebés con un desarrollo típico, particularmente los movimientos *Fidgety*, que aparecen entre el tercer y el quinto mes después del nacimiento y que son de una gran importancia para la comunicación (Phagava, 2008).

Asimismo, sabemos que existe una correlación establecida entre la calidad de los movimientos generales del feto *in utero*, medida mediante resonancia magnética cinética, y su futuro neurológico (Hayat, 2018). Estos investigadores plantean la hipótesis de que la tensión recíproca entre el feto y el entorno uterino influye en la configuración de las vías sensoriomotoras, modificando así la calidad de los movimientos generales del feto. Esto es precisamente lo que Enrico y su madre nos presentaron: una hipertonía dolorosa en la pelvis de la madre y una hipertonía en extensión persistente en Enrico como telón de fondo.

Complicaciones perinatales asociadas al riesgo de autismo

El nacimiento de Enrico fue un proceso muy largo y complicado; transcurrieron cuatro días desde el momento en que la madre rompió la bolsa e iniciaron las contracciones y el momento del alumbramiento. El caso de Enrico dista mucho de ser una excepción. Los niños que han desarrollado autismo han sufrido complicaciones perinatales con más frecuencia que los niños llamados con un desarrollo típico (Getahun, 2017). Entre ellas, partos muy prolongados, un uso más frecuente de instrumental (fórceps, ventosas) y un mayor número de luxaciones articulares. Un feto con una motricidad menos armoniosa ya en el útero tiene más dificultades para participar en el proceso del parto.

Incluso un parto normal conlleva su cuota de presiones y tensiones. En función de la calidad de su tono y de las dificultades encontradas durante el trabajo de parto, algunos bebés recuperan un cráneo flexible y armonioso después del nacimiento. En otros bebés, la superposición de ciertas suturas craneales persiste y provoca una plagiocefalia, fuente de dolor y deformación craneal, provocando también un aumento del tono en extensión del bebé (Cabrera-Martos, 2016).

Las complicaciones perinatales, aunque experimentadas de forma muy diferente por los bebés y sus familias, constituyen uno de los elementos de la cascada de acontecimientos que pueden derivar en un autismo.

Subluxación de la mandíbula y doble frenectomía

En la foto de Enrico tomada por sus padres al nacer, la asimetría de su rostro es impresionante. Incapaz de mamar y perdiendo peso, a los diez días de vida le practicaron una doble frenectomía (labial superior e inferior), en condiciones de gran sufrimiento al realizarse sin anestesia. El frenillo lingual corto dificultaba enormemente la succión del pecho, ya que el bebé se atragantaba al mamar, algo que no sucede cuando la leche fluye pasivamente de la mamadera. La madre relata ese momento traumático: escuchaba los gritos de su hijo desde el quirófano sin poder estar cerca de él. Este episodio de llanto intenso se repetiría con frecuencia a partir de entonces, conservando siempre su carácter traumático.

Después de la frenectomía, Enrico seguía sin poder mamar. Fue entonces cuando le recibí y constaté una luxación de la mandíbula (confirmada posteriormente por un otorrinolaringólogo). Enrico respondió positivamente a la intervención y esa misma noche su madre me escribió diciéndome que Enrico por fin había podido mamar. La manipulación osteopática no es una técnica unidireccional sino una relación profunda entre mis manos y el cuerpo del bebé; es un trabajo que realizamos juntos. Cuando las tensiones se originan en la etapa intrauterina, la huella del bloqueo puede persistir haciendo necesarias varias sesiones para su resolución.

Llanto inhumano

La cuestión del llanto de Enrico atraviesa todo el proceso terapéutico. La madre lo describe, palabra por palabra, con la misma angustia que sintió al recuperarlo tras la operación del frenillo; incluso llegó a grabarlos en su celular para que yo pudiera oír exactamente lo inhumano de ese llanto.

Durante una sesión de trabajo mandibular, vivimos uno de esos episodios de llanto inconsolable. A pesar de mi delicadeza, el contacto con su cicatriz le hizo doler. Lloró durante casi una hora y ni su madre ni yo pudimos consolarlo. La reactivación del traumatismo inicial de la frenectomía me parece fundamental para este niño. La experiencia del dolor es extremadamente desorganizadora para él; es un agujero negro en el que cae, que también se repitió con la misma intensidad durante las vacunaciones. Sin embargo, esta reactivación involuntaria por mi parte en el entorno de la consulta se convirtió en una oportunidad para desandar el abismo en transferencia y poniéndole palabras.

Esquema de extensión

El esquema de extensión de Enrico, causado por su dolor y la hipertonía, se manifiesta visualmente cuando arquea la espalda hacia atrás. También es palpable por un tono más elevado en la parte posterior de su cuerpo –tono extensor– que no es compensado por los músculos abdominales. Esta hipertonía en extensión puede ser una consecuencia directa de la perturbación del diálogo tónico durante la gestación a causa del embarazo doloroso de su madre, con la musculatura pélvica hipertensa.

El patrón de extensión es también una manifestación clara de dolor, frecuente en los bebés con reflujo gastroesofágico (RGE). Sin embargo, mientras que en la mayoría de los lactantes, el RGE puede aliviarse con osteopatía, los bebés con factores de riesgo relacionados con el autismo parecen responder con menor eficacia. La alta prevalencia de trastornos gastrointestinales en personas con autismo (McElhanon, 2014) sugiere que la etiología de estos trastornos es más metabólica que mecánica. Mi experiencia con Enrico va en el sentido de esta hipótesis: la misma intervención que en otros bebés resolvería un problema de RGE no lograban un efecto duradero en él. Enrico regresaba a la sesión siguiente con el abdomen tenso como "una piel de tambor". A nuestro entender esto confirma la tesis del origen metabólico de los trastornos gastrointestinales asociados al autismo.

Paralelamente atiendo a la madre en sesiones individuales de osteopatía para tratar los dolores pélvicos y perineales. Esto le permite experimentar en su propio cuerpo un estado de relajación y bienestar durante y después de las sesiones, lo que le permite comprender mejor la importancia de este mismo trabajo en Enrico. Mi objetivo es cocrear con ellos ese diálogo vivo que no pudo establecerse durante el embarazo. Para explicarlo suelo recurrir a la imagen de un gato que se despereza y se acomoda en su cojín, buscando con calma y placer, la postura más confortable.

En conclusión

El dolor debe considerarse un factor central en el abordaje de los bebés con riesgo de autismo. Una menor calidad en las habilidades motoras intrauterinas predispone a complicaciones perinatales que suelen tener consecuencias dolorosas tanto para la madre como para el bebé. El dolor también está relacionado con la mayor prevalencia de trastornos gastrointestinales, como el reflujo gastroesofágico, en niños y adultos con autismo.

La persistencia del patrón de extensión en los bebés doloridos les dificulta la capacidad de sintonía y obstaculiza su desarrollo psicomotor. El objetivo específico del tratamiento osteopático con Enrico era equilibrar su tono restableciendo el diálogo tisular que no había sido posible durante el embarazo. Asimismo pretendía aliviar los dolores provocados por este difícil ajuste tonal y los bloqueos consecuentes.

Continuación del tratamiento sensoriomotor: diálogos y juegos corporales

— Muriel Chauvet —

Tras el regreso de las vacaciones de noviembre, los padres vuelven a quejarse de su hipersensibilidad táctil y de sus momentos de desorganización. En ciertos periodos, Enrico grita de forma insoportable; sus gritos se basan en un tono neumático que genera una tonalidad muy aguda. Un episodio en la playa reaviva las preocupaciones de su madre. Enrico no soporta tocar la arena y reacciona con gritos.

Las defensas táctiles, que se muestran fluctuantes, nos llevan a proponer nuevamente juegos que estimulen la envoltura corporal. Los recipientes con lentejas, sémola o arroz se convierten en nuestros mejores aliados. Enrico explora con las manos, sumerge los pies y termina instalándose por completo en ellos con creciente placer. Así las defensas táctiles se van atenuando poco a poco.

Con el paso de las sesiones, el diálogo y los juegos corporales entre Enrico y su madre mejoran y se enriquecen, aunque su duración sigue siendo breve. Por ello fomento juegos entre ambos que pongan en acción la contención y el intercambio.

Una sesión resultó mágica, con la ayuda de un túnel acoplado a una casita: Enrico entraba y salía del túnel, haciendo juegos de cucú claramente dirigidos a su mamá. Esta etapa me parece crucial en el tratamiento, ya que anuncia la estabilización de una continencia; una representación sumamente valiosa en el momento de la construcción del espacio oral.

En conclusión, mi participación en este tríptico terapéutico resultó esencial para la construcción corporal de Enrico, proporcionándole apoyos sólidos para una verticalidad armoniosa. Los juegos de implicación corporal también sostuvieron el diálogo tónico-emocional, base de las interacciones padres-hijos. La atención prestada en torno a la oralidad alimentaria fomentaron la instauración de la respiración y del lenguaje, en un contexto de placer por alimentarse y compartir.

Actualmente Enrico es un niño con apoyos firmes y comprometido con la relación. Varias filmaciones familiares enviadas regularmente por los padres muestran sus progresos en materia de comunicación, la superación total de la irritabilidad táctil y su enderezamiento postural. Se ha convertido en un buen jugador de fútbol.

CAPÍTULO 4

La voz como primer objeto de la pulsión oral[1]

Marie-Christine Laznik

Introducción

Originalmente titulé este trabajo "La voz como primer objeto de la pulsión oral". Sin embargo, tras profundizar en las investigaciones psicolingüísticas actuales, me inclino hoy por una formulación más precisa: "Los picos prosódicos como primeros objetos de la pulsión oral".

Al final de su vida, en el *Compendio de psicoanálisis,* Freud (1895/1996) escribe:

> El primer órgano que aparece como zona erógena y propone al alma una exigencia libidinosa es, a partir del nacimiento, la boca. Al comienzo, toda actividad anímica se acomoda de manera de procurar satisfacción a la necesidad de esta zona. Desde luego, ella sirve en primer término a la autoconservación por vía del alimento, pero no es lícito confundir fisiología con psicología. Muy temprano, en el chupeteo en que el niño persevera obstinadamente se evidencia una necesidad de satisfacción que –si bien tiene por punto de partida la recepción de alimento y es incitada por esta– aspira a una ganancia de placer independiente de la nutrición, y que por eso puede y debe ser llamada sexual.

Si nos referimos al texto de "Pulsiones y destinos de pulsión", podríamos agregar las palabras: satisfacción pulsional.

---

1. Publicado en: Laznik, M.-C. (2008). La voix comme premier objet de la pulsion orale. *Psychanalyse et Enfance,* 28, Centre Alfred Binet, 10–25.

Fiel a su formación médica, Freud buscaba asentar el psicoanálisis sobre una base orgánica, única manera de garantizarse, a sus ojos, el reconocimiento y la perennidad. En su Proyecto de una psicología para neurólogos, ya anticipaba una "Psicología científica" edificada sobre el estudio del organismo. Recordemos por ejemplo la importancia de la noción de desamparo del cachorro humano (*Hilflosigkeit*) en su elaboración de la experiencia alucinatoria de satisfacción.

Hace unos doce años, organizamos en nuestra sociedad lacaniana, una jornada sobre Melanie Klein. Me resultó extraño escuchar a algunos colegas, de la primera generación afirmar que lo alucinado por el bebé en la experiencia de satisfacción era precisamente la voz materna. Se apoyaban en la experiencia de la psicosis adulta donde los primeros fenómenos alucinatorios suelen ser acústicos. En aquel momento me parecía aventurado sostener que el polo alucinatorio de satisfacción registraba únicamente sonidos o rasgos prosódicos. Yo veía en la representación de deseo (*Wunschvorstellungen*) las huellas memorizadas de satisfacción de necesidades primeras, como el hambre y la sed. Freud (1905/1968) había dicho:

> Cuando vemos a un niño saciado, con los cachetes rojos, con una sonrisa feliz, no podemos dejar de decir que esta imagen es el prototipo de la expresión de la satisfacción sexual en la existencia ulterior.

Yo estaba en aquel entonces todavía muy ligada a una concepción clásica del apuntalamiento del funcionamiento psíquico y pulsional sobre la experiencia de satisfacción de las necesidades vitales del organismo.

Más tarde, al trabajar minuciosamente el *Proyecto* (Freud, 1895/1977), comprendí que para Freud, en el polo alucinatorio de satisfacción, se inscriben las huellas mnémicas de los atributos del semejante (*Nebenmensch*), ese prójimo auxiliador, atento a las necesidades del bebé, así como también una parte añadida, que queda como cosa (*Das Ding*).

Por un lado, quedan inscritas las huellas mnémicas de los atributos de este otro; por otro lado, este polo alucinatorio cosecha lo que queda de la cosa (*Das Ding*). Freud agregaba: *"Sería, por ejemplo, al nivel visual, los rasgos"*[2]. Podemos ligar esta idea con la mirada fundadora de la madre (Laznik, 1995) –o de los padres– a lo que Donald Winnicott denomina el rostro de la madre como espejo. Algo del deseo de la madre por su bebé se traduce en los rasgos de su rostro, en su manera de mirarlo, y

2. Lo que quiere decir que pueden existir otros niveles que el visual.

esto también se registra en el polo alucinatorio de satisfacción. Hoy me permito formular la hipótesis de que estos rasgos son también acústicos y que se centran en los modos prosódicos de la palabra de los padres o adultos cuidadores dirigida a su bebé. Esta formulación se apoya tanto en trabajos de psicolingüistas como en la clínica.

Observaciones clínicas

En nuestro grupo de investigación sobre los bebés del Centro Alfred Binet, y gracias a las lecturas aportadas por Marie Françoise Bresson, comencé a interesarme en los trabajos de los psicolingüistas. Las investigaciones en este campo –resumidas por Benedicte de Boysson-Bardies (1996) y diez años antes por Jacques Mehler y Emmanuel Dupoux (1990)– y los trabajos de Madame Busnel sobre las competencias acústicas de los fetos, interrogan profundamente nuestra manera de pensar. Avanzando entonces de sorpresa en sorpresa, me vi obligada a cuestionar la imagen del bebé de Freud (tal como yo me lo imaginaba). Incluso el bebé de Jacques Lacan demandaba ser revisado. Lacan denomina al sujeto humano *parlêtre* porque habita el lenguaje desde el inicio. Pero, ¿qué sucede con el *infans* que todavía no habla? ¿Cómo se traduce esto en el plano clínico? Lacan, que teorizó extensamente sobre el deseo del Otro, no dispuso de una clínica con bebés que le permitiera articular esta hipótesis en el plano fenomenológico[3]. Lacan, muy seducido por el *Proyecto*, entiende que el grito, es decir una descarga motriz, es la primera manifestación del bebé y tiene lugar porque el hambre o la sed están en el origen de una excitación interna.

Desde el principio de su libro, de Boysson Bardies recuerda que el bebé discrimina la voz de la madre, incluso antes del primer amamantamiento, o sea antes que la leche haya podido calmar alguna necesidad[4]. Recientemente observé en mi familia cercana el nacimiento de un bebé,

3. A lo mejor incluso emancipar la experiencia de satisfacción pulsional de la experiencia de satisfacción de la necesidad, paso de ruptura con Freud que él nunca hizo.

4. De Boisson-Bardies también nos cuenta que los bebés sometidos a la escucha de un poema durante los últimos meses de vida fetal, reconocen el poema. Lo prefieren a otro que no escucharon, aunque lo lea su propia madre. Prefieren el poema incluso si es leído por una voz femenina desconocida. Los bebés son incluso capaces, succionando de manera particular, de volver a poner la grabación del poema en detrimento de la que contiene la voz materna. Vemos entonces cómo, desde el nacimiento, la voz de la madre no es el único determinante acústico en juego sino también ciertas características de las cadenas significantes escuchadas previamente. Veremos que la prosodia también juega un papel preponderante.

Alicia. En la maternidad, esperando la subida de la leche, la madre le hablaba a su bebé que no había recibido todavía el calostro. Alicia bebía las palabras de su madre, se calmaba y escuchaba. Seguía muy interesada los movimientos de la boca de su mamá.

Esta observación clínica y los trabajos de los psicolingüistas no coinciden con las afirmaciones de René Spitz sobre el paso necesario por la experiencia de satisfacción de la necesidad alimenticia para la constitución del aparato psíquico. Spitz se apoyaba en un caso clínico aparentemente irrefutable y estudia en el artículo llamado "El sí y el no, génesis de la comunicación humana" (1957/2008), uno de los primeros casos de un niño alimentado directamente en el estómago, la pequeña Mónica, a quien describe en un estado de marasmo similar al hospitalismo. Spitz concluye que, si no ha habido experiencia de hociqueo (búsqueda), es decir una experiencia de satisfacción alimentaria por la boca, entonces la negación, es decir los movimientos cefalogiros negativos de la negación, no pueden establecerse. Para Spitz toda actividad psíquica creadora –autoengendramiento de las formas que conducen a los procesos de pensamiento– comienza por la experiencia sensorial ligada a la situación de alimentación. Si esta actividad psíquica no se establece, tendrá consecuencias perjudiciales en el plano simbólico. Ginette Raimbault (1980), en una investigación sobre niños en reanimación digestiva, encontró la confirmación de la teoría del apuntalamiento sobre la satisfacción de necesidad. Estos primeros bebés salvados de una muerte segura por la medicina, presentaban retrasos psicomotores, relacionales y del lenguaje que se prolongaron hasta el sexto año. Estos resultados parecían confirmar las hipótesis de Spitz.

En la consulta padres-bebés del Centro Alfred Binet recibimos a una bebé de once meses a la que llamaremos Marianne. Presentaba una malformación fetal digestiva grave[5]. Ella fue primero alimentada por catéter y luego por sonda[6]. Marianne nunca conoció la experiencia de satisfacción de la necesidad alimentaria por la boca.

Al principio, Marianne se presentaba como una bebé triste. Sus padres estaban ansiosos, tensos por su fracaso al intentar alimentarla de manera natural. Con el trabajo terapéutico muy rápidamente ella será capaz de mostrarse vivaz, capaz de "comerse" las historias que le

5. Se trata de una laparosquisis grave que necesitó seis meses de hospitalización y algunas intervenciones quirúrgicas.

6. Situación que persistía cuando leí este trabajo y Marianne tenía catorce meses. Solo a partir de los veintiocho meses pudo alimentarse exclusivamente por la boca.

contamos y de beber las palabras de los unos y los otros. Marianne pone en escena buenas representaciones de la madre nutricia, muestra un autoerotismo oral y demuestra una organización de la simbolización, y muy rápidamente empieza a hablar.

Si esto fue posible de manera tan temprana es porque Marianne no solo había sido alimentada artificialmente. Había recibido palabras nutricias de sus padres desde el hospital[7].

Cuando juego a dejarme alimentar, Marianne retoma, en espejo, el placer que uno tiene al ser alimentado, es decir pone en escena algo que le es desconocido del plano alimenticio. En otro juego, Marianne se ofrece ella como objeto delicioso "a ser comido", y descubre entonces la cavidad bucal de sus padres y luego la propia. Es todo el circuito de la pulsión oral, en sus diversos tiempos sucesivos que se instala en ella.

En una sesión reciente, aparece mucho más claramente la organización simbólica. Marianne tiene catorce meses y su padre está de viaje. Pone una muñeca detrás de la silla, la hace desaparecer, me lo muestra y cuando le digo: "Sí, sí, papá no está; es como la muñeca que ya no está"; ella responde: "Allá, allá" en representación de un lugar lejos. Se va a buscar el teléfono y diciendo "No papá" muestra la puerta, lugar de la salida. Estamos entonces frente a alguien que, no habiendo jamás sido alimentada por la boca, no presenta sin embargo ningún retraso de la organización simbólica ni del lenguaje.

En uno de nuestros seminarios, se me hizo la observación[8] de que, debido a que Marianne nunca había sufrido hambre, habría tenido una especie de experiencia de satisfacción de la necesidad y que quizás por esta razón todo lo demás fluía. El problema es más complicado. Si nosotros pensamos en los bebés de Spitz o de Raimbault, no podemos decir que si Marianne tiene un buen desarrollo simbólico es porque fue alimentada artificialmente y por tanto vivió la experiencia de satisfacción de la necesidad. Todos los niños citados precedentemente habían sido alimentados por sonda y eso no impedía que tuvieran un destino pulsional mucho más obstaculizado.

---

7. Dicho hospital está equipado para que los padres puedan estar con sus bebés desde el principio. Sin embargo, es necesario mejorar las condiciones que puedan favorecer cada vez más la relación padres/bebés en espacios hospitalarios como este, y los padres de Marianne (gracias a sus experiencias personales y a sus profesiones) esperan contribuir para que así sea.

8. Quizás temiendo poner a Freud en una situación difícil al cuestionar la teoría del apuntalamiento sobre la satisfacción de la necesidad.

Podríamos pensar en un destino excepcional para Marianne, pero los trabajos universitarios de Annie Mercier (1995) demuestran lo contrario. Ella describe a bebés alimentados artificialmente en un servicio de pediatría general de París. En ese servicio se favorece desde el principio el vínculo entre los progenitores y el bebé (siguiendo las observaciones de Raimbault)[9]. La evolución de los bebés allí es, a menudo, similar a la de Marianne. Esto obliga a Annie Mercier a notar que esta clínica pone en tela de juicio ciertas hipótesis comúnmente admitidas sobre la teoría del apuntalamiento. Sin embargo, en el marco de su investigación, no se autoriza a ir más allá de esa hipótesis. Se limita a pensar, como yo en un primer momento con respecto a Marianne, que cada uno de estos niños muestra competencias excepcionales[10]. ¿Y si no se trata de una excepción? Estaríamos obligados a decir entonces que esos bebés que tienen patologías alimentarias radicales nos enseñan que, si las necesidades vitales son satisfechas, el bebé utiliza sus competencias en la búsqueda de otro objeto que no es el de la necesidad vital.

Vamos a hacernos algunas preguntas teóricas sobre las consecuencias de estos datos clínicos. Freud era un hombre curioso de las investigaciones de su tiempo, y yo creo que, frente a estos datos, hubiera sido el primero en sacar conclusiones para su teoría. A lo mejor le hubieran permitido articular mejor las dificultades de algunos de sus conceptos.

Algunas reflexiones teóricas

El reequilibrio permanente entre la teoría del apuntalamiento y la concepción del autoerotismo es uno de los problemas que Freud encuentra en su obra. Está como tironeado entre esos dos puntos extremos del péndulo. Las investigaciones actuales permiten resolver este callejón sin salida. Intentaremos formularlo correctamente.

El concepto de apuntalamiento

> El pecho nutricio de la madre es para el niño el primer objeto erótico, el amor aparece apuntalándose en la satisfacción de la necesidad de alimento. (Freud, 1938/1991).

9. Sobre todo, porque el INSERM había propuesto la investigación de G. Raimbault.
10. En el último párrafo, Mercier menciona otras competencias del bebé y cita el libro *Nacer humano* de Jacques Mehler y Emmanuel Dupoux, primer libro que divulgó en francés los trabajos de investigación de los psicolingüistas sobre los bebés, que ya hemos citado antes.

El apuntalamiento le permite a Freud instalar una representación teórica del aparato psíquico que supone una historicidad -lo cual es muy importante- y un lazo a un Otro primordial que Freud llama el prójimo auxiliador (*Nebenmensch*), aquel que aporta la acción específica capaz de calmar las necesidades del bebé (de hambre, de sed...). De esto resulta una disminución de la tensión interna para el bebé, vivido como una experiencia de satisfacción, que va a inscribirse en el polo alucinatorio de satisfacción. Más tarde, cuando el bebé está solo, puede reevocar las huellas mnémicas de esta experiencia de satisfacción[11] y los rasgos de este Otro atento y volver a encontrar la calma: es la experiencia alucinatoria primaria. Es en estos términos que Freud describe en el *Proyecto* (1985/1996) la constitución del aparato psíquico.

A partir de aquí, podemos pensar un autoerotismo derivado de la experiencia alucinatoria primaria, mezclado a la re-evocación de ciertos rasgos de este Otro auxiliador. Esta concepción tiene el interés de integrar el autoerotismo en la historicidad de la relación con el Otro[12]. Pero esta concepción incomoda a Freud, ya que hace derivar toda la experiencia psíquica del registro fisiológico, y se pregunta: ¿cómo no confundir fisiología y psicología?, ¿cómo sacar a las pulsiones sexuales del registro de la conservación del organismo? Freud responde a esta cuestión central introduciendo la idea de un autoerotismo innato. Esto parece una solución, pero en realidad trae nuevos problemas teóricos.

La hipótesis del autoerotismo innato

El idioma alemán cuenta con dos palabras diferentes para el verbo succionar, según que se trate de alimentarse, de beber, o de succionar sin absorber nada. Este succionar es de lo que habla el texto de Havellock Ellis (1921) en el que Freud encontró el concepto de autoerotismo. *"Nosotros tomaremos como modelo de las manifestaciones sexuales infantiles al chupeteo (succión voluptuosa)"* escribe Freud, y más adelante:

> La succión que aparece en el recién nacido, y que puede mantenerse hasta la madurez o durante toda la vida, consiste en una repetición rítmica con la boca (los labios) de un contacto de succión, cuya finalidad alimentaria está excluida. (1905/2015).

11. Que Freud denomina *Wunschvorstellungen*, representaciones de deseo.

12. Es la que figura en el Diccionario de Laplanche y Pontalis y es la elegida por una gran parte de los psicoanalistas franceses.

Freud va entonces a enunciar que en el autoerotismo el objeto puede confundirse con la fuente, es decir, con la zona erógena; en el caso de la succión, se trata de los labios. El paso siguiente consiste para Freud en independizar el autoerotismo del objeto para que devenga entonces anobjetal, innato y no dependiente de ningún Otro de la experiencia de satisfacción primordial. Toda historicidad queda, por lo tanto, excluida.

Esta concepción de un autoerotismo innato se opone radicalmente a la concepción que presentó en el *Proyecto*[13]. Pero le permite a Freud concebir un aparato psíquico que no es enteramente tributario de la experiencia de satisfacción de la necesidad. Emancipa entonces la psicología de la fisiología, y abre al mismo tiempo la posibilidad de un campo de la pulsión independiente del campo de la autoconservación.

Sin embargo, hay una contradicción en pensar un autoerotismo innato. Primero porque *Eros* en la mitología griega está siempre del lado de lo sexual, es decir de la intervención de un otro para que "eso" pueda suceder. Eros viene a oponerse a todos los mitos de auto-engendramiento, de auto-reproducción. Nada es posible sin el otro. ¿De qué manera aparece en el libro de Ellis el autoerotismo con respecto a la succión? Este libro trata de la sexualidad en los adultos y, en la succión, es el aspecto masturbatorio el que le interesa al autor. Que lo "excita", podríamos decir, porque es un libro excitante. A principio de siglo, estos señores, de cuello almidonado, corbata y monóculo, devoraban tratados y monografías sobre la sexualidad solitaria. Pero que fuera solitaria no quiere decir que no fuera soportada por fantasmas que implican al otro. La teoría del fantasma aún Freud no la había construido.

Este es el telón de fondo sobre el cual Freud va a afirmar la existencia de una sexualidad infantil desde el nacimiento. Al igual que Ellis, considera a la succión como una actividad sexual. Pero Freud en ese momento no la hace derivar de la experiencia de satisfacción de la necesidad; él va a creer que es innato y, por lo tanto, independiente de la relación con un Otro.

Llevando a sus últimas consecuencias este pensamiento freudiano, algunos autores van a llegar a concebir un autoerotismo sin *Eros*, es decir un primer tiempo autístico en todos los bebés. Margaret Mahler

---

13. Incluso si todavía no aparece el término de autoerotismo –porque Freud lo emplea solo recién en 1905– es evidente que la noción de *polo alucinatorio de la satisfacción*, que supone la reactivación de las huellas mnémicas ligadas a los rasgos del Otro inolvidable, implica una concepción diferente del autoerotismo.

lo afirmará y será seguida en un primer tiempo por Frances Tustin[14]. Sin embargo, durante un diálogo con Colwyn Trevarthen, uno de los fundadores de la psicolingüística, Tustin dirá haber comprendido que esta hipótesis era insostenible.

Incluso si Freud nunca llegó a ese extremo, debía sentir que la hipótesis de un autoerotismo innato era peligrosa. Es comprensible su apego a la teoría del apuntalamiento para contrarrestar ese movimiento de su propia obra. En *Tres ensayos para una teoría de la sexualidad* las hipótesis de Freud sobre el apuntalamiento, que ampliará en 1915, son coherentes con lo que él elabora en su texto "Pulsiones y destinos de pulsión". Allí presenta su concepto de pulsión diciendo que va a sufrir modificaciones. Esta pulsión, ¿sería el representante psíquico de las excitaciones nacidas en el interior del cuerpo? Comprendemos entonces que dé como ejemplo al hambre y a la sed. Lacan (1964/1973) va a tener la audacia de mostrar que se trata de tergiversaciones, pero que el hilo conductor que lo lleva a Freud a elaborar este concepto es otro. Dice:

> ¿Se refiere Freud a algo cuya instancia se ejerce en el organismo como totalidad? ¿Se trata de una irrupción de lo real en su estado de conjunto? ¿Está en este caso involucrado el ser viviente? No. (...) La constancia del empuje prohíbe toda asimilación de la pulsión a una función biológica, la cual tiene siempre un ritmo. La pulsión no tiene ni subida ni bajada, es una fuerza constante.

La fuente es la zona erógena que es, por excelencia la boca, en el lactante. Pero donde no podemos seguir a Freud es cuando con respecto a la succión toma esta zona como objeto. Freud lo considera así en un intento de pensar en algo diferente al objeto de satisfacción de la necesidad, y en este punto tiene razón. Esta relectura de Freud lleva a Lacan a señalar que:

> Ningún objeto de la necesidad puede satisfacer la pulsión. La boca que se abre en el registro de la pulsión no es con comida que se satisface. (Lacan, 1964/1973: 198)[15].

Lacan añade así a la lista habitual de Freud (seno, heces) a la mirada y la voz. Estos dos últimos objetos –que no son objetos de satisfacción de ninguna necesidad– son centrales en la clínica con bebés. En cuanto

---

14. Si este paso fue dado por autores anglosajones y no por autores de la escuela francesa, es que porque esta última siguió estando muy apegada a la idea de una historicidad.
15. El propio Lacan no tuvo tiempo de sacar consecuencias de esta aseveración, que implica una revisión completa de la teoría del apuntalamiento.

al seno, queda muy teñido de su valor de objeto de satisfacción de necesidad alimentaria y nosotros vimos en el caso Marianne, cuánto la satisfacción de la pulsión oral es de otro registro.

Lacan conserva el término de pulsión únicamente para las pulsiones sexuales parciales, y va a hacer entrar todo lo que concierne a la conservación del individuo (pulsión de autoconservación freudiana) en un registro diferente. Todo el registro de la necesidad cae fuera del campo de lo pulsional[16]. El empuje, la fuente y el objeto son los tres primeros componentes de la pulsión siendo el cuarto componente, la meta, que es la de alcanzar la satisfacción pulsional a través del cierre de un circuito en tres tiempos. Se trata de que la pulsión realice un cierto recorrido que es el que va a aportar la satisfacción pulsional. Esta satisfacción está separada radicalmente de cualquier satisfacción orgánica. El trayecto en forma de circuito se cierra sobre su punto de partida. La pulsión no va hacia un objeto de la necesidad para capturarlo, sino al encuentro de un objeto que la cause, es decir que le permita recorrer los tres tiempos necesarios para su recorrido en bucle, y eso innumerables veces.

El primer tiempo del recorrido de la pulsión es activo. El bebé va hacia un objeto externo –el pecho o la mamadera–. El segundo tiempo del recorrido es reflexivo; tomando como objeto una parte de su propio cuerpo –el chupete o el dedo– es ahí donde Freud sitúa la succión[17].

El tercer tiempo del recorrido es cuando el bebé se hace él mismo objeto de otro, ese famoso nuevo sujeto (la madre), por ejemplo. Freud califica a ese tercer tiempo de "pasivo". Sin embargo, el bebé no es pasivo en esta situación ya que es él quien la suscita. Él busca hacerse mirar, hacerse escuchar o bien, a nivel oral, hacerse comer. Este aspecto eminentemente activo del tercer tiempo pulsional fue subrayado por Lacan, que lo denominó el tiempo del "hacerse".

Recientemente, nosotros pudimos observar a un bebé que, desnudo sobre un cambiador, se ofrece él mismo como objeto de la voluptuosidad oral materna: mostraba su dedito para que la mamá se lo comiera, y espiaba atento al goce que se inscribe en el rostro y en la mirada de su madre, mientras emite un "*mmm... qué rico*". Es justamente ese goce que el bebé busca en ella. No obstante es necesario que la madre en ese momento de plenitud sepa también privarse; pues es a través de esa

---

16. La pulsión no es más un concepto límite entre lo psíquico y lo somático, sino un concepto que articula el significante y el cuerpo (que no es el organismo).

17. Veremos que solo *a posteriori* del tercer tiempo podremos decir si hay autoerotismo o no.

renuncia autoimpuesta que le significa a su bebé que ella misma está sometida a la ley, marcada por la castración y por la falta.

Cuando este tercer tiempo ocurre, es la garantía que en el polo alucinatorio de satisfacción de deseo queden huellas mnémicas de este otro materno, de este prójimo auxiliador. Pero, más precisamente las huellas mnémicas de su goce; de ese momento en que la madre sonríe de placer a su bebé que se hace mirar o que le ofrece su pie para ser comido. Esto nos asegura que luego, cuando el bebé esté solo succionando su pulgar o su chupete, habrá reinvestidura de las huellas mnémicas de ese Otro materno. En el *Proyecto* Freud las denomina representaciones de deseo (*Wunchvostrellungen*). En el caso del lactante solo puede tratarse del deseo de su Otro Primordial o, como él lo llama, su prójimo auxiliador (*Nebenmensch*). Solo entonces podemos estar seguros de que su autoerotismo contiene a *Eros*. Sin *Eros*, autoerotismo se escribe autismo.

Efectivamente este tercer tiempo del circuito pulsional, es aquel en el cual el bebé va a hacerse el objeto de un nuevo sujeto. En el lactante que más tarde desarrollará un autismo, el circuito pulsional no se cierra, queda incompleto. Entonces ningún tiempo propiamente autoerótico es posible, porque nada de un placer suscitado en el Otro puede ser registrado en el polo alucinatorio de satisfacción. Esta necesidad de pensar primero el tercer tiempo del circuito pulsional antes de poder afirmar la naturaleza autoerótica del segundo, es tan central que Daniel Widlöcher propuso, directamente, invertir el orden y decir que el autoerotismo en realidad es el tercer tiempo de la pulsión.

Volvamos ahora a la cuestión del objeto, para comprender cómo la voz podría ser el primer objeto de la pulsión oral.

Anne Fernald (Fernald & Simon, 1982), una de las fundadoras de la psicolingüística, constataba en los recién nacidos un apetito oral exacerbado por la forma particular de palabra materna que fue llamada *maternés* (*motherese* en inglés). Ese *maternés* presenta una serie de características específicas de gramática, de puntuación, de escansión, y una prosodia particular. Esta autora se interesó por sus características prosódicas y el efecto que producía en el apetito oral de ese recién nacido. Trabajando con bebés, de entre uno y tres días de vida, ¿qué descubrió? Que, incluso antes de la subida de la leche materna, un bebé que todavía no tuvo la experiencia de la satisfacción alimentaria, escuchando una forma prosódica particular de la voz de su madre dirigida a él se vuelve muy atento y se pone a succionar intensamente un chupete no nutritivo[18]. El bebé chupa más ese chupete escuchando la prosodia del *maternés,* incluso cuando se trata de la voz de la madre en un grabador. Sin embargo, Fernald percibió, utilizando la voz de la madre grabada como si le hablara a su bebé pero en su ausencia, que el resultado es diferente: no encontró los mismos picos prosódicos y el bebé al escuchar la grabación mostraba menos interés. Y cuando la mamá se dirigía a otro adulto, los picos prosódicos eran mucho menores y el apetito del bebé se apagaba.

Fernald intentó descubrir si existía alguna situación en la cual un adulto, hablándole a otro adulto, produce estos mismos picos prosódicos específicos del *maternés.* La situación para que aparezcan esos picos es bastante rara: es necesario que estén presentes la estupefacción, el asombro y, al mismo tiempo, un gran placer y alegría. Estupefacción y placer juntos producen este tipo de picos prosódicos. Sin embargo, Fernald no saca ninguna conclusión de esta constatación.

Y nosotros, como psicoanalistas, ¿cómo podemos leer esos datos? Para empezar, señalemos la diferencia radical entre el objeto causa del deseo –o sea el objeto de la pulsión– y el objeto de satisfacción de la necesidad, que aquí no está presente.

Freud en *El chiste y su relación con el inconsciente* (1905/1981) describe lo que denomina el rol de la tercera persona. En la práctica analítica con niños autistas, lo que nosotros notamos es que el tercer tiempo del circuito pulsional, ese momento en donde el goce del Otro (y del otro) busca ser "enganchado", corresponde al rol de esta tercera persona. Aquella que escuchando "una formación, un chiste, una palabra defectuosa, como algo ininteligible, incomprensible y enigmático" lejos de rechazarlo como no perteneciente al código, se deja, después de un tiempo de estupefacción, llevar por la iluminación en donde reconoce un chiste o un *lapsus.* Aceptar dejarse sorprender es la marca de la falta en el Otro. Ese Otro, entonces no está completo. El segundo momento es el de la risa. Toda la segunda parte del libro de Freud, trata de la risa, que es placer[19]. Este Otro, incompleto, es designado por Lacan como el Otro barrado. Con la estupefacción y la risa del Otro barrado, estamos en el tercer tiempo del circuito pulsional. Estupefacción y alegría son también características de la prosodia del *maternés,* del cual el bebé es tan

18. Este detalle es importante si queremos distinguir los objetos de satisfacción de la necesidad de los objetos pulsionales propiamente dichos.

19. No se trata aquí de placer en el sentido del Principio del Placer, que es principalmente principio de "no displacer".

ávido. ¿Qué nos enseña la investigación de Fernald entonces? Que desde el nacimiento y antes de toda experiencia de satisfacción alimentaria, el bebé tiene una apetencia extraordinaria por el goce que su presencia despierta en el Otro materno.

Los bebés que devienen autistas nos llevan a pensar que el lactante solo mira a su madre –o al Otro primordial de su vida– cuando tiene la experiencia de esta prosodia en la voz materna. Esta prosodia le permite identificar su presencia como objeto causa del goce de este Otro Primordial. Buscará el rostro que corresponde a esa voz particular. Buscará también hacerse objeto de esa mirada, en la cual leerá que él es el objeto causa de esa sorpresa y de esa alegría reflejadas en la prosodia de la voz y los rasgos del rostro materno. Habrá entonces anudado con ella un circuito pulsional escópico.

Observemos que las investigaciones de los psicolingüistas tienen lugar fuera del contexto de cualquier apuntalamiento sobre la satisfacción de las necesidades vitales. Es sobre todo allí donde la pulsión invocante parece irresistible, es decir cuando es solo pulsión.

Esto justifica que hayamos re estudiado seriamente la teoría del apuntalamiento. Pensamos que con el objeto voz –o más precisamente con la prosodia particular de la voz materna– Freud hubiera podido salir del callejón sin salida en el que se encontró, entre la teoría de un apuntalamiento demasiado anclado en la fisiología y un autoerotismo innato, o sea que excluyen al Otro. A lo mejor lo hubiera podido pensar escuchando el poema de Henrich Schütz.

O nomem Jesu, verus animae cibus
In ore mel, in aure melo
In corde laetitia mea
Tuum itaque nomem, dulcissime Jesu
In aeterno in ore meo portabo

Oh nombre Jesús, verdadero alimento del hambre
Miel en la boca, melodía en el oído
Alegría en mi corazón
Es por eso que tu nombre, muy dulce Jesús
siempre lo llevaré en mi boca.

CAPÍTULO 5

Colisión tríptica entre un parto traumático, la realidad del equipamiento del bebé y la historia materna[1]

Muriel Chauvet,
Marie-Christine Laznik
Caroline Pelabon

Primeros encuentros con Muriel Chauvet

Conocí a Matteo durante el mes de junio, antes de las vacaciones de verano. Llegó derivado por el psiquiatra infantil cuando tenía tres meses de vida (dos meses de edad corregida).

Durante nuestro primer encuentro, observo con atención lo que allí se pone en juego. Los padres de Matteo están muy inquietos y son finos observadores. La madre me cuenta de un parto difícil sin darme detalles. Ella nota la existencia de una ligera asimetría y señala que el bebé se mueve menos que una prima de su misma edad. Se ha informado sobre las habilidades motoras espontáneas e incluso puede hablarme de los movimientos *fidgety*[2] característicos de esa edad.

En este primer encuentro, la madre habla sobre aspectos somáticos del desarrollo de su bebé. Doy importancia a las inquietudes parentales y sugiero un tiempo de observación y evaluación detallada.

Estos son los elementos principales de la evaluación sensoriomotora: Matteo es un hermoso bebé, un poco pasivo y físicamente armonioso.

---

1. Publicado en: Chauvet, M.; Laznik, M.-C. & Pelabon, C. (2020). Collision triptyque entre un accouchement traumatique, la réalite de l'équipement du bébé et l'histoire maternelle. Dans M. Dugnat, N. Collomb y F. Poinso, *Soins, corps et langage*. Éditions Eres.

2. La motricidad de base consiste en un flujo continuo de pequeños y elegantes movimientos que se producen en todo el cuerpo. La cabeza, el tronco y las extremidades participan con igual importancia. A estos pequeños movimientos pueden superponerse movimientos largos e intensos; esta danza es llamada *fidgety*.

Mis diversas propuestas lo animan; Matteo vocaliza y me mira intensamente, pero con prudencia. Sus movimientos generales son pobres, con movimientos sinérgicos. Cabe señalar que la evaluación de la calidad de los movimientos generales es una herramienta sensible para evaluar el funcionamiento cerebral del niño pequeño, siendo complementaria al examen neurológico tradicional (Hadders-Algra, 2003). Constato poca inversión de posturas asimétricas[3]. Acostado boca arriba, su cabeza gira de derecha a izquierda sin limitación. En general, observo una ligera asimetría: el hemicuerpo derecho está más investido y es más móvil que el hemicuerpo izquierdo. En el plano sensorial, el seguimiento visual con una superficie texturizada está limitado hacia la izquierda. Durante las rotaciones (volteos) provocadas, Matteo no maneja adecuadamente las variaciones del sistema vestibular[4] y se desorganiza. La posición en decúbito prono (boca abajo) no le resulta cómoda y el enderezamiento es complejo; apenas se apoya sobre sus antebrazos si la pelvis es movilizada por mí, para así realinear el eje.

El sostén cefálico es aún precario en posición vertical. La prensión de objetos se organiza para agarrar una tela ligera que se le presenta en el plano medio. La mirada se posa sobre el objeto con buenas conexiones óculo-manuales y con las manos abiertas para luego ser llevadas a la boca. La construcción del eje sagital se organiza juntando las manos en el plano medio.

Durante estos primeros encuentros siento preocupación y, con cautela, sugiero a la familia volver a ver a Matteo dentro de unas semanas cuando regresen de sus vacaciones. Considerando las condiciones de su nacimiento, me parece fundamental observar con precisión la evolución de su desarrollo sensoriomotor y estar atentos al discurso de los padres. La lentitud de Matteo me inquieta tanto en el plano motor como en el de la interacción.

Cuando se descifran los aspectos sensoriomotores en las películas familiares de bebés que luego son diagnosticados autistas, regularmente nos sorprende la lentitud de las respuestas en las interacciones; los gestos comunicativos basados en las capacidades motoras muestran una dificultad importante.

---

3. Posturas asimétricas o del esgrimista ANTP (Asymmetric Tonic Neck Posture). Véase Caesar (1979).

4. Los flujos vestibulares son percibidos en el útero por el oído interno. Al nacer, en el espacio aéreo, se ponen de manifiesto las covariaciones entre los flujos vestibulares, táctiles y propioceptivos.

Al ver las imágenes filmadas de esta evaluación, observo mi actitud relativamente estimulante y mi necesidad intuitiva de mantener el vínculo con Matteo, de apoyarme en la *regulación up*. Las investigaciones han demostrado que esta *regulación up* es la que realizan los padres de bebés con signos de riesgo (Saint-Georges, 2011). Recuerdo haber mirado específicamente los elementos en bruto durante la primera reunión, observables, sin preguntas relativas a la anamnesis. En mi práctica, primero enfoco la atención en la organización corporal del bebé, del diálogo tónico y las interacciones. En un segundo momento intento comprender los elementos clínicos observados a la luz de su anamnesis.

La anamnesis

Relatamos aquí lo que fuimos aprendiendo a medida que avanzaba el tratamiento de Matteo[5] a partir de nuestros encuentros. El embarazo transcurrió sin dificultades hasta la semana treinta y dos, momento en el que se produjo una fisura de bolsa amniótica. Fue hospitalizada y luego derivada a una internación domiciliaria durante un mes. Por temor a una infección feto materna, el hospital decidió inducir el parto a las treinta y seis semanas de gestación, pero no resultó bien: tras quince horas en la sala de parto, los signos de un sufrimiento fetal aparecieron y la partera llamó de urgencia al médico. Desafortunadamente, este tardó mucho en llegar y cuando finalmente practicó una cesárea, en un clima de pánico, extrajeron a un bebé casi inanimado, con un APGAR de uno, en estado de hipoxia. El bebé fue reanimado en la sala de partos, intubado por insuficiencia respiratoria; el APGAR subió a diez en diez minutos. Ingresó en cuidados intensivos, donde pudo ser desentubado al cabo de seis horas. Se administró nutrición parenteral durante cuarenta y ocho horas antes del inicio de una lactancia materna, que también resultó algo dificultosa. Se trató entonces de un caso de sufrimiento fetal con una hipoxia neonatal, observándose desde el inicio una hipotonía. Luego de un día y medio en cuidados intensivos fue llevado con su madre para que por fin pudiera conocer a su hijo.

La madre de Matteo, que no se había recuperado del miedo del parto y muy preocupada por las posibles consecuencias de la hipoxia, no se sintió tranquila con el aspecto de su bebé cuando se lo entregan. Matteo

5. Aquí reunimos todos los elementos que aportaron los padres, en parte durante las primeras sesiones con Chauvet, en parte más tarde, durante el tratamiento psicoterapéutico con Laznik.

estaba "todo blandito", poco reactivo y relacional. Pienso que, es muy verosímil que se haya producido una micro lesión en el momento de este nacimiento catastrófico. Cuando regresaron a su casa, las cosas no mejoraron: Matteo alternaba entre momentos en los que parecía estar conectado, con otros en los que estaba completamente ausente. Ante la angustia de la mamá, el médico de PMI (Protección Materno Infantil) la derivó a la consulta padres-bebés en el Centro Alfred Binet.

Desorganización durante el segundo trimestre

Al regreso de las vacaciones de verano, los padres me dicen que se desplazaron mucho durante su estadía en Italia y sintieron "el cansancio" de Matteo. Notan que tiende a cerrarse y que es muy permeable a las variaciones sensoriales de su entorno.

Me llama la atención esta escena: instalado en brazos de su madre, Matteo "se escurre", hipotónico, a pesar de los apoyos estables que ella le proporciona. Vacila. Ambos parecen abandonarse a un precario diálogo tónico[6].

Acostado en el suelo, Matteo está monolítico, inerte. Los pocos intentos de rotación se organizan invariablemente mediante movimientos de extensión dorsal; carece cruelmente de experiencia en los volteos. La sustentación del apoyo dorsal resulta tan precaria que todas las exigencias al sistema vestibular se acompañan de sensaciones de caída[7]. Acostado en el suelo, modelando el cuerpo flexionado (mano apoyada debajo del isquión), se pone rígido en extensión y resiste. La flexión activa de la pelvis lucha por establecerse y se instala una asimetría con la mano derecha más utilizada que la otra. Observo también algunos agarres mediante movimientos estereotipados; la mirada se focaliza en esa mano derecha. En el plano ventral (boca abajo) apenas logra liberar los brazos y colocarlos al frente. La recuperación es frágil. Su regulación tónica es poco estable; se cansa rápidamente y se desorganiza con llantos inconsolables. Su ritmo es muy lento con un tono basal bajo. Dada su

---

6. Las variaciones tónicas conducen a una variación de la consistencia del organismo, que sirve de soporte instantáneo a una sensación corporal. Esta desviación de un estado de equilibrio es la fuente de una tensión emocional que tiene sentido en el entorno humano: es el diálogo tónico descrito por Wallon y Julián de Ajuriaguerra.

7. La sensación de caída está probablemente vinculada a una falta de construcción de esta profundidad y da lugar a comportamientos de aferramiento que conducen a la adhesividad. Ver Bullinger (2015).

hipersensibilidad, es fundamental ser lento y cuidadoso con él en cada propuesta que le hacemos.

Matteo está muy retraído, poco sonriente y vocaliza poco. Su rostro está serio, apático. ¡Todo en él muestra una falta de deseo! Hay poca demanda. Si mira al otro, rápidamente desvía el rostro; es evitativo. Si agarra una pelota que le ofrezco, la pasa de una mano a la otra sin dirigir la mirada hacia el interlocutor. Los estallidos de comunicación observados dos meses antes han desaparecido. Los padres destacan que son muy activos buscando respuestas de su hijo, y externalizan sus preocupaciones por un posible trastorno autista. Más adelante sabremos que esta preocupación ya estaba presente durante el embarazo. En general, hay poco placer compartido en este momento. La evitación relacional se establece en este segundo trimestre.

Matteo tiene seis meses y el ingreso a la guardería está programado para la semana siguiente, lo cual me preocupa. Propongo una entrevista con Laznik en la cual estaré presente.

Primer encuentro con Marie-Christine Laznik en el consultorio de Muriel Chauvet.

— Sesión filmada y descrita por Caroline Pelabon[8] *—*

En la relación con Laznik, Matteo mostrará momentos de presencia posible. La prosodia del *maternés* que ella implementa permite que incluso los bebés que se volverán autistas entren puntualmente en comunicación[9]. Sin embargo, aunque el bebé esté atento, permanece distante y pasivo. Nada indica que él no podría desarrollar un autismo. Por ejemplo, este primer encuentro revelará claramente, en dos ocasiones, la hipersensibilidad de Matteo. Mientras Laznik le cuenta la historia de su nacimiento: cuando le dice "mamá tuvo que estar muy preocupada", el bebé comienza a llorar.

Un poco más tarde, Muriel Chauvet, que finalmente consigue que él gire su pelvis, se llena de alegría y de una inesperada exclamación

8. Caroline Pelabon es psicoanalista y miembro de *Espace Analytique*. Ya experimentada analista de adultos y niños decidió especializarse en el tratamiento psicoanalítico de bebés con riesgo de autismo. Filmó todo el tratamiento y fue ella quien escribió la mayor parte del trabajo realizado por Marie-Christine Laznik, que lo releyó y corrigió. Este caso le sirvió para su Máster de Investigación en París 7.

9. Ver en el capítulo 9 los artículos científicos publicados sobre este tema. Entre ellos: Cohen et al. (2013).

de admiración: Matteo comienza a sollozar, abrumado por este "ruido emocional". La hipersensibilidad se observa muy a menudo en bebés con riesgo de autismo. A nivel sensorial se manifiesta por ejemplo por hiperacusia. Matteo durante mucho tiempo se sobresalta ante el más mínimo ruido en la calle. Además, estos niños son muy sensibles a las variaciones emocionales de su entorno y a menudo reaccionan con retraimiento en momentos en que la preocupación u otras tensiones se apoderan de sus padres. Muchas investigaciones científicas demuestran estos factores de hipersensibilidad, incluso hiperempatía emocional en personas autistas (Laznik, 2014).

Durante este primer encuentro, Laznik también conoce a los padres de Matteo. La madre italiana será alentada a expresarse en su lengua materna con su hijo, o incluso en su dialecto napolitano. Ella es contadora pública y su padre es ingeniero en la industria automotriz. Los dos son científicos, más bien reservados, y se construyeron contra estos excesos culturales del sur.

Luego de esta sesión decidimos entonces un tratamiento interdisciplinario, a dos voces, en complemento de las consultas psiquiátricas infantiles. Chauvet se reunirá con este bebé y sus padres dos veces por semana y Laznik, una vez por semana. Es la madre quien lleva más a menudo a Matteo a sus sesiones, el padre a veces está presente con ella. Caroline Pelabon filmará las sesiones y, una vez finalizada la sesión, tomará nota de lo registrado.

Las tres primeras sesiones con la psicoanalista

La primera sesión le da inmediatamente la razón a las preocupaciones de los padres. Matteo mira por la ventana o hacia el techo y ni los padres ni Laznik consiguen captar su atención. Incluso con la prosodia del *maternés* o de las canciones, Laznik no puede mantener contacto con él.

Sentada en el suelo, apoyada en el sofá, Laznik toma al bebé sobre sus piernas frente a ella: lo cual le da al bebé un buen apoyo en la espalda con flexión en la pelvis. Laznik se balancea de un lado a otro, cantando o hablando en *maternés*. Pero este intento fracasa: Matteo desvía la cabeza hacia un costado, evitando todo contacto visual con la terapeuta. Si bien se ha demostrado que la prosodia del *maternés* permite que incluso los bebés con riesgo de autismo puedan mirar, sabemos que esto no siempre ocurre (Cassel et al., 2013).

Laznik aprovecha este fracaso para decirles a los padres que entiende que estén preocupados (a menudo se enfrentaron a médicos que no los tomaban en serio). *"La señora Laznik también se equivoca"*, dice. Esto evita parecer todo poderosa cuando los padres fracasan.

Los psicoanalistas teorizan el evitamiento de la mirada de diversas maneras. El enfoque de Geneviève Haag es muy interesante porque se relaciona con el trabajo de André Bullinger, creador del abordaje sensoriomotor. Para Haag (2008), la incapacidad del bebé para mirar al adulto está ligada a la construcción de su cuerpo, y en particular la constitución de la sustentación del apoyo dorsal: mientras este no esté constituido, la mirada sigue siendo también un espacio sin fondo. En bebés con riesgo de autismo, el trabajo permite la constitución progresiva, psicológica y física de un trasfondo. Se forma una primera envoltura corporal y luego existe una base, también respecto del niño. Se puede establecer un contacto visual, con su dimensión aproximada de un primer continente psíquico.

Con Matteo pudimos ver al inicio de la terapia lo poco construido que estaba su cuerpo y la falta de apoyos. Daba una impresión de "bebé de trapo", sin sostén. La construcción de estos apoyos fue uno de los objetivos del trabajo en sensoriomotricidad, así como en psicoterapia. Para jugar con Laznik, Matteo necesitaba estar cómodamente instalado en el regazo de su madre, cuya espalda servía de apoyo y de base de sustentación.

Desde las primeras sesiones, Laznik también introduce el registro principal sobre el que se desarrolla su terapia: el registro pulsional. Precisamente aquí es donde radica el descubrimiento fundamental realizado por Laznik en este campo en el tratamiento del autismo: la adquisición duradera y repetida del tercer tiempo del circuito pulsional es un signo fiable de salida del riesgo de autismo para un bebé. El tercer tiempo significa que el bebé encontró el placer pulsional del otro, identificándose como causa de este goce, situación que le ha gustado tanto, que quiere "hacerse" nuevamente objeto de este goce[10]. Sólo allí aparece realmente la dimensión del Otro para el bebé y que se piense en la salida del riesgo de autismo. Además de ser un signo diagnóstico, el tercer tiempo es también una herramienta terapéutica imprescindible: uno de los grandes ejes de la terapia consistirá en conducir al bebé progresivamente a su adquisición, a invitarlo paso a paso a construir el circuito pulsional.

---

10. Ver capítulo 8, "Reanimación pulsional de un bebé de dos meses, hermano de un niño autista, que presenta signos de alerta de un desarrollo similar", en p. 147 de este volumen.

Para ello, Laznik le pide a la madre que coloque a Matteo en el suelo, las dos paradas a sus pies, frente a él. Dejando al descubierto uno de sus pies, se deleita con su delicioso aroma, comparándolo con los panes calentitos o, por qué no, al gusto de los *cantucci*, estas incomparables galletas italianas de almendras, que la señora admite que le gustan mucho.

Con mucho apoyo del *maternés*, Laznik imita teatralmente el goce oral. Laznik ha utilizado el recurso en su terapia de la mímica del disfrute oral, cuyo objetivo es atraer al bebé y a los padres al campo pulsional.

Se trata, ante todo, de atraer a la madre, absorbida hasta ahora por la preocupación. Padres de bebés en aislamiento relacional, cualquiera que sea su contexto personal, se quebrarán frente a la negativa del niño a entrar en contacto con ellos. Sus habilidades parentales espontáneas (y en particular su *maternés*) disminuyen ante la falta de respuesta del niño. A menudo, primero reaccionan con un exceso de estimulación, que es lo que los estadounidenses llaman *regulation up* (Saint-Georges et al., 2011), para luego ser conducidos a la renuncia o incluso a la depresión por la falta de respuesta del bebé. Pero estos estímulos, al no encontrar respuesta en el bebé, solo pueden estar fuera de tono.

Parte del trabajo terapéutico implica ayudar a los padres a convertirse en buenos coterapeutas, permitiendo que el bebé descubra lo atractivos que pueden ser, tal como una abeja cuando se siente atraída por la miel. Fue la enfermedad de este bebé la que hizo que los padres perdieran su capacidad de ser graciosos, alegres y divertidos.

Las depresiones maternas existen, pero están lejos de ser la causa del autismo. Conducen a otros tipos de problemas. Pero un bebé que rechaza la relación, puede desorganizar o generar depresión en el adulto cuidador.

La mímica del goce oral, la evocación de las galletas perfumadas de su país de origen busca, por tanto, despertar para la madre de Matteo la posibilidad de este disfrute y de asociar el cuerpo de su bebé, sus pies a ser comidos. Durante este primer intento, la madre pareció bastante divertida y un poco sorprendida, sobre todo de que el problema sea que ella tenga placer y no Matteo. Pero todavía escuchamos que, a pesar de sus esfuerzos, su mamá sigue intranquila: estos juegos de galletas y piecitos no borran la inmensa preocupación en la que ella está sumergida por su hijo. Laznik sabía desde el principio que dada la edad de Matteo, la batalla contra el autismo podría ganarse, pero frente a la masiva hipotonía de la parte inferior del cuerpo, se preguntaba si no quedaban en Matteo secuelas importantes en el plano motor.

En esta primera secuencia sobre las delicias italianas, Matteo permanecerá indiferente a las exclamaciones de dos mujeres sobre el sabor de sus pies. Absorbido por un sonajero que pasaba de una mano a la otra, no les dirigía ninguna mirada. En esto, concuerda con las conclusiones del laboratorio de investigación de la Fundación Stella Maris de Pisa, que demuestra que los bebés que se vuelven autistas, a diferencia de los bebés típicos, prestan más atención a los objetos que a las personas (Maestro, Pei y Muratori, 2002).

Durante las tres primeras sesiones, Laznik logra obtener una primera conexión con Matteo, dirigiéndose a él en una prosodia de *maternés* con picos acentuados. Para ello el terapeuta debe ser capaz de encontrar en ella algo que la sorprenda y la *maraville* frente al bebé. También se puede recurrir a canciones, acompañado con gestos y títeres. Obtiene así la mirada de Matteo con más cualidad de presencia. Al mismo tiempo, desaparecen las miradas al techo o a través de la ventana; Matteo comienza a salir de su apático encierro. El *maternés* acompañado de gestos o balanceos, y junto con una instalación de tipo sensoriomotor del cuerpo del bebé a menudo, hace posible obtener una primera apertura en bebés con riesgo de autismo.

Continuación del tratamiento sensoriomotor por parte de Muriel Chauvet

En sesión, Matteo se mueve poco. Al principio de este encuentro, se conecta con la mirada, el vínculo parece instalarse, pero luego se desorganiza y el vínculo desaparece. Matteo adopta regularmente un esquema de extensión dorsal; mira al techo con un evitamiento activo. Noto una gran sensibilidad en el plano vestibular; Mateo evita cambios de posición en el espacio y se cansa rápidamente. Diría incluso que se aburre. Los tiempos de placer son cortos, sin interés por el movimiento. Matteo sigue serio. El tono neumático (respiración alta y torácica) es importante[11].

Al cabo de unas semanas, la asimetría entre los dos hemicuerpos es más marcada. El rolar solo se realiza hacia a la izquierda. La pierna derecha está más activa que la izquierda y Matteo comienza a desplazarse

11. Tono neumático: bloqueo de la respiración superior y torácica, presente en bebés de hasta cuatro meses para compensar el desequilibrio del busto. Si persiste, es un signo de desequilibrio entre la parte anterior y posterior del cuerpo. También es un apoyo que utilizamos en momentos emocionales fuertes.

de una manera asimétrica, lo que provoca una gran ansiedad materna. Esto me hace pensar en lo que escribe Giovanni Cioni:

> La iniciativa motora del niño autista es pobre; por lo tanto, tiene pocos recursos para llamar al otro con sus habilidades motoras y vocales y despertar placeres a través del cuerpo. (cit. en Phagava et al., 2008).

Matteo presenta una frágil regulación tónica, en todo o nada. De una sesión a otra o de un momento al otro del día, de golpe aparece sonriendo y luego serio; se moviliza a nivel tónico y luego se apaga. Los tiempos de transición suelen ser delicados; el paso de un espacio a otro, o el pasaje de un brazo a otro, del sueño a la vigilia. Sus padres señalan que se despierta lentamente, sin buscar el apoyo de su mirada. Matteo muestra cautela ante cualquier propuesta.

La lentitud de Matteo para reconocerme y reconocer el espacio y el material propuesto entre sesión y sesión, me sorprende. Es un bebé que no toma apoyo en la regularidad que se le propone. Su ritmo de apropiación es lento y constatamos numerosas rupturas en la actividad y en la relación implicada: apego, colapso tónico, falta de continuidad o inercia relacional[12].

Cuando llega, instalado en su cochecito, Matteo es poco expresivo al verme, a pesar de que me conoce desde hace muchos meses. Me mira como desconcertado. Estoy particularmente sorprendida por su capacidad de mirarme, atónito, como si yo fuera una perfecta desconocida para él, a pesar de que habíamos jugado juntos el día anterior. Todas las huellas de nuestro encuentro parecen borradas. Con palabras y movimientos suaves intento darle sentido a esta perplejidad que nos habita a los dos.

Durante los encuentros con Matteo, llegué a preguntarme si reconocía los rostros y consulté a algunos colegas sobre la prosopagnosia[13]. Con el tiempo me pareció más pertinente el concepto de inercia relacional en bebés en riesgo de desarrollo, descrito por Bullinger. Cuando logro establecer contacto con él mediante las manipulaciones habituales (sostenerlo, mecerlo, acercamiento a la cara, pequeños ruidos... etc.), él se hace presente en el intercambio. Sin embargo, basta un ruido externo al diálogo instalado que conduce a una breve relajación de la atención

---

12. Inercia relacional, en el sentido de una analogía mecánica al decir que el bebé no tiene inercia que le permita mantener la relación durante el breve momento en que el adulto que lo sostiene mira para otro lado.

13. La prosopagnosia es un trastorno del reconocimiento facial. Se trata de una agnosia visual específica que dificulta o impide identificar o recordar rostros humanos.

prestada al bebé, para que su tono se derrumbe y se aleje. Entonces es necesario restablecer la relación.

Regularmente propongo una planificación y un ritmo idénticos, asegurando a Matteo la posibilidad de extraer invariantes para estabilizar su equilibrio sensoriotónico[14]. Para ello propongo asiduamente situaciones lúdicas de integración sensorial acompañadas de un intercambio emocional y de creación de sentido. Se trata principalmente de exploraciones táctiles para armonizar la investidura de los espacios derecho e izquierdo del cuerpo, desde suaves variaciones vestibulares hasta a través de hamacas improvisadas. Observo en particular que después de un tiempo en la hamaca, Matteo se reagrupa mejor y vemos aparecer que estira los brazos hacia su madre.

Trabajando con la psicoanalista: la cuarta sesión

Durante la cuarta sesión se producirá un punto de inflexión en la terapia: el propio Matteo la organizará de manera que ya no variará durante varios meses.

Laznik propone en primer lugar una nueva secuencia en el registro pulsional. Ella utiliza el momento de cambio para promover una erotización de la situación, invitando a la madre a extasiarse delante de sus pliegues, la barriguita, los pequeños pies, que vuelven a ser la oportunidad de recurrir a los *cantucci* italianos, lo que la madre acepta de buena gana, encontrándolos *buonissimi e dolcissimi*...

Su bebé todavía no la ha mirado ni una sola vez, la prosodia del *maternés* de la madre sigue siendo forzada, su preocupación domina la escena.

A diferencia de la primera secuencia pulsional, Matteo mira a Laznik de manera casi ininterrumpida, respondiendo incluso a su *maternés* con vocalizaciones de aprobación: *¡heuuu, heuuu!* Pero ignora por completo a su madre, a quien no va a mirar en ningún momento. Laznik entonces intentará que Matteo se dirija a su madre, instalando a Matteo sobre sus propias piernas frente a la madre, que le habla y le ofrece el sonajero que tanto le gusta. Pero a partir del momento que se instala frente a su mamá, Matteo se retrae, su mirada se dirige a la ventana: *"Matteo, cosa c'è, amore?"* se preocupa la madre con voz de frustración.

Como es habitual, estos bebés tardan más en empezar a mirar a sus madres, mucho después de haber mirado a su terapeuta. Es importante

14. Una superficie de equilibrio en la que sentimos que existimos de forma estable y disponemos de algunos medios para mirar el mundo y actuar sobre él.

no provocar estas situaciones demasiado pronto para evitar fracasos, que resultan dolorosos para los padres.

A partir de esta sesión, esta actitud selectiva de Matteo se afianzará y amplificará. Poco a poco entrará en lo que sugiere Laznik, y lo llevará hasta el tercer tiempo de la pulsión. Por otro lado, seguirá sin mirar a su madre, creando así una situación difícil en el plano transferencial. Esta situación es habitual en los tratamientos, salvo cuando el tratamiento comienza antes de los dos meses. En estos casos, la transferencia a la madre es mucho más rápida. Presumimos que el bebé se enfrentó durante menos tiempo a la angustia materna causada por su rechazo a la relación.

¿Cómo afrontar el hecho de que al principio el bebé mira principalmente a su terapeuta? De dos maneras diferentes: en primer lugar, Laznik destaca que las miradas que le dedica Matteo son una prueba de que es capaz, ¡de que no tiene algo dañado en el cerebro!, combatiendo así la idea de que algo congénito e irreversible impediría ese lazo.

Y luego, Laznik le dirá a la madre de Matteo que la preocupación que la invade es perceptible para el bebé y poco atractiva para él. Esta preocupación, completamente comprensible, aleja a los bebés hipersensibles que la perciben.

Pero la madre de Matteo, con razón, no puede creer que su preocupación sea suficiente para generar el evitamiento en su hijo. Ella responderá dubitativa: *"Estoy dispuesta a creer que los bebés sienten lo que pasa a su alrededor, pero de ahí a creer que eso los puede retraer..."*. Para ella la causa está en otra parte, y su preocupación está justificada. Es cierto que tales factores de hipersensibilidad son incapacitantes para los bebés. También podemos plantear la hipótesis de que, si el accidente perinatal no hubiera ocurrido y los padres no se hubieran encontrado ante un bebé flácido, su preocupación habría sido mucho menor y tal vez soportable para Matteo. Vemos aquí que factores de diferente origen pueden corroborar la instalación de un peligro de autismo.

La ilusión anticipatoria y el placer de la pulsión oral

El padre de Matteo lo acompaña esta vez; su mamá llegará más tarde. Laznik comienza con un juego que la empuja a utilizar otra herramienta terapéutica que aprovechará mucho con Matteo: la ilusión anticipatoria.

Mientras que Matteo mueve el brazo, con el chupete en la mano, Laznik sugiere:

— ¡¿Me lo querés dar?!

Matteo no reacciona de inmediato, pero termina soltando el chupete:

— ¡Ah! ¡Querías que lo agarrara! –dice alegremente.

Ella toma el chupete y se acerca a su boca mientras imita el placer oral con algunos ruidos de succión. Matteo muestra mucho interés. Después de repetir este juego varias veces, la madre entra al consultorio.

— ¡Jugamos con el chupete, mamá! –dice Laznik, ofreciéndole el chupete.

La madre dice:

— *¡Mmhhh!* –toma el chupete y luego se lo ofrece a Matteo.

Pero el niño, sentado en las rodillas de su padre, cierra la boca y se gira gimiendo, sin mirar el chupete ni a su madre.

No nos cansaremos de repetir cuánto estos primeros esbozos de relación entre el terapeuta y el bebé, que excluyen a los padres, son muy difíciles para ellos. Por eso, sentirse amado por el terapeuta es vital para los padres. Amado a pesar de la ambivalencia que la escena despierta en los padres, contra el terapeuta. Si, por un lado, solo pueden ser hostiles frente a un terapeuta que obtiene las miradas que esperan durante tanto tiempo de su bebé, el microanálisis de los videos muestra cómo la sonrisa del padre o la madre participa del placer del intercambio.

Un momento después llega la hora de la merienda. Los padres sienten una infinita tristeza sobre todo en el momento de la alimentación, frente a la ausencia absoluta de relación con Matteo, lo que casi siempre ocurre con los bebés con riesgo de autismo. El papá trajo una compota hecha por él, de la que Laznik aprecia el delicioso aroma de banana. El papá lleva la cuchara a la boca de Matteo, pero este tiene el mismo movimiento: boca cerrada, cuerpo que se da vuelta. Después de algunos intentos fallidos, Laznik toma un poco de compota de la cuchara y la prueba. Es absolutamente deliciosa:

— ¡Papá es el chef de la compota!

Ella se deleita auténticamente.

Esta sorpresa y asombro ante tan deliciosa compota provoca en la terapeuta una hermosa prosodia que seduce a Matteo. Él la mira y luego, cuando la cuchara se acerca, abre la boca y traga una buena cantidad de compota. Laznik repite el intercambio, riendo, mimetizando al extremo el placer oral y explicando a los padres que eso es lo que quiere su hijo: ¡una compota con el placer del otro! Luego, Matteo mueve el piecito, lo que la terapeuta toma como un ofrecimiento para que lo bese, acompaña la ida y vuelta de la cuchara con un juego de "probar el pie del bebé". De esta manera ella le propone un juego circular en espejo: él abre la boca a la deliciosa compota de papá y ella le muestra que él también puede ser un objeto delicioso para el otro. Matteo es todo sonrisas.

Los miedos genéticos de la madre

No siempre la ilusión anticipatoria de Laznik despierta alegría en la madre. En su experiencia diaria, ella sufre especialmente el rechazo relacional del bebé y teme que nos estemos perdiendo algo de gravedad en su hijo. Entonces, en un momento de entusiasmo de Laznik, ella responde: *"¡Pero veo que él se cierra cada vez más!"*.

Laznik pide verla a solas, lo que no había ocurrido porque la madre ya estaba hablando con un analista. Durante este encuentro, la mamá dice por primera vez a la terapeuta que está convencida de que su hijo se está tornando autista, por razones ligadas a la genética familiar: ella tiene dos primos hermanos que están dentro del espectro del autismo. Ella temía que le ocurriera lo mismo cuando estaba embarazada si el bebé era varón. Después del accidente perinatal, ve al bebé hipotónico y poco relacional; creyó que sus temores se estaban haciendo realidad. Todavía creía en ello y explicaba los momentos de conexión con Laznik por el hecho de que ella era un elemento nuevo en su entorno. Entonces, la terapeuta tuvo que jugar a la "ficción genética" al afirmar que los factores genéticos pasan por la filiación paterna y no materna. Aunque en algunos casos esto no es falso, se trataba de romper una convicción que impedía a la madre disfrutar de los movimientos y sonidos pronunciados por su hijo, y tener un investimento libidinal capaz de convertirlo en *His Majesty, the Baby*, de la ilusión anticipatoria. Investimento que un padre solo puede conseguir si el bebé les envía signos con la mirada, lo que Matteo no hacía.

A partir de esta entrevista con la madre, ella empezó a poder creerlo sin temor a verse confrontada posteriormente con una horrible decepción. Esperar y desilusionarse después, le parecía muy duro.

El narcisismo: Matteo tiene ocho meses

Estamos al día siguiente de la evaluación sensoriomotora. En el regazo de su madre, Matteo escucha a Laznik hablar. Ella tiene buenas noticias de esta evaluación. El discurso avanza entonces hacia el registro del narcisismo, Laznik felicitó al bebé con una prosodia entusiasta en el lenguaje *maternés*: *"¡Parece que has tenido muy buenos resultados! ¡Has progresado mucho!"*.

El bebé se contornea, hace pequeños movimientos con las manos y mira a los ojos fijamente a la terapeuta. Después de unos minutos, seducido por los elogios, abre la boca para devolverle la sonrisa a Laznik ...y, como el cuervo de la fábula, ¡se le cae el chupete! Laznik inmediatamente lo interpreta como un juego en el que le ofrece el chupete y, de hecho, el juego se establece.

La aparición del registro narcisista en terapia requiere algunas aclaraciones. Si vemos ciertos videos familiares de los bebés que se volvieron autistas de la cohorte de Pisa, vemos que responden con miradas y sonrisas a los elogios narcisistas de sus padres, pero luego resultan ser autistas. Estos son los que llamaron *late onset,* es decir, inicio tardío en el autismo.

Estas observaciones nos llevan a distinguir en terapia el registro narcisista del registro pulsional (Laznik, 2018), en el cual se juega la salida del riesgo de autismo. Si los elogios narcisistas provocan respuestas del bebé, no debemos olvidar que solo con lo pulsional el bebé podrá tener acceso a la dimensión del Otro. Incluso si el narcisismo es parte intrínseca del trabajo, la intensidad del placer que se le atribuye no tiene nada que ver con el disfrute que se desarrollará en el registro pulsional, que sabemos que es el de las pulsiones sexuales infantiles (Lazkin, 1993). Allí el bebé vive la experiencia del goce del otro que se inscribe, por tanto, como Otro para él. La repetición de la experiencia de ser la fuente de este goce del Otro hace que sea posible pasar a un mundo completamente diferente. Ya no podrá prescindir de él. En general, el campo narcisista del amor y el de las pulsiones sexuales parecen entrelazados. Pero en esta clínica para bebés con riesgo de autismo podrás observarlos desenredados, lo que muestra la relevancia de esta oposición en la obra de Lacan. Esta distinción de registro es de gran utilidad en esta clínica. Sabemos que algunos bebés podrán beneficiarse del hecho de ser objeto de narcisismo parental sin estar interesado en despertar, en este mismo progenitor, su goce pulsional. El peligro del autismo no se evita (Laznik, 2018).

Volvamos a la sesión de Matteo. Los elogios entusiastas de Laznik contribuyen sin duda a atraer al bebé. Un momento después, en la misma sesión, dará efectivamente un primer paso importante: su primera atención conjunta. La terapeuta, con mucha ilusión anticipatoria, juega a devolverle una jirafa que se le cae. Pero esta vez, no es la jirafa lo que mira cuando Laznik se la entrega, sino a la propia terapeuta, directamente a los ojos. Por primera vez le interesa más el adulto y su intención que el objeto mismo; el deseo de descubrir el deseo que se revela en la mirada del otro.

Laznik inmediatamente señala este progreso a la madre, pero ella no puede compartir la alegría; responde con voz preocupada:

— Pero yo, cuando mira, encuentro que no está mirando a los ojos, sino a los anteojos.

Esta vez es el propio Matteo quien responderá un momento después, a su manera, a la ansiedad materna. Un poco más tarde, ya en el suelo, Matteo comienza recordando los elogios de Laznik sobre su progreso motor, lanzándose a una serie de movimientos que asombran al público. Parece decir:

— ¿Me felicitaste por mi progreso motor? ¡Mirá lo que puedo hacer!

Matteo tiene entonces ocho meses y, en las sesiones sensoriomotoras, siempre muestra gran dificultad para moverse, logrando con dificultad gatear de forma asimétrica, con el costado izquierdo quedando atrás. La demostración de su capacidad de rolar, que hace con una actitud de presencia narcisista-fálica, es, por tanto, un verdadero logro para él.

Al salir de una de ellas, de golpe se da vuelta y se encuentra frente a su madre, encantada de ver lo que puede hacer y que además siente placer al hacerlo. Matteo tiende su mano hacia el rostro de su madre, mira sus anteojos... ¡y trata de agarrarlos! La madre intenta evitarlo por miedo a que se rompan, pero Matteo insiste, protestando cada vez más contra este rechazo. Laznik interviene sugiriendo que la madre aproveche la oportunidad para saborear los deditos que se acercan hacia ella, intentando así desviar la escena hacia lo pulsional. La madre lo intenta, no muy convencida, pero Matteo no se deja engañar por el subterfugio: se enoja cada vez más.

Luego Laznik hace un segundo intento: se pone sus propios anteojos, también de carey, y propone su propio rostro al bebé. ¡Pero Matteo comienza a llorar, furioso porque alguien intenta engañarlo así! Entonces Laznik se aprovecha de esta obstinación del bebé al verbalizar:

— ¡Ah, no, son los anteojos de mamá los que quiero!; los de la señora Laznik, ¡no los quiero, no! ¡Solamente mamá!

Con estas palabras, la madre puede escuchar el deseo de Matteo como un deseo positivo de apropiarse algo de ella, y finalmente permite que Matteo agarre sus anteojos con gusto, riendo. Matteo lo agarra, pero da vuelta la situación ofreciéndole los anteojos a Laznik. Esto transforma el intercambio en un juego de a tres devolviéndolos a la madre, quien divertida, toma a su bebé en brazos.

No nos cansaremos de repetir que, en las terapias por retraimiento relacional precoz, lo habitual es que el bebé comience a mirar al terapeuta antes de recurrir a su madre (lo que resulta difícil de soportar para los padres). Las investigaciones sobre bebés típicos muestran cómo la interacción visual y vocal con sus padres es una cocreación. Cada participante se sincroniza con la respuesta del otro, estimulando aun más el intercambio. Cuando él bebe no está jugando su papel en esta sincronía, es casi inevitable que la capacidad de asombro de los padres, que se ven en sus ojos y se escuchan en sus *maternés*, desvanezca. De esta manera, se vuelven menos atractivos para el bebé y se crea un círculo vicioso. Por lo tanto, uno de los objetivos de la terapia es detener este circuito y ayudar a los padres a encontrar la inventiva que el bebé despertaría en ellos si los mirara. Matteo, ofreciéndole los anteojos de su madre a Laznik le está pidiendo que repare su mirada ¿llena de preocupación? Sí, la preocupación que el bebé despierta en los padres por el hecho de encontrarlo propenso al autismo.

El tercer tiempo de la pulsión

Matteo tiene nueve meses cuando se producen los primeros avances decisivos. El comienzo de la sesión es difícil, Matteo juega durante veinte minutos con un tablero de Fisher-Price, y Laznik intenta una interacción con gran refuerzo del *maternés* y de la ilusión anticipatoria. Hasta ahora, la relación de Matteo con el otro es siempre en carácter de respuesta, requiriendo un gran despliegue de energía, apoyo visual y voz permanente del terapeuta.

Pero todos estos esfuerzos finalmente se verán recompensados: Laznik, interrumpe un momento para hablar de sensorio-motricidad con la madre y ya no mira a su pequeño compañero de juego. Matteo después de unos momentos siente esta ausencia y luego busca a Laznik, la mira y vocaliza *"¡Heu, heu, heu!"* Como ella no lo ve enseguida, vuelve a empezar, agitando sus piernas: *"¡Hé, hé, hé!".* Laznik finalmente se da cuenta e inmediatamente resalta el evento: por primera vez, Matteo inicia él mismo la interacción y llama al otro. Se trata de su primer tercer tiempo del circuito pulsional, que se da en este caso con la pulsión invocante: Matteo quiere "hacerse escuchar".

Un momento después, colocan al bebé en el suelo y Laznik está sentada detrás de él, fuera de su campo visual. Matteo se divierte agarrando los juguetes que cuelgan del pórtico sobre su cabeza. Tan pronto como agarra uno gira su cabeza hacia atrás para comprobar si la terapeuta lo está mirando, como diciendo: *"¿Viste lo que encontré?"*. ¡El interés por el adulto es ahora más importante que el juguete en sí! Por lo tanto, también comienza el tercer tiempo para la pulsión escópica: Matteo quiere "hacerse mirar".

Enfrente del espejo

La semana siguiente, Laznik coloca a Matteo y a su madre frente al espejo de la pared. Comienza primero ofreciéndole un muñeco, cuya figura humana provoca primero un movimiento de miedo en Matteo. La expresión de su rostro no podría representar mejor la inquietante extrañeza (traducción francesa del término freudiano de lo ominoso). Vemos aquí que este bebé todavía no adquirió la representación de la imagen de un pequeño semejante tranquilizador, pero sin embargo las idas y vueltas ambivalentes que hará con la muñeca, durante la sesión, sugieren que este trabajo está en proceso.

En cuanto al Estadio del Espejo, para Matteo todavía no se estableció; sobrevuela su propia imagen en el espejo sin detenerse ahí, el jubiloso reconocimiento e identificación que lo acompañan aún están lejos. Él va, sin embargo, a mirar la imagen de Laznik que le habla con entusiasmo, el reconocimiento escópico parece dar sus primeros pasos vacilantes en su interior, entre la sorpresa temerosa y el interés incipiente. De repente ocurre un hecho fortuito: girando la cabeza hacia un lado, se encuentra en el espejo con el rostro de su madre (en realidad sentada al lado de él). Sorprendido, se detiene y la mira fijamente, mirándola a los ojos por primera vez, con una mirada seria. Ella inmediatamente queda impresionada por el evento y deja escapar un *"¡Ah sííííí...!"* alegre y melodioso. Su rostro está iluminado.

Matteo rápidamente se da vuelta y toma la muñeca, que toca con curiosidad, luego mira de nuevo la cara de Laznik en el espejo: *"Él es hermoso... ¡y tú también lo eres!"*, comenta. La madre agregó: *"¡Pero sí, sos hermoso!"*. Matteo mira a su madre y luego apoya su cabeza sobre ella, acostándose así sobre su pecho por unos instantes. La madre, encantada, no retiene un largo *"¡Ahhhhhh!"* de placer modulado, inclinando su cabeza por encima de su hijo en un movimiento envolvente, registrando lo que quizás sea para ella el primer reconocimiento que recibe de su hijo. Y la prosodia del *maternés* brota.

Podemos pensar que en esta escena se jugó un elemento constitutivo del Estadio del Espejo, antes del reconocimiento del niño por sí mismo, antes también del reconocimiento del niño por su madre. Vemos aquí un prerrequisito esencial que generalmente pasa desapercibido: el reconocimiento de la madre por parte de su hijo –tan fundamental para que el "genio materno" pueda surgir en una madre–. Esta primera mirada de Matteo tendrá efectivamente consecuencias muy felices en su madre. Poco a poco se estaba dejando conquistar por el placer que sentía Matteo al jugar con la terapeuta, pero la ausencia de una perspectiva compartida con ella le impedía creer en su salida del riesgo del autismo. El hecho de que él la mire y la invista como madre le permitirá de repente entrar en la ilusión anticipadora. A partir de ese momento, comenzó a escuchar significados en los balbuceos del bebé, a lo que antes se oponía sistemáticamente. Al trabajar con el bebé y su madre, la terapia busca permitir que el niño desempeñe su papel esencial en la construcción del Otro necesario para su propia constitución.

Herramientas para una larga separación

La siguiente sesión es la última antes de una larga separación de tres semanas –Matteo viajará a Francia e Italia y conocerá mucha gente–. Laznik, preocupada de que el bebé se retraiga en esas circunstancias, quiere aprovechar para darle a la madre las máximas herramientas para seguir jugando pulsionalmente con su hijo. Por tanto, la solicitud pulsional será intensa en esta sesión.

Matteo está instalado en un gran puff diseñado para proporcionar un buen soporte para su espalda. Para que pueda observar a Laznik y su madre, se ubican una de cada lado. Después de hablar de este viaje con la madre, Laznik realiza ruidos de boca en dirección de Matteo, tipo *smack*. El bebé responde inmediatamente, ofreciendo su vientre a la terapeuta. Ella se apresura a inclinarse para besarlo, pero Matteo aprovecha y agarra su cabello y no lo suelta. La madre intenta frenarlo:

— ¡Matteo, le estás tirando el pelo!

Una vez que suelta el cabello de Laznik, Matteo inmediatamente le ofrece su mano para besarla, donde la terapeuta encuentra, con un placer oral muy histriónico, los deliciosos *cantucci*.

Luego, Matteo entusiasmado, ofrece alternativamente su panza, sus manos, sus pies, ¡es un festival de ofrendas para el goce oral del Otro! Así, el tercer tiempo se instala entonces en las tres pulsiones, escópico, invocante y oral.

La madre, tras una pequeña vacilación, se deja invadir por la excitación y el placer de su bebé. Cuando Laznik la llama para que sea testigo del delicioso sabor de los deditos que se le ofrecen, ella suelta un *"¡Síííííííííí!"* lleno de placer. Tiene el efecto inmediato de que Matteo se gira hacia ella, la mira a los ojos y le dice:

— *¡Mamámamámamá!*

Su madre repite inmediatamente con voz satisfecha: *"¡Mi mamá, mi mamá!"*. Feliz ahora de darle significado a las vocalizaciones del bebé, mirada y nombrada por Matteo, ella recupera toda su espontaneidad maternal.

Matteo luego se lanza a una serie de balbuceos *"¡Da da da, ta ta ta...!"*, con mayor energía. El protolenguaje se desarrollará muy rápidamente en este bebé que hablará muy temprano. Podemos pensar que la instalación del tercer tiempo de la pulsión permitió este desarrollo, haciendo posible una dirección real al otro.

De regreso de vacaciones, Matteo ya no se retrae más

Matteo volverá de estas largas vacaciones llenas de diferentes experiencias, sin haberse retraído. A partir de enero, se mantuvo siempre presente en la relación, incluyendo al otro en sus juegos, buscando su aprobación o su participación. Cuando juega solo con un juguete, la impresión clínica es ahora muy diferente a la de un aislamiento autista: sentimos que Matteo tiene en cuenta la presencia del adulto, su mirada hacia él y el interés que comporta.

Desde el punto de vista de los signos de autismo, Matteo ahora daría negativo en todas las pruebas. Sus iniciativas relacionales son frecuentes y espontáneas: se hace escuchar, se hace a menudo mirar, dando más importancia al adulto que al objeto en un juego. El señalamiento protodeclarativo es muy frecuente, al igual que la atención conjunta. Comienza a experimentar sus dotes de seductor a través de pequeñas expresiones faciales o miradas de reojo que conquistan a su interlocutor. Además, el lenguaje se desarrollará de forma muy precoz en este niño inteligente. Lo que preocupaba a Laznik durante este período eran las dificultades motoras de Matteo. El trabajo realizado con Chauvet probablemente permitió sustituir una micro lesión causada por un accidente perinatal.

Continuación del trabajo de Muriel Chauvet con el enfoque sensoriomotor

El diálogo comienza a instalarse entre Matteo y su madre. Ella se calma; su voz se modifica cuando canta y su prosodia mejora al hablar con su bebé. Sin embargo, señala: *"¡La hamaca es mejor que las volteretas!"*. Efectivamente, Matteo todavía está a menudo como imantado al suelo, en el que mantiene grandes superficies de apoyo. Sin embargo, las conexiones entre la parte superior e inferior del cuerpo se establecen de a poco con bellos gestos de flexión activos de la pelvis, pero la posibilidad de rodar, de darse vuelta solo sigue siendo laboriosa, debido a una gran sensibilidad a las variaciones vestibulares y a su lentitud.

Durante muchas sesiones, "trabajaremos" junto a la madre en los aspectos de imitación y de sincronía: por ejemplo, las dos acostadas en el suelo, rolando con elegancia y paciencia. Mi placer de "jugar" con mis apoyos en el suelo se va extendiendo. Menos preocupada, la madre de Matteo se aventura en el movimiento con humor. Matteo sigue siendo muy cauteloso en su descubrimiento del espacio, debemos ser pacientes y apoyar activamente todas sus iniciativas.

A medida que avanzan las sesiones, Matteo empieza a estar más activo. Una sesión me marca especialmente: mientras le muestro el gran trompo en el que lo recuesto regularmente, Matteo se endereza con una fuerza tónica que no conocía. ¡Por fin se expresa! ¡Las ganas y el apetito están presentes! Finalmente, con la espalda apoyada cómodamente, recostado con un pequeño enrollamiento de la pelvis, Matteo muestra una amplia sonrisa, golpeando las plantas de sus pies contra el borde del trompo y moviendo la cabeza de derecha a izquierda. Matteo con júbilo nos dirige la mirada a las dos. ¡Aquí por fin participa activamente en su trabajo de integración sensorial en vínculo con nosotras!

La hipersensibilidad vestibular ha sido superada, piedra angular de un movimiento fluido. La hipotonía axial desaparece con el establecimiento de un equilibrio más estable entre la parte anterior y posterior del cuerpo. Se afirman las rotaciones y se solidifica la estabilidad del eje corporal. Las roladas se despliegan con más placer. Al mismo tiempo, permanecemos en el piso usando todos nuestros encantos para atraer a Matteo hacia el movimiento.

Si bien el placer del movimiento emerge, la asimetría observada persiste y los movimientos siguen siendo laboriosos. Matteo quiere reunirse con su madre, la llama "mamá", la mira –la interacción es mejor–, pero su pierna derecha permanece recta. Encontrándose en dificultad, Matteo se rinde y se queja. Lo alentamos.

El trabajo psicomotor continúa en torno a la integración sensorial, el juego compartido, el placer del movimiento. Matteo finalmente adquirió la capacidad de sentarse de forma independiente y luego moverse en posición de cuatro patas. Este último movimiento está perfectamente logrado.

Poco a poco se va organizando la posición erguida. Matteo coordina perfectamente el pie de apoyo y el pie de exploración. Su caminar es estable. A lo largo de las sesiones, admiro la tranquilidad corporal adquirida. La pelvis está investida como punto de unión y articulación entre la parte superior e inferior del cuerpo. Matteo entra y sale de cajas y juguetes con perfecto equilibrio. Le gusta jugar con un palo que ajusta con precisión a la pelota para empujarla. Su lenguaje se está desarrollando y aprecia los estribillos mientras canta.

Conclusiones

Muriel Chauvet

Matteo y su madre se encuentran. Matteo juega con sus repertorios y sus encantos. Se vuelve perfecto en el aspecto comunicativo, estable en sus apoyos, sólido en su eje y en su pensamiento. Mi contribución temprana a este trabajo de reanimación psíquica (Laznik & Saint-Georges, 2013), sosteniendo activamente el desarrollo sensoriomotor de Matteo es importante.

Así, la calidad del juego y de la relación se basa en la estabilidad del equilibrio tónico-sensorial, el telón de fondo de las habilidades motoras y la integración sensorial. La conexión entre las habilidades sensoriomotrices y el psicoanálisis participan en la evaluación y tratamiento de bebés en riesgo de desarrollo.

Los cuadros patológicos en los cuales recae el riesgo de autismo son diversos: patologías neurológicas sensoriales, genéticas, prematuridad, perinatales o bien una simple retracción relacional. Asimismo, las situaciones familiares pueden ser problemáticas (depresión materna, antecedentes de trauma, migración, duelo perinatal) o bien equilibradas sin problema aparente.

A través de la diversidad de casos singulares, Laznik no propone un método rígido sino un enfoque fundado en la teoría freudiana y lacaniana de los primeros lazos, del nacimiento del sujeto y de la pulsión. El caso de estudio de Matteo nos permite analizar los elementos que intervienen en este enfoque, así como las razones de su eficacia.

El registro de la voz, y en particular la prosodia del *maternés*, es una base indispensable que permite obtener las primeras aperturas y acompaña todo el tratamiento. El abordaje sensoriomotor en paralelo apunta a la construcción, por parte del niño, de una envoltura corporal sin la cual entrar en una relación es imposible. Sobre esta base, la terapia se desarrolla poniendo en juego los registros narcisista y pulsional, sin olvidar que es en el segundo que se decidirá la salida del riesgo de autismo. A lo largo del trabajo, muchas veces recurrimos a la ilusión anticipadora, tanto respecto al bebé como a los padres. El trabajo con los padres es central ya que ellos son los coterapeutas que entrarán en juego. Efectivamente estos bebés deben experimentar innumerables veces los goces que suscitan en el otro, y esto no puede cumplirse en una hora por semana. Cuando la espiral negativa provocada por el estado del bebé se levanta, los padres se entregan con todo su ser en la experiencia de felicidad con él. Esto inscribe de manera duradera en el bebé el trayecto de ese placer. Si se renueva lo suficiente, podrá contrarrestar el sistema de retraimiento defensivo del bebé[15]. Todos estos factores son entretejidos en la terapia, con un objetivo común: el acceso del bebé al tercer tiempo de la pulsión y su entrada en la sexualidad infantil, para que *Eros* pueda inscribirse en el autoerotismo, dejando atrás al autismo sin *Eros.*

15. Es interesante ver cómo el neurobiólogo Burnod explica esta modificación del cerebro mismo del bebé. Véase Burnod & Laznik (2018).

CAPÍTULO 6

Cómo la pobreza de los movimientos del bebé puede romper el ritmo en el otro[1]

Marie-Christine Laznik

Si hay una clínica que nos confronta con el ritmo en la confluencia entre el organismo y la psiquis es la del lactante y esto desde las primeras semanas de la vida intrauterina. Un feto de pocas semanas baila al ritmo de la arteria ilíaca de su madre, quien no deja de transmitir sus estados emocionales. Como no puedo compartir aquí el video que lo muestra, me contentaré con presentar a un bebé un poco más grande en diálogo rítmico y musical con su madre. Para escucharlo solo tienen que ir a YouTube y seguir las instrucciones de la primera nota al pie de página[2].

Dorota es una bebé franco brasileña que recibo a los dos meses y medio y que describo en otro trabajo (Laznik y Ferron, 2014). Al principio Dorota no miraba a nadie, ni a su madre, ni a su padre. Tuve muchas dificultades para captar su mirada. Se trabajó mucho para conseguir el diálogo musical entre la mamá y su hija que vamos a analizar acá. Ya estamos en una etapa del trabajo en que Dorota ya no rompe el vínculo con sus padres. El día anterior, durante la sesión, la mamá me había dicho que el bebé había mantenido una conversación muy bonita con ella y le propongo entonces que la grabe cuando vuelva a ocurrir. En la sesión siguiente la mamá me trae la grabación.

---

1. Publicado en: Laznik, M.-C. (2022). Comment la pauvreté des mouvements du nourrisson peut casser le rythme chez l'autre. *Journal Français de Psychiatrie, Rythme,* 50(1), 38-45.
2. Los intercambios sonoros entre Dorota y su madre se pueden encontrar en el *teaser* de "Écoute, ô bébé, la voix de ta mère": <https://youtu.be/qNOkHf_dTnE>.

Para examinar los intercambios vocales utilizo las herramientas propuestas por Colwyn Trevarthen (Trevarthen & Malloch, 2009). Según él:

> ...las voces del adulto y del bebé siguen un modo rítmico con una regularidad predecible. Así pueden intercambiar sonidos, expresiones faciales o gestos, a veces de forma sincrónica más a menudo alternando en un tempo regular.

Esos modos son co-creaciones del bebé y del adulto, cada uno de ellos capaz de prever con exactitud lo que va a hacer el otro (Trevarthen, 2014). El propio Trevarthen se apoya sobre el concepto de narratividad descrito por Daniel Stern (1981). La narratividad consta de cuatro tiempos: introducción, desarrollo, clímax y resolución. En la grabación que nos entregó la mamá de Dorota escuchamos varias narraciones seguidas. A la invocación de su madre –introducción en el sentido de Stern–Dorota responde y participa, tanto en el desarrollo como en el clímax, pero no cede en la resolución que su madre intenta introducir para terminar el diálogo y poder darle su mamadera. A pesar de estar en ayunas, después de una noche de sueño intenso, Dorota quiere crear nuevas introducciones a las narraciones. Esto continúa durante casi veinte minutos, está hambrienta de pulsión invocante, como si quisiera recuperar el tiempo perdido.

Introducción

Madre: — *Aaaoooohhhhhh.*

Dorota: — *Aah ao.*

Dorota: — *¿Eeeee?*

Madre: — *Eeee.*

Dorota: — *La.*

Madre: — *¿La? ¿la? ¿Oh la? ¿Oh la?*

Desarrollo

Dorota: — *An.*

Madre: — *¿An? ¿Hola? ¿Sí? ¿Tuviste lindos sueños? ¿Dormiste bien? ¿Tuviste lindos sueños?*

Subrayemos que acá hay por lo menos cuatro interacciones sonoras del bebé con su madre antes de que ella pase a la pura musicalidad de un discurso que sin embargo guarda aspectos musicales.

Climax

Madre: — *¿Dormiste bien?*

Dorota: — *Da, da, ¡da!... ¡Ta, ta!...*

Madre: — *¿Dormiste? ¿Soñaste?*

Dorota: — *Oua.*

Madre: — *¿Sí...? ¿Sí?... ¿Sí?... ¿Soñaste?... ¿Soñaste?*

Escuchamos a la mamá hacer la hipótesis de un sujeto en el bebé: piensa que su hijita responde por la afirmativa a su pregunta sobre los sueños. ¡Esta hipótesis de una competencia semejante en Dorota hace que el bebé se excite y le de toda su voz para responder en un largo y musical *"Da! ¡Da!... ¡DADA!"* al cual la mamá responde por un discreto *"da da"* ya que además ella lo que quiere es volver al bebé a la tierra y a su necesidad de darle la mamadera. La mamá quiere ir hacia una resolución.

Resolución

Madre: — *¡Da, da, da, da, da! ¡Empiezo a tener hambre!¿No?*

Dorota: — *Eeee ¿DA*?

Madre: — *¡É be ba! ¡É bé ba! ¡É bé ba!... hermosa...*

Para introducir el fin del diálogo, la voz de la madre, enunciando tiernamente *"hermosa"*, prolonga las últimas dos sílabas descendiendo mucho la tonalidad. Esta forma de bajar la tonalidad es típica de las voces de las mamás en la resolución ya que tiende a calmar al niño para poder pasar a otra cosa. Dorota, hambrienta de pulsión invocante, no lo escucha de esta manera y diversas narraciones van a continuar.

Musicalidad es el término empleado por Trevarthen para hablar de interacciones sonoras con los bebés. Las investigaciones de los cognitivistas sobre la adquisición del lenguaje tenían tan poco que ver con lo que a él le preocupaba, es decir, la instalación del sujeto bebé en su relación al Otro, que abandonó el término y ahora solo habla de musicalidad entre el bebé y el Otro. No es un psicoanalista, pero su enojo con esas investigaciones recuerda el enojo de Jacques Lacan en 1971, cuando dijo que *"El inconsciente no tiene nada que ver con los diversos lenguajes, las matemáticas, el metalenguaje, el lenguaje incluso a nivel de la biología"* (Lacan, 1970-1971).

Hablamos de lenguaje de forma equivocada. A partir de ahora hablaremos de *lalangue,* neologismo que le apareció de un lapsus. La *lalangue* va en el sentido de la clínica de los bebés, estamos acá en un despliegue de ciertos componentes del campo de *lalangue* y el ritmo es parte de él. Dorota es ahora una adolescente y un gran orgullo para su madre.

La pobreza de los movimientos del bebé y el ritmo de la mamá que se desorganiza

En estos últimos años descubrimos que un cierto tipo de dificultad innata en los bebés podría ponerlos en riesgo de no lograr construir una primera organización significante. Esto vino a revolucionar nuestra comprensión de los factores de riesgo del autismo. Se trata de dificultades motoras innatas del bebé. A pesar de haberlo escuchado hace muchos años, no pudimos integrarlo en nuestro corpus analítico y tuvimos tendencia a desconocerlo. No habíamos comprendido que eso podía tener una incidencia en la constitución de la cadena significante.

Nuestro amigo, el profesor Filippo Muratori, gran especialista de los bebés que se vuelven –más tarde– autistas, insistía desde hace algunos años sobre el siguiente punto de vista: desde el nacimiento en algunos bebés los movimientos espontáneos no son como los de los bebés típicos. Esos movimientos espontáneos llamados movimientos generales (MG) fueron estudiados en los años noventa por neurólogos que se ocupaban de bebés prematuros. Prechtl, junto con otros investigadores, desarrollaron una posibilidad de evaluar meticulosamente la existencia o no de lesiones cerebrales en los bebés muy prematuros a partir de la calidad de los movimientos innatos. Esta evaluación era tan eficiente como los exámenes por resonancia magnética y modificó de manera considerable la posibilidad de tratamiento precoz de esos bebés.

El equipo del profesor Muratori de la Fundación Stella Maris en Pisa, se ocupa de estudiar a los bebés que devinieron autistas a partir de los videos familiares, antes de conocer el diagnóstico. En 2007 decidieron comparar esos movimientos generales y aquellos que siguen a la edad de tres o cuatro meses –movimientos *fidgety*– en los bebés de los videos familiares y en los bebés "típicos" (Phagava et al., 2008). De este primer estudio, los resultados fueron impresionantes: a pesar de la dificultad de identificarlos en los videos familiares que no están hechos con dicha intención, los movimientos generales del 70% de los bebés de menos de tres meses era de mala calidad o muy pobres, mientras que en los bebés típicos, solo en un 13% los movimientos no eran los esperables.

Y para los movimientos *fidgety* los resultados eran aun más sorprendentes: a pesar de la dificultad ligada a la utilización de estos videos. En los bebés "típicos" estaban presentes en un 89% y en los bebés devenidos autistas, solo se los veía en un 21%. Estas investigaciones van también en el sentido de las ideas que había desarrollado Trevarthen (Trevarthen, Delafield-Butt & Jonathan, 2013) cuando afirmaba que el autismo era una patología de los movimientos intencionales y del compromiso afectivo. Agregaba además que había probablemente dificultades dentro del útero que hacían que la comunicación precoz, desde el nacimiento, se encontrara perturbada entre el bebé y sus otros. La investigación de Muratori y Sandra Maestro (profesora de neuropsiquiatría y también psicoanalista) llegó a afirmar que, si el autismo es una falla de la intersubjetividad primaria, la causa hay que buscarla del lado de los trastornos motores del bebé (Muratori, Apicella & Maestro, 2016). Fortalecidos por la investigación, estos dos autores, afirmaron que no se trata solamente de los movimientos voluntarios, sino de los movimientos más arcaicos preexistentes al nacimiento, porque los MG se observan desde la novena semana de amenorrea. En 2015, una nueva publicación científica (Zappella et al., 2015) venía a confirmar lo que el equipo de Pisa había demostrado. Los autores concluyen que, en los primeros meses de un bebé, los MG son marcadores potentes de riesgo de autismo.

Los lectores psicoanalistas de este artículo deben preguntarse por qué los llevo aquí a investigaciones de problemas que solo conciernen el cuerpo, incluso lo orgánico ¿En qué podría interesar esto al psicoanálisis? ¿Qué relación tiene la constitución del sujeto en su lazo al Otro y a las cadenas significantes? Yo me hacía la misma reflexión y durante más de diez años escuché de una sola oreja distraída a mis amigos de Pisa hablar de estas investigaciones sin sentirme concernida en tanto psicoanalista. Nosotros habíamos demostrado, apoyándonos en investigación científica, que en los bebés que iban a devenir autistas había una falla en el tercer tiempo del circuito de la pulsión. Pero nunca habíamos intentado decir por qué razón esto fracasaba.

No podemos ocuparnos de bebés con riesgo, o de niños ya autistas, sin tener en cuenta las dificultades de su "cuerpo". No podemos, incluso preguntarnos, si en ellos el organismo llega a constituirse como una unidad, en tanto que cuerpo y fue esto lo que abordamos en el último congreso sobre los bebés de la Asociación Lacaniana Internacional en el 2021 (Bentata, Ferron & Laznik, 2022).

Estos dos últimos años, los especialistas de los MG nos enseñaron y pedimos sistemáticamente a los padres de los bebés de menos de cuatro meses que los filmen para que los movimientos generales puedan ser estudiados. Nos vimos obligados a constatar que, entre esos bebés, los que presentaban un retraimiento relacional, que no entraban en el tercer tiempo de la pulsión, tenían al mismo tiempo problemas en ese sentido.

¿Pero qué relación podía tener todo esto con la organización de la cadena significante? Esto tiene una relación central con la cuestión del ritmo y con la primera organización significante que Lacan identifica en los signos perceptivos que aparecen en la antigua "Carta 52" de Sigmund Freud a Wilhelm Fliess (actual carta 116).

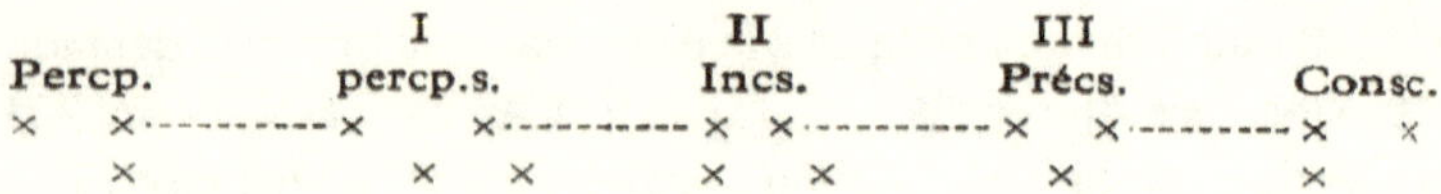

Fig. 7

Todos aquellos que se ocupan del armado del aparato psíquico leyeron y estudiaron esta carta: ¿qué nos dice Freud? Que, más allá de la organización del inconsciente, que supone una relación causal entre dos sucesos o dos cadenas de sucesos, hay un primer registro en la inscripción donde las percepciones son organizadas según un modo sincrónico. Ellas se inscriben juntas y Lacan ve ahí una primera organización significante.

Para poder articular la pobreza de los movimientos del bebé y el fracaso de esta primera inscripción retomemos el trabajo de los especialistas de la constitución del lenguaje en los bebés: los psicolingüistas. En los años noventa, la Asociación Freudiana Internacional y el Espacio Analítico organizamos un congreso común que se llamó "Función y campo del lenguaje en el bebé". Ya nos habíamos confrontado a lo que dichos investigadores llaman la musicalidad en el lazo del bebé a sus padres, dimensiones que no fueron completamente desplegadas en la obra de Lacan pero que pueden pensarse dentro de lo que él aportó bajo el término de *lalangue.* Veamos ahora la cuestión del ritmo.

En 1974, William Condon y Louis Sanders publicaron en la revista *Science* un artículo que muestra cómo los movimientos del cuerpo del bebé siguen perfectamente la melodía y el ritmo de la voz de la madre (Condon & Sanders, 1974). Se trata de investigaciones hechas con bebés de uno a tres días, que no presentaban ningún problema. Se trata de un buen ejemplo de una primera organización significante entre los pequeños movimientos del bebé, en el cual el bebé inscribe la percepción, al mismo tiempo que escucha el placer de la prosodia de la voz de su madre. Por sincronía, una primera organización significante de sus discursos se va a inscribir más acá incluso del inconsciente del bebé.

Los movimientos generales comienzan desde la novena semana de amenorrea. O sea que ya están desde los primeros días después del nacimiento. Me pregunté entonces sí, cuando los movimientos del bebé son pobres, como parece suceder en los casos de los bebés que más tarde devienen autistas, ¿esto podría tener una incidencia en la cadena discursiva de la madre? ¿Podría enlentecerla? ¿Desorganizarla? ¿Romper su ritmo? En las últimas investigaciones, la pérdida del ritmo en la interacción mamá-bebé pareciera ser una de las primeras dificultades para el bebé más tarde diagnosticado autista (Tordjman et al., 2015).

Trevarthen –que fue uno de los que más se ocupó de las relaciones entre los movimientos del bebé y la voz materna– y su alumna francesa, Maya Gratier, me enviaron inmediatamente un artículo de investigación que iba en ese sentido (Filippa et al., 2018). Se trata de una investigación con bebés prematuros y no sobre bebés con riesgo de autismo. Esos investigadores observaron que los bebés que sonreían y movían los ojos suscitaban en sus madres un discurso mucho más melódico. Para aquellos cuyo rostro quedaba inexpresivo, la palabra de la madre tenía muchas más dificultades para sostenerse. Pero ellos dejaron voluntariamente de lado el cuerpo de esos bebés, cubriéndolos.

Hace dos años, recibí un artículo que va directamente en el sentido de mis preguntas actuales. En Israel una kinesioterapeuta, clínica de la gran prematuridad, Orna Lev Enacab, publicó un primer estudio sobre los efectos de la ausencia de los movimientos *fidgety* de los bebés sobre sus madres (Lev Enacab, 2022). Ella también es investigadora en el campo de la gran prematuridad, pero los resultados pueden probablemente tener valor para los bebés con riesgo de autismo. La investigadora descubrió que los bebés que no tenían esos pequeños movimientos de manos desorganizan el ritmo de sostén de sus madres; que la ausencia de esos pequeños movimientos volvía a sus madres torpes, bruscas e incapaces de entrar en armonía con el cuerpo del bebé en el momento de levantarlo y volverlo a poner sobre su cuna. Esta ausencia de movimientos en el bebé acelera el ritmo de los movimientos en la madre y la sincronía se pierde, y yo agregaría que probablemente se pierde también la posibilidad de esta primera inscripción significante de los signos perceptivos.

Esas aceleraciones del ritmo, nosotros las observamos a menudo en sesiones con bebés en las que constatamos muy rápido los daños que suscitan en sus madres. Nuestro rol de analistas consiste en soñar, gracias a la ilusión anticipadora, con ese movimiento que todavía no sucedió, esa mirada que huye, esta pobreza general de las expresiones; y permitirle a la madre, identificándose con nosotros, soñarlos como si estuviesen allí. De hecho, existen, pero en un registro tan poco acentuado que hay que estar muy entrenado para poder discernirlos y responder a ellos.

En nuestro trabajo clínico, vemos cómo las madres reencuentran un ritmo que es conveniente para esos bebés tan lentos que inducen en ellas un exceso de movimiento. Ellas descubren cómo hacerlos más lentos, como escuchar un llamado en este ser aparentemente indiferente.

¿Cuántas veces, en el pasado, nosotros juzgamos en nuestro interior a tal y tal madre porque nos parecía que la manera en que los sostenían no parecía ser conveniente? Pensar que algo en el bebé las pone en dificultad puede modificar nuestra transferencia hacia estas madres, y abrir la puerta a una identificación al analista que le va a permitir ser un prójimo auxiliador, más allá de las dificultades innatas de su bebé.

Un ejemplo, para terminar[3]: Enrico es un bebé con riesgo de autismo. Su mamá le habla con una voz rápida y acelerada que indica su preocupación. Yo me digo que nunca va a obtener la mirada de esta manera. Son padres que conozco desde hace nueve años, con quienes tengo una relación transferencial de muy buena calidad porque estuve a cargo de organizar el tratamiento de su hijo mayor. Entonces decidí explicarles lo que es el *maternés* (cosa que nunca haría con padres que acabo de conocer). Le digo, poniendo afectuosamente la mano sobre su hombro:

— A ver, mamá, por el momento usted tiene una voz de adulto con el bebé. Y eso refleja su preocupación.

La mamá afirma con la cabeza y me explica:

— Cuando mis sobrinas eran pequeñas (ellas nacieron mucho antes que su hijo autista), nos dijeron que teníamos que hablarles como a un adulto.

Yo le digo que la voz a la cual los bebés responden fácilmente es la del *maternés* y le propongo hacerle una demostración, lo que yo nunca hubiera hecho tampoco si no los conociera muy bien. Sostengo entonces a Enrico en mis brazos y le hablo con un tono teatral, en *maternés*

3. Desarrollado con más amplitud en el capítulo 3 de este libro. [N. de T.].

(Laznik & Saint-Georges, 2013), exagerando los tonos melódicos, lo que hace reír a los padres, que dicen que Laznik es como una vieja tía que ellos hicieron venir de América Latina para ocuparse del bebé.

Les parezco ridícula cuando hago esto, pero reconocen que su bebé me mira. Poder burlarse de la psicoanalista les permite escucharme sin sentirse juzgados: esto es espontáneo, pero cuando algo ocurre que preocupa o desorganiza, el *maternés* se pierde. Al final de esta sesión, el bebé instalado sobre un pequeño colchoncito, las piernas, la cabeza y los brazos un poco elevados. ¡Hace tres cacas magníficas! Una tal proeza despierta en la psicoanalista una prosodia de sorpresa y de asombro. Enrico no solamente la mira, sino que responde.

Quince días más tarde, el bebé dialoga por primera vez con su madre. Enrico está acostado en el piso, bien apoyado en la espalda, la parte baja del cuerpo un poco levantada y con los brazos sostenidos. Yo le cuento a la mamá que mostré el fragmento filmado de la sesión que acabo de describir a psiquiatras infantiles que hacen una formación para aprender a reanimar a los bebés llamados "con riesgo de autismo"[4]. Le cuento cómo ellos habían admirado las vocalizaciones musicales de su hijo, orgulloso de ser admirado por las tres cacas que había hecho.

La mamá dice: *"¡Y dos pipis! ¡Todo en una cantidad muy generosa!"*. Frente a ese tono admirativo de su mamá, Enrico la mira y le responde inmediatamente. Estoy agradablemente sorprendida de escuchar que la mamá puede hacer más lento su discurso, hacerlo más melódico y acorde a la musicalidad de su hijo. Pero nuestra sorpresa más grande fue cuando la mamá encontró en su teléfono dos pequeños pedacitos de video que eran de los primeros meses de vida de su hijo mayor. La veíamos hablando en *maternés* a ese bebé que no la miraba. En los meses siguientes, ella había perdido esta capacidad. La idea de que debemos hablarle a un bebé como si fuese un adulto, fue entonces una reconstrucción que ella hizo *après coup*, de la experiencia traumática de hablarle a un bebé que no le respondía. Hoy Enrico es un adorable niño de cuatro años. Ese trabajo, interdisciplinario con Annik Beaulieu, que es una osteópata, y con Muriel Chauvet, que es una sensorio-motricista, le evitó un destino autista. Mi trabajo consistió en ayudar a su madre, tal como una bailarina de tango, a escuchar el ritmo siguiendo los pequeños signos que Enrico podía emitir.

---

4. Término utilizado en investigación para designar a los bebés que ya tienen un hijo autista en sus hermanos.

CAPÍTULO 7

Lacan leyendo a Melanie Klein construye un modelo que permite pensar el autismo[1]

Marie-Christine Laznik

Introducción

Lacan tenía una concepción del yo bastante curiosa. Según él, el aparato psíquico no es mono sino bicentrado, por el yo y el sujeto del inconsciente. Se trata, en efecto, de dos polos que no se superponen. A Lacan le gustaba decir que la revolución que había hecho posible el pensamiento moderno no era el fruto del avance de Copérnico, que había resituado al sol en el centro del universo, sino el descubrimiento de Johannes Kepler que confería una trayectoria elíptica a los planetas, o sea una órbita determinada no por uno sino por dos focos distintos.

No desarrollaré aquí la teoría del sujeto en Lacan, aunque se trate de una de las partes más apasionantes de su enseñanza, en la medida en que solo podemos darnos cuenta de su importancia si entendemos primero su concepción del yo. Si el sujeto del inconsciente está profundamente articulado al orden simbólico del lenguaje, el yo, para Lacan, releva de una instancia imaginaria que lo asimila a la imagen especular del propio cuerpo. Como consecuencia de este dispositivo, el sujeto percibe primero su propio yo como fuera de él mismo. El yo, entonces, es un producto de la alienación a la imagen, un efecto de la alienación en el sentido literal de la palabra.

Por este motivo, el yo heredó una mala reputación entre los lacanianos. Todo analista serio aborda el trabajo clásico de la cura analítica

1. Basado en: Laznik, M.-C. (2013). Lacan et l'autisme. *La Revue Lacanienne ALI Autismes le dossier*, 14, 81–90.

separando al yo alienado para poner de relieve al sujeto del inconsciente. Pero, ¿qué posición adoptar cuando nos encontramos confrontados a una clínica donde el yo alienado de la teoría lacaniana no se ha constituido aún? Al confrontarme con la clínica del autismo descubrí qué valioso y necesario es el yo, por más alienado a la imagen especular que sea.

La ausencia de mirada entre el bebé y el adulto, en tanto que signo prínceps esencial del autismo

La falta de mirada entre la madre y el bebé, que después se va a generalizar a otras personas, incluso al psicoanalista que está a cargo de tratarlo, representa uno de los signos fundamentales que nos permite hacer la hipótesis del riesgo de autismo en el curso de los primeros meses de vida (las estereotipias y las automutilaciones solo aparecen en el curso del segundo año de vida).

Si bien la ausencia de mirada no conduce necesariamente a un síndrome autista, característico ulterior, indica sin embargo que existe una dificultad de orden mayor a nivel de la relación especular con el Otro. Si no intervenimos, el Estadio del Espejo está en peligro inminente de no establecerse en esos bebés, o por lo menos de no constituirse de manera adecuada. Lacan otorga una importancia vital a ese tiempo particular del reconocimiento de la imagen especular, momento en el cual el bebé busca la mirada de quien lo sostiene para que ratifique que esa imagen que percibe es él mismo en el espejo. Este tiempo lógico y cronológico se instala habitualmente alrededor del sexto mes, salvo en el caso de los bebés con riesgo de autismo que no llega a instalarse o lo hace de manera tardía en el proceso de una relación terapéutica. Es interesante subrayar también que el Estadio del Espejo se trata de una de las raras referencias cronológicas encontrada en los textos de Lacan, ya que él siempre se opuso a la concepción genética cronológica y al desarrollo lineal del aparato psíquico. El Estadio del Espejo también fue teorizado por Donald Winnicott. Ese instante de júbilo que acompaña el encuentro con la imagen del propio cuerpo es decisivo, ya que es dicha imagen la que otorga al bebé una primera experiencia de unidad corporal. Al mismo tiempo, organiza la percepción de los objetos y ofrece la matriz de la relación con los pequeños otros, con los semejantes. Esto constituye el núcleo de lo que Lacan denominó la función de la imagen especular.

Existe un tiempo previo a la imagen especular que le permite al niño reconocerse luego como teniendo un cuerpo. Para comprender de qué manera este modelo se introduce en el pensamiento de Lacan, es necesario pasar por su lectura del pequeño Dick de Klein, ya que es precisamente a partir de las dificultades teóricas que allí encuentra como se ve conducido a elaborarlo. De hecho, aquello que Lacan cuestiona no es la clínica de Klein –por la que manifiesta una profunda admiración– sino el modo en que los mecanismos de proyección y de introyección aparecen situados en un mismo plano, cuando uno pertenece al registro imaginario y el otro al simbólico. Sigamos entonces, en primer lugar, esta lectura del pequeño Dick.

Influencia del caso Dick en el desarrollo de los conceptos lacanianos

En 1954 Lacan discute la teoría del yo de Anna Freud. El caso Dick es una excelente demostración clínica que va contra la idea de una alianza del yo del analizante y el analista.

Se trata del artículo "La importancia de la formación del símbolo en la formación del yo" de 1930 (Klein, 1930/1968). En ese trabajo, la opinión de Klein es exactamente opuesta a la de Anna, y Lacan se basa entonces en este artículo que él va a leer detalladamente a lo largo de varias lecciones de su seminario.

Lacan, leyendo a Klein, queda fascinado por la eficacia de sus intervenciones. Ella verbaliza en particular el mito edípico. Cito a Lacan (1953-54/1975):

> "Sos el trencito, querés chocar con tu mamá". Esta es su manera de hacer una traducción libre ya que, por supuesto, no es lo que Klein le dice al pequeño Dick, y probablemente con razón, porque Dick aun no se sitúa en ese nivel. (p. 81).

¿Qué es lo que le interesa a Lacan del caso Dick? La falta de relación, la profunda indiferencia, la apatía, la ausencia. Él permanece ahí como si Melanie Klein no existiera, como si ella fuera un mueble. El niño está totalmente sumergido en la realidad. Ni siquiera se encuentra en un mundo humano, agrega Lacan. Dick no logra siquiera comprometerse en una identificación primaria, en una tentativa de simbolización.

Klein se dirige a él –ese ser que permanece sin respuesta– y nombra lo que para él no es más que realidad pura y simple. Lacan dirá incluso más adelante que no se trata de una interpretación, sino de conferir nombres a las cosas.

Este elemento me parece absolutamente esencial en el trabajo con niños pequeños autistas. Cualquier interpretación aquí estaría fuera de lugar ya que el aparato psíquico no está todavía organizado, y pretender reducir todo lo que se presenta a una lectura edípica es un forzamiento inútil en vistas a una eventual resolución. Lacan se da cuenta de ello inmediatamente después de notar un rasgo que Klein atribuye a los deseos incestuosos de Dick.

Melanie Klein (1930/1968) nos dice:

> Los objetos se constituyen por el juego de proyecciones, introyecciones, expulsiones, re-introyecciones de los objetos malos, y el sujeto, habiendo proyectado su sadismo, lo ve retornar desde esos objetos. (p. 88).

Esta teorización kleiniana no le convence a Lacan, porque para él la introyección no es lo inverso de la proyección. La introyección es siempre la introyección de una palabra: pertenece al orden simbólico. La proyección es imaginaria. La pregunta que plantea Lacan concierne a la unión de lo simbólico y de lo imaginario en la constitución de lo Real.

Va a establecer entonces un pequeño modelo, que será una anticipación de su célebre Estadio del Espejo (p. 92). Se sirve del hecho de que Freud también utilizó modelos, pero agrega inmediatamente que se trata de "herramientas que nos sirven de andamio pero que no son el edificio completo".

Un modelo óptico para la asunción de la imagen del cuerpo

Lacan presenta un esquema de la física óptica –que debe a Henri Bouasse– y que muestra cómo crear la ilusión de un ramo de flores que está inicialmente oculto al campo óptico de un observador, el cual emerge y se sitúa dentro de un florero que está realmente presente. Para lograrlo, Bouasse utiliza las cualidades físicas de un espejo cóncavo, realizando el vínculo entre el objeto real, acá el florero, con algo que parece estar presente y que parece hacer uno con ese objeto real pero que, sin embargo, no es más que una imagen. En ese esquema Bouasse denomina imagen real al ramo de flores que no está efectivamente presente. Un sujeto puede entonces ver las flores dentro del florero y vivir la experiencia de la ilusión de una unidad formada por el objeto real y la imagen real, constituyendo así un conjunto.

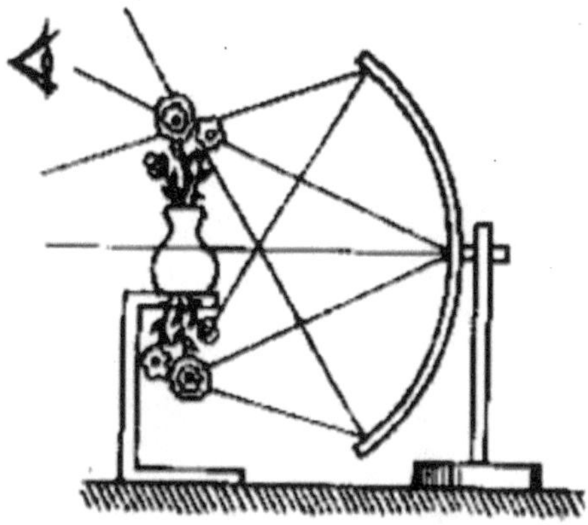

Imagen: primer esquema óptico

Esto permitiría entonces a Lacan concebir la organización de la realidad de Dick en relación con los elementos imaginarios de proyección. Examinaremos ulteriormente dónde situar lo simbólico.

La belleza de este esquema óptico radica en que proporciona una excelente metáfora respecto a los primeros cimientos del aparato psíquico. La ilusión de unidad constituida por el florero y las flores nos conduce por analogía a comprender cómo se estructura el cuerpo. Ese esquema es realmente un hallazgo en la medida en que presenta un montaje entre un objeto real y una imagen real, entre algo que está ahí y algo que no está, digamos una ilusión. El cuerpo propio sería entonces el efecto de la articulación entre el real del bebé –llamémoslo su organismo para simplificar–, y algo que, de acuerdo con mis hipótesis sería algo no corpóreo, una imagen que a través del efecto de lo que he denominado la mirada de los padres, podría venir a constituir una unidad de la imagen con el real del bebé. Subrayamos que solo hay imagen para el aparato psíquico de los padres.

Para que esta imagen se forme, se requieren un cierto número de condiciones que pertenecen al orden simbólico. Los ojos deben situarse aproximadamente en el cono óptico que se arma con la reflexión de los rayos provenientes de las zonas límites del espejo cóncavo.

Tomemos una ilustración de Fra Angélico, se trata de un pintor que representó muchas natividades, en particular la de Cortone, donde figuran las palabras que prometen a María la concepción del hijo de Dios. El pintor incluso dejó el trazo de las palabras sobre la tela, las cuales envuelven a la virgen.

Imagen: Fra Angelico, La Anunciación de Cortona, c. 1430-1432.
Temple sobre tabla (Retablo).

Volvamos ahora a la primera figura: sugiero imaginar por un instante que el florero sea una pelela y el ramo de flores un bebé coronado. Esta imagen paradójica nos permite entender el vínculo particular entre el real del bebé, su organismo, cuyo llenado y vaciado están muy bien figurados por la pelela, y ese algo que no es más que una imagen, una representación anticipadora: *His Majesty, the Baby* de la que nos habla Freud en su texto *Introducción del narcisismo*[2].

Durante años yo no le daba ningún rol activo al bebé, sin embargo, me parece, por el contrario, que en los casos que nos ocupan nos encontramos solo en el punto inaugural de la emergencia de una estructura inconsciente en la que el niño debe participar.

Veamos cómo en la mirada del gran Otro el esplendor imaginario va a poder nacer (el padre o a la madre, según el caso): en la mayoría de las natividades la mirada admirativa de las figuras parentales envuelve al niño de tal manera que esconden su pálida realidad. De esta manera no podemos dudar de su magnificencia, el cuerpo del bebé está totalmente

2. Ver los postulados presentados por Laznik sobre este texto de Freud en el Anexo de este capítulo, en p. 144. (N. de T.).

envuelto por este halo. Esto es una verdadera imagen idealizada, centro de lo que Lacan llamó *catexis* (investidura) fálica y amor de objeto.

Imagen: Fra Angelico, La Natividad (Adoración del Niño), c. 1440-1441. Fresco, Convento de San Marcos.

Volvamos ahora al esquema óptico. Lacan lo usa para desplegar todo el estudio de la relación especular, aquella ya establecida en el Estadio del Espejo. Para que eso fuera posible introdujo un elemento suplementario en el esquema de Bouasse. Efectivamente, en el aparato tal como lo hemos estudiado hasta ahora, el sujeto de la mirada –figurado por el ojo– no puede ser el niño mismo –quien está representado por el florero que contiene las flores–; ese ojo debe pertenecer a un Otro. Para que el niño sea capaz de verse a sí mismo, Lacan sugiere algunas modificaciones al esquema primitivo, principalmente la introducción de un espejo plano. De esta manera hace posible el momento en el cual el sujeto, siendo aún niño, se reconoce con júbilo en la imagen que se le ofrece.

Esto pertenece al mito, por supuesto, pero nos brinda la oportunidad de ilustrar la estricta intrincación del mundo imaginario con el mundo real en el campo de la economía psíquica. De la misma manera, si Dick se sitúa en el lugar del florero, se necesita del espejo plano para que pueda verse. Es en el seminario sobre la transferencia que Lacan (1960–1961/1991) retoma nuevamente su modelo para darle un nombre al espejo plano, el cual se convierte en la mirada del gran Otro. Podemos constatar que esto es anterior al artículo de Winnicott sobre la misma cuestión. Lacan, en la lección del 7 de junio de 1961, resume la controversia con Klein que trata sobre la dificultad inherente, según él, de no distinguir introyección y proyección, en tanto que no pertenecen al mismo registro.

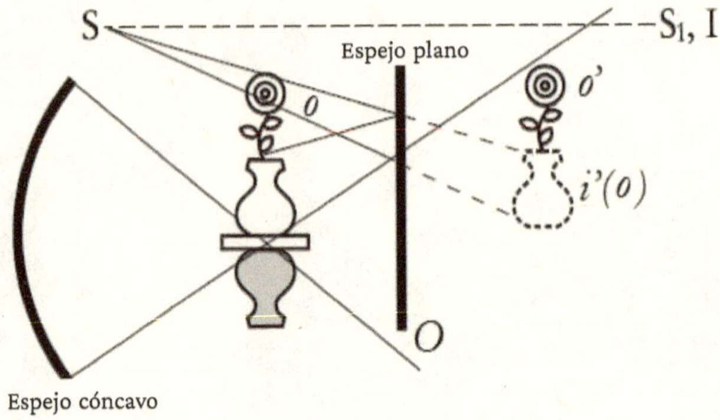

Imagen: esquema óptico completo

Veamos qué dice al respecto:

> "Estado amoroso e hipnosis" es el título de uno de los capítulos de *Psicología de las masas y análisis del Yo*. El ideal del yo, ya constituido e introyectado, puede ser proyectado sobre un objeto. A decir verdad, el hecho de que la teoría clásica no distinga los diferentes registros simbólico, imaginario y real, hace que las fases de la introyección y de la proyección parezcan arbitrarias (...) Y es en la medida en que el ideal del yo puede ser re proyectado sobre un objeto, que ese objeto –si realmente le es favorable al sujeto– será para el sujeto objeto de investimento amoroso por excelencia. (p. 407).

Durante una década, mi experiencia como analista de niños, me demostró que este modelo era falible por su aspecto estático. Lo que aún no había detectado refiere al hecho de que el niño también desempeña un rol esencial: mira, se da vuelta hacia el adulto. Esta dificultad me había sido señalada por Jean Bergès quien había intentado comprender cómo la investidura libidinal de los padres hacia el niño no estaba vectorizada por una imagen estática, sino por lo que él llamaba el "funcionamiento de la función", un término que le había tomado prestado a su maestro Julián de Ajuriaguerra. Por ejemplo, el investimento libidinal sobre el niño se inscribe en sus movimientos, en su motricidad y ciertamente no sobre una imagen inmóvil.

Imagen: detalle del brazo del niño en la misma Nativité

Lo que aparece de manera notable en el cuadro aquí presentado es hasta qué punto el bebé es activo: efectúa un movimiento de los brazos en la dirección de sus padres. ¿Por qué me llevó tanto tiempo comprenderlo? Parecería que fue necesaria una experiencia clínica con esos pequeños bebés que comenzaban a mostrar signos de autismo para poder cuestionar la idea según la cual todo deriva de la vida psíquica de los padres y que el niño era simplemente una cera virgen a la espera de la inscripción del sello de los fantasmas parentales.

La clínica me enseñó que no basta con que los padres deseen investir libidinalmente a su bebé; también deben darse las condiciones simbólicas para que los padres puedan realizar esta investidura y que sus fantasmas le sean ampliamente favorables. El niño también debe mirar. El bebé debe ser capaz de poner en marcha un signo, una mirada hacia los padres de manera que ellos puedan sentirse precisamente confirmados en su existencia como padres. Lamentablemente, mi clínica con los bebés en mis inicios con el autismo me enseñó que ellos no miraban a nadie, salvo en ciertas condiciones favorables muy particulares que nosotros desplegamos para acercarnos a ellos, pero que no voy a desarrollar aquí porque esto nos conducirá más allá del marco del presente trabajo (Laznik, 2007b). Así ocurre con la gran mayoría de ellos. Hablamos acá únicamente de perturbaciones del desarrollo pero que no son específicas del autismo. Dejemos de lado el autismo que emerge en relación con patologías asociadas y que entran bajo la denominación de síndrome autista. También existen formas calificadas de principio tardío en las cuales los signos autistas parecen no aparecer antes del segundo año de vida, pero estas formas siguen siendo más excepcionales.

Volvamos a la lectura de Dick hecha por Lacan. Klein subraya la pobreza de lo imaginario y Lacan agrega que Dick no llama, incluso si ya posee algo de lenguaje. El llamado no es del registro del lenguaje:

> Basta con observar un animal doméstico para ver que un ser desprovisto de lenguaje es totalmente capaz de llamar, llamar para atraer la atención hacia algo que, en cierto sentido, le falta. Al llamado humano le está reservado un desarrollo ulterior, más rico, porque se produce justamente en un ser que ya pudo adquirir el nivel del lenguaje. (Lacan, 1953–54/1975: 98).

Este llamado se va a transformar en el corpus teórico lacaniano en la pulsión invocante, una nueva pulsión que Lacan agrega en 1964 a las otras pulsiones clásicamente planteadas. La reversión de la pulsión escópica puede también dar lugar a la pulsión invocante.

Es esencial precisar que la traducción de la palabra alemana *Trieb* es, a veces, mal traducida como instinto. Las escuelas de psicoanálisis en Francia no utilizan generalmente esta traducción y prefieren la de pulsión. El término instinto existe igualmente en alemán y, sin embargo, Sigmund Freud utiliza *Trieb*. Es precisamente entre estos dos términos donde yace toda la importancia de la lectura que aporta Lacan. En inglés existe esta misma posibilidad entre *Instinct* y *Drive*. En 1964, Lacan asevera que reserva la noción de instinto para todo lo que concierne a la supervivencia de los organismos. Así, todo lo que está asociado a los instintos del yo en la primera teoría de las pulsiones pierde su carácter instintual. Podría decirse que solo conserva el término de pulsión para las pulsiones sexuales. Lacan subraya:

> A nivel de la pulsión, él es puramente gramatical. Es soporte, artificio que Freud emplea para hacernos comprender el ida y vuelta del movimiento pulsional. (Lacan, 1964/1973).

Gramaticalmente Freud articula la pulsión según tres tiempos: activo, reflexivo y pasivo. Al último tiempo, el pasivo, indica Lacan, debe sustituirse por la fórmula "hacerse"... hacerse ver, hacerse escuchar, hacerse comer:

> Esto implica fundamentalmente una actividad, por eso coincido con Freud cuando articula distinguiendo estos dos campos: el campo pulsional por una parte y el campo narcisístico del amor por otra parte.

Dick, como los bebés autistas que podemos ver en los videos, no vocaliza ningún llamado. No "se hace escuchar" en absoluto. Klein no entrega ninguna interpretación a Dick, como señala Lacan. Ella simplemente le dice: *"Dick pequeño tren, gran tren, papá tren"*. El niño pronuncia la palabra estación. Klein responde: "La estación es Mamá, Dick entra en Mamá".

Dick buscó entonces refugio en la penumbra entre dos puertas y llamó a su niñera. Es la primera vez que llama. Klein dice entonces que él ha accedido a su inconsciente. Y Lacan precisa que antes no había inconsciente. En 1964 Lacan retoma esta relación entre la aparición de la capacidad de llamada y el acceso al inconsciente. También observará que las pulsiones escópica e invocante introducen al gran Otro en el campo del deseo y que la pulsión invocante resulta ser la que más se acerca a la experiencia del inconsciente.

Los lacanianos tenderían a afirmar que no existe un inconsciente organizado en el niño autista. Utilizando la metáfora del jarrón y las flores, Lacan reconoce que Dick ha alcanzado el nivel del narcisismo. Sólo le queda comentar el artículo de Freud "Introducción del narcisismo". En el curso de esta discusión señala que, si la libido sexual no se aísla del conjunto de funciones dedicadas a la preservación del individuo, pierde toda su significación.

Por eso, en este artículo sobre el narcisismo, Freud vuelve sobre la necesidad de distinguir entre libido del yo y libido sexual. En aquella época Freud hablaba de pulsión del yo y pulsión sexual.

No es sino en 1964 que Lacan dirá muy explícitamente que llega a sostener firmemente la diferencia entre dos campos *"el campo pulsional, por una parte, y el campo narcisista del amor, por otra"* (p. 182).

Oposición entonces entre pulsiones sexuales y la investidura fálica del narcisismo. Se trata de una situación muy instructiva sobre el interés que presenta la oposición retomada por Lacan de manera muy notable entre el campo narcisista del amor y el de la palabra; dicho de otra manera, el de las pulsiones parciales. Esta oposición es de mucha utilidad cuando se trata de comprender los videos realizados por las familias de bebés que luego fueron autistas.

Una ilustración clínica

El caso Mauricio se refiere a un niño perteneciente a la cohorte de videos familiares realizados por la Fundación Stella Maris de Pisa (Italia). La doctora Sandra Maestro y el profesor Filippo Muratori me dieron, poco después de haberlo conocido a Mauricio, una copia del video efectuado por la familia del niño, ya que les resultaba enigmático. Había acudido a su centro para ser diagnosticado a la edad de tres años; presentaba un cuadro autista típico pero que no correspondía a lo que ellos podían observar en el video familiar que los padres les habían proporcionado. Efectivamente, en las escenas filmadas el niño parecía comunicarse, en distintos momentos, de manera afectuosa con sus padres. Pero los colegas estaban desconcertados y admito que yo lo estuve de igual manera, al principio.

He aquí la descripción de una escena que *a priori* es desconcertante: Mauricio, de diez meses, se encuentra en su cuna. Su padre llega para hablarle afectuosamente y le dice:

— Y bien... ¿me mostrás?

El niño comienza a levantarse, agarrándose de los barrotes de la cuna. Su papá lo alienta:

— ¡Qué fuerte que sos, dale, dale!

El papá, con su voz plena y afectuosa, hace gala de una prosodia muy atractiva. Mientras que su niño se incorpora, el papá comenta el evento con gran entusiasmo:

— ¡Vamos, vamos, bravo, Mauricio!

Esto acompaña la erección corporal del niño, que mira a su padre con una expresión de satisfacción. Es evidente que le gustan los piropos. El padre sigue con una voz muy entusiasta:

— ¡Mauricio, Mauricio!

Es como un hincha deportivo en todo el sentido del término. Capta la atención de su hijo de tal manera, que a su vez es captado por el entusiasmo que despierta y entonces suelta una mano y la extiende hacia aquel que lo está filmando. Luego baja los ojos, aunque la voz paterna sigue envolviéndolo:

— ¡Dale, Mauricio, ¡magnífico!

Al sonido de esta exclamación el niño vuelve a mirar al padre, cierra los ojos para hacer muestra de satisfacción de ser reconocido.

— Sos magnífico —le dice el padre.

El niño empieza a titubear y el padre lo agarra de nuevo y empieza a cantar. Como Mauricio mira para otro lado lo llama:

— Eh eh eh ¡Mauricio, sos muy fuerte! ¿Sabías?

El niño lo mira entonces y responde inmediatamente:

— ¡Oh! ¡Oh! ¡Oh!

El padre hace entonces una respuesta absolutamente maravillosa:

— ¿Qué querés decirme mi amor?

Esto significa que el padre supone la presencia de un sujeto en ese niño pequeño porque piensa que el niño le quiere decir algo. Los padres de bebés típicos hacen exactamente lo mismo cuando el chico tiene entre cinco y seis meses. Ciertos analistas habían especulado que los padres de niños autistas no hacían esto y que se trataba probablemente de una de las razones de la problemática del niño. Este ejemplo lo desmiente.

Lo que revelan en general los videos familiares de niños autistas es hasta qué punto las madres terminan por bajar los brazos y sumirse en el cansancio de tener que solicitar a un bebé que no da ningún testimonio de haberla escuchado. Los padres intervienen más hacia el final del primero y segundo año de vida.

¿Cómo un niño como Mauricio pudo devenir autista? Mis colegas italianos decidieron crear una nueva categoría en las clasificaciones para tener en cuenta a tal tipo de niños a los que llamaron autistas de inicio tardío. Bajo esta óptica, habría niños que se desarrollan normalmente durante el primer año y que luego presentan signos de autismo durante el segundo año de vida.

Me parece importante observar que Mauricio, que estaba rodeado desde su nacimiento por la mirada ferviente de admiración y de amor de sus padres, presentó desde el principio una ausencia completa de interés de generar por sí mismo un vínculo de naturaleza pulsional con ellos. Para retomar los términos de Freud en su texto sobre narcisismo, este bebé presentaba una buena competencia para lo que él llama libido del yo, pero no parece interesarse en lo que él llama libido sexual. Los padres habían logrado gracias al mérito de sus esfuerzos conjuntos envolverlo con su mirada y con sus palabras de admiración, pero cuando comenzó a caminar el niño no iba nunca hacia ellos, no los llamaba, no los miraba y entonces todo se derrumbó.

ANEXO

Psicoanalistas que trabajan en salud pública[3]

El Estadio del Espejo es muy importante para la constitución de la imagen del cuerpo, para la unidad corporal y para la posibilidad de una relación con el semejante. Es importante saber que puede no constituirse. Lo que nos interesa es lo que precede y hace posible la constitución de ese estadio. Pensamos que solo se constituye si hay previamente la experiencia de lo que nosotros llamamos "La mirada fundadora del gran Otro".

Yo les propongo a los médicos el modelo óptico de Bouasse, para ilustrar la manera en que el cuerpo de un bebé no se reduce a su organismo, sino que es una construcción hecha de la unión de ese organismo con algo que no viene del bebé, sino del Otro. A los médicos les gusta el modelo de Bouasse, porque les recuerda los estudios del primer año de medicina, porque es algo que ellos conocen. Yo les digo que Lacan retomó las propiedades del espejo cóncavo como metáfora de ciertas estructuras psíquicas y que, en este caso, nos va a ayudar a comprender la relación entre el organismo y el cuerpo. El organismo sería el florero o para los bebés, la pelela.

Para los que trabajaron en neonatología, en la época en que el cuerpo del bebé era considerado en función de solo lo que entraba y salía, la pelela es como un florero que evoca bien el organismo del bebé. Eso no es un cuerpo; un cuerpo, supone algo que fue proyectado sobre él, algo que no hace parte de ese "objeto real", que es el que yo puedo tocar, pesar, medir, que es el organismo del bebé, sino una imagen proyectada a partir de algo del aparato psíquico de los padres, que no está en el bebé. Las cualidades ópticas del espejo cóncavo nos dan la representación de la experiencia perceptiva de los padres. A condición de estar convenientemente posicionado en la estructura simbólica, pueden ver al organismo del bebé y su investidura libidinal como un todo, como una unidad. El posicionamiento adecuado de la estructura simbólica está dado por el cono formado por las dos extremidades del espejo cóncavo, donde la mirada del observador debe encontrarse para que él tenga la impresión de ver el florero –que representa el organismo– formando un todo con

3. Aquí transcribimos algunos postulados de Marie-Christine Laznik sobre el autismo presentados en la conferencia del Congreso sobre el psicoanálisis del niño organizada por el Colegio Freudiano de Río de Janeiro (agosto de 1998), conferencia publicada en Wanderley (1999).

las flores, que representan la investidura libidinal del cual el bebé es objeto. Esa investidura libidinal, Lacan la nombra falicización del bebé. Esta unidad que se constituye en la mirada del Otro fundador es la preforma del cuerpo del bebé.

Este conjunto, formado por la visión anticipadora de lo que el bebé aún no es –o sea, la divinidad que será– conjunto real de lo orgánico que sí es, es lo que hace posible la unidad del cuerpo del bebé. Es solamente así, que el bebé va a poder, más tarde, mirarse en el espejo, darse vuelta, para mirar al adulto que lo sostiene. Y lo que él ve en esa mirada parental, es lo orgánico aureolado por la investidura libidinal de la cual es objeto.

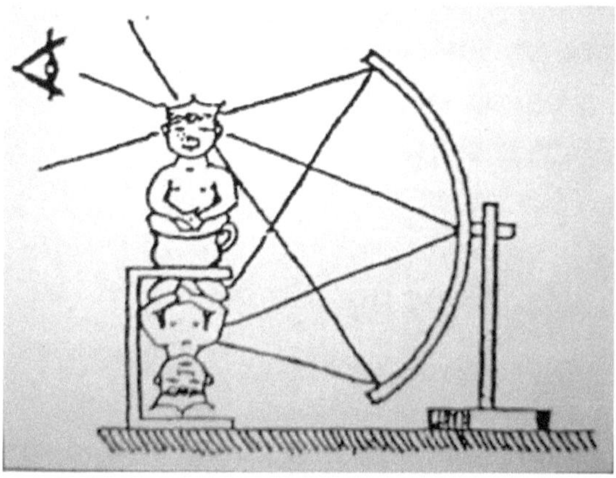

CAPÍTULO 8

Reanimación pulsional de un bebé de dos meses, hermano de un niño autista, que presenta signos de alerta de un desarrollo similar[1]

Marie-Christine Laznik

Cuando Hassan nació, tenía una hermana ocho años mayor que él, muy inteligente, un hermano autista de cuatro años y dos hermanitos más pequeños. El último, de dos años de edad, mostraba gran precocidad en el lenguaje, según decía su madre.

Como el diagnóstico de autismo del hermano había sido realizado durante el embarazo de Hassan, yo estaba preocupada por él desde antes que naciera. En esa época yo no tenía en cuenta lo suficiente los datos estadísticos sobre la incidencia del autismo en hermanos, ya que minimizaba la importancia de los factores genéticos predisponentes. Actualmente lo pienso muy seriamente y creo que es importante implementar programas de salud para estos bebés que nacen etiquetados como "con alto riesgo de autismo". Además, varios años más tarde, cuando la familia se traslada a mucha distancia de mi lugar de trabajo, la mamá de Hassan tiene tres hijos más, dos de los cuales terminarán diagnosticados dentro del espectro autista.

En aquel momento, lo que me preocupaba era el efecto corrosivo que tal anuncio podría tener sobre la capacidad de ilusión anticipatoria de la madre. El psiquiatra infantil que atendía al hermano con diagnóstico

1. Publicado en: Laznik, M.-C. (2023). Réanimation pulsionnelle d'un bébé de deux mois, frère d'autiste, présentant des signes de danger d'une évolution semblable. Dans Bernard Touati, Fabien Joly, Marie-Christine Laznik, *Autismes, Corps et psyché* (pp. 35-66). Presses Universitaires de France. Puede verse también una primera versión del texto en: Laznik, M.-C. (2013). Traitement psychanalytique d'un bébé de deux mois, frère d'autiste, présentant des signes de danger d'une évolution semblable. *Revue de Psychiatrie française, Autismes* I, 43, 124–150.

de autismo, y con quien hablaba de mis inquietudes, no encontraba la manera de ofrecerle a la madre una consulta para su bebé. Pero es ella quien expresa al médico la preocupación por su bebé de un mes y medio. Afirma que le recuerda a su hijo autista y que no se parece en nada a sus dos últimos hijos.

Debido a que sus cinco hijos son muy pequeños, recién logra venir a la consulta un mes más tarde. Confieso que antes de esta sesión yo estaba convencida de que conocería a una madre que, impactada por la noticia de la discapacidad de su hijo de cuatro años, había imaginado lo peor para el bebé.

Primer encuentro: Hassan tiene dos meses y tres semanas

Para mi gran sorpresa, encontré a un niño con quien, a pesar de todos mis esfuerzos, el contacto era muy difícil y solo logro establecerlo después de una hora. La madre se siente comprendida cuando me oye confirmar la exactitud de sus sentimientos: es muy difícil entrar en contacto con Hassan. Pero le transmito confianza: gracias a su corta edad podemos intervenir y evitar el mismo destino que el de su hermano. Sobre este "milagro" prometido, soy perentoria. Por supuesto, estoy pensando en la plasticidad cerebral, aunque en ese entonces no conocía todos los datos epigenéticos recientes que confirman la posibilidad de que los cambios en el entorno puedan tener un efecto significativo en la expresión misma de los genes, sobre todo debido a que estamos en los comienzos de la vida del bebé. Sin embargo, la labor del psicoanalista es introducir un cambio brutal en este "medio ambiente" rompiendo el circuito infernal que, partiendo de un bebé que no responde, afecta la capacidad de parentalidad de los padres, lo cual refuerza a su vez las dificultades innatas del lactante.

A partir de esta primera sesión, lo que refuerza la transferencia positiva de esta mujer con la psicoanalista es el profundo respeto que le muestro por sus percepciones. ¡¿Cuántos padres de niños más grandes con autismo nos comentan que, cuando le contaban al pediatra las preocupaciones que tenían respecto de su bebé, la respuesta obtenida era que todo era cuestión de tiempo?! ¡¿Cuántas madres escucharon al pediatra decirles que estaban demasiado ansiosas, que necesitaban calmarse?!

Yo no digo "que hay un problema en la relación madre-bebé", frase asesina que muchas madres han tenido que escuchar. Cuando intentamos permanecer en contacto con estos bebés un tiempo suficientemente largo, percibimos que rechazan la relación con el otro, y no solo con sus madres.

Algunos bebés rehúsan el vínculo con la madre, pero se aferran a la persona que acude en su ayuda. Para ellos, no hay que temer una evolución autística, incluso si su depresión requiere un tratamiento rápido, se trata de bebés que han percibido un estado de sufrimiento psicológico en su madre y lo quieren evitar mirando hacia otro lado, pero esto no conduce al autismo.

En el autismo hay factores que provienen del bebé y la mejor manera de descubrirlo rápidamente es vivenciarlo uno mismo en la relación con él. Esa es la experiencia que yo tuve desde el principio con Hassan. Su madre pudo identificarse aun más con la analista, cuando la analista pudo, a su vez, identificarse con la dificultad que la madre experimentaba con su bebé.

Las siguientes sesiones

La madre vuelve tres semanas después. Podríamos haber pensado en una resistencia, pero la realidad material de esta familia presentaba desafíos acrobáticos para poder venir a las sesiones. Estoy muy gratamente sorprendida por la calidad de esta joven madre. Su prosodia es deliciosa y el bebé la mira. El contacto entre ellos se estableció, a tal punto, que me pregunté si no había imaginado el problema. Como en aquel entonces no filmaba los encuentros, la falta de este registro contribuyó a ese sentimiento. Esto muestra cómo la identificación de la analista con la dificultad de la madre le permitió a ella identificarse no solo con la esperanza de la analista sino también con su forma alegre de dirigirse a Hassan. La próxima sesión es similar.

A la cuarta sesión no concurrieron. Hassan tenía 40° de fiebre y una varicela muy grave. Tiene hermanos y hermanas en la escuela y son fuente de contagio.

Los recibo el lunes siguiente, luego de un fin de semana difícil, ya que su estado de salud había sido lo suficientemente grave como para que el pediatra se preguntara si el bebé debía ser hospitalizado. Hassan, cubierto de ampollas, rechaza cualquier tipo de contacto. La madre me comunica que está así desde hace varios días y que ninguna de sus estrategias funciona: lo llama muchas veces con ansiedad, chasquea los dedos y las manos para llamar su atención. Todo esto cae en un vacío absoluto.

Estos comportamientos los encontramos frecuentemente en las filmaciones caseras de bebés que han devenido autistas, a diferencia de los bebés "típicos", como los llaman los científicos. Se trata de una forma de estimulación en *regulation up* que a veces da sus frutos, razón por la cual todos los padres de bebés que desarrollaron un autismo continúan utilizándolos (Saint-Georges et al., 2011). Con Hassan ese día nada funciona.

Convencida de que lo que había precipitado el retraimiento de este bebé fue la gran ansiedad que pudo haber percibido a su alrededor a causa de su enfermedad, confío en que el peligro ha pasado. Así, puedo dirigirme a él con una hermosa prosodia llena de alegría de verlo y la ternura frente a la carita aún toda brotada. Hassan vuelve a conectarse. Es importante saber que cuando estos bebés se retraen, es muy difícil recuperarlos, sobre todo porque este repliegue, al generar preocupación en los padres, no les permite sentirse alegres.

Nuevamente la madre podrá identificarse con la analista, quien le explica que su hijo detesta verlos preocupados por su salud. En los días siguientes se restablece el vínculo, lo cual se confirma en la siguiente sesión.

Primera sesión filmada

Es la sexta sesión. Consta de dos partes. En la primera apreciamos el establecimiento de la musicalidad entre Hassan y su madre.

Hassan, que tiene ya cinco meses, está acostado en el *bebesit* (silla tipo hamaca)[2] frente a su madre, arrodillada delante de él. Ella se inclina sonriendo hacia su hijo, quien le devuelve la sonrisa. Estoy sentada cerca de ellos junto a la madre. Al *"¡Ahhhh!"* de satisfacción que emite la madre, Hassan responde con un *"Oooh"* muy musical. Yo comento:

— ¡Qué lindo esto! Hassan inmediatamente me mira mientras continúo:

— ¡Eso estuvo muy lindo!

La madre, acercándose a su rostro, dice:

— ¡*Cu-cu* mi Hassan!

Ella mira los ojos de su hijo, quien también la mira con placer. Luego empuja con el pie. Inmediatamente ajusta la mamá la distancia diciendo:

---

2. Desde nuestro trabajo con los psicomotricistas, formados en el abordaje sensorio motor, nosotros no colocamos más a los bebés en esas sillitas.

— ¡*Cu-cu*, mi Hassan! ¡Oh, sí, mi Hassan! –y bajando la voz– ¡Oh, sí, mi Hassan!

Besa suavemente la mano del niño que sigue su gesto con la mirada y se reencuentran. El bebé le sonríe y dice:

— *Ohooo, oui* mirándola. La madre responde en tono más alto, mientras yo intervengo en su conversación:

— ¿Qué le decías a mamá? ¿Qué le decías?

La madre, asombrada por su bebé, dice:

— Ay, sí, ay, sí.

Hassan responde en un tono más alto:

— *A, eueeee....*

Mira la cadena que sujeta su chupete. La madre le besa la mano y retrocede como para admirarlo mejor. Mientras se sonríen, comento:

— ¡Ahora ya sabés decir *oui* en francés!

Y Hassan dice:

—*Ouiiiii...*

La madre me mira para compartir conmigo su asombro. Una gran sonrisa ilumina su rostro. El bebé vuelve a balbucear y ella responde:

— Ah, sí, ja, ¿sí?

Hassan agita los brazos con satisfacción, infla su pancita hacia ella. Tal vez demasiado prematuramente, en la relación que existe entre nosotros, interpreto que el bebé está haciendo danza del vientre. Ella me mira aparentemente muy divertida. Sigo preguntándole a Hassan:

— ¿Eso lo hacés para recibir besos?

La madre, mirada por su hijo, le besa varias veces el vientre, riendo y diciendo:

— ¡Oh, oh, oh! –el bebé no le quita los ojos de encima.

El análisis de la grabación de este momento de la sesión, realizado posteriormente por la profesora Maya Gratier[3], pone de manifiesto a una madre y a un bebé en perfecta musicalidad, uno siguiendo y respon-

---

3. Profesora de Psicología del Desarrollo responsable del "Babylab Nanterre".

diendo al ritmo y tono de la voz del otro. Sin embargo, para esta última parte de la interacción en la que la madre cumple con mi sugerencia de besarlo en el vientre, el análisis acústico mostrará que la musicalidad de su voz luego se congela hasta volverse repetitiva. Aun cuando el bebé continúa mirando a su madre, la situación no se revierte para él, no toma la iniciativa de ofrecer él mismo su vientre a los besos maternos.

Como el tercer tiempo del circuito pulsional aún no ha podido establecerse en este bebé, que presenta una desafortunada tendencia a retraerse, no es sorprendente observar que, apenas ocurre un evento difícil, se cierre y luego sea incapaz de volver a abrirse. Esto es lo que sucederá en la segunda parte de esta sesión.

Segunda parte de la sesión: el repliegue de Hassan

Comenzamos con un diálogo entusiasta donde Hassan se mostró muy orgulloso de la admiración que yo tenía por su fuerza y por su tamaño. Tenía mi rostro dirigido hacia él, sonriendo escuchó mis palabras: *"¿Qué es este bebé tan fuerte? ¡Muy fuerte!"*.

Luego, de repente, su rostro se endurece, gira la cabeza hacia un lado, me mira todavía una o dos veces y empieza a retraerse. Termina volviéndose completamente inaccesible para mí y para su madre, quien hace varios esfuerzos por llamarlo, pero en vano. Me dice: *"No sé dónde está"*. Al cabo de media hora se queda dormido sin haber restablecido el más mínimo contacto con nosotras. Yo no entendía nada. Como había movido el pórtico del que colgaban pequeños peces de colores con los que solía jugar, al principio, pensé que estaba enojado conmigo por haberlo privado de ellos. Intenté hablar con él sobre ello, devolvérselos, repetir el elogio anterior en tono alegre, pero sin éxito.

Ver esta parte de la filmación de la sesión fue difícil para mí, pero me enseñó mucho. En primer lugar, para percibir qué pueden experimentar los padres en tales circunstancias con un niño así y, en segundo lugar, hasta qué punto este tipo de retraimiento puede producirse incluso con el psicoanalista que los atiende. Cuando capacito a colegas en este tipo de tratamiento, suelo dedicar unos minutos a estas escenas patéticas donde vemos al psicoanalista completamente fuera de lugar, ya que suele resultar muy instructivo. Pero en este caso fue muy aleccionador para mí la ayuda de nuestro grupo de investigación, a quien le mostré el video nuevamente, una semana después. Esto es lo que no tomé en cuenta en ese momento, cuando entré en pánico ante este retraimiento repentino del bebé. Me refiero a que, luego del primer movimiento de Hassan para desviar su cabecita, me oigo decir: *"Sigo pensando que deberíamos hablar de un reflujo leve"*. Luego dirigiéndome al bebé sigo: *"Estás babeando, estás babeando"*. Luego le hablo a la mamá, con esa voz plana, propia de las conversaciones serias entre adultos: *"Recuérdeme quién es su médico porque podría ser una otitis"*. La madre me dice que, efectivamente, se había tocado la oreja una vez esa mañana. El daño ya estaba hecho. Hassan, que después de ese primer desvío de la mirada, me había mirado nuevamente, se gira para el otro lado con el rostro triste. Todos mis intentos de conectar con él fracasarán.

La saliva en las comisuras de la boca de Hassan me había preocupado porque, en realidad, podría ser un indicio de reflujo. Existe una conexión entre el reflujo y las otitis, eso es lo que pude pensar conscientemente. Pero una parte, más angustiante, había sido reprimida por mí: en la población de bebés que posteriormente se vuelven autistas hay muchos casos de reflujo grave, doloroso y que provoca múltiples otitis. Entonces lo que había sido reprimido era el miedo de que deviniera autista, un miedo que la madre había expresado claramente durante nuestro primer encuentro.

Escuchando atentamente la grabación de esta sesión, pudimos oír en la sala de espera los sonidos de un niño autista característicos de su hermano mayor. De hecho, ese día el padre no había podido quedarse con él y estaba detrás de la puerta de mi consultorio con la secretaria. Es posible que estos ruidos contribuyeran al surgimiento de asociaciones que mi inconsciente había querido mantener reprimidas. Mientras escuchaba atentamente la grabación desde el principio, Raquel Cassel, que en ese momento filmaba las sesiones, me señaló que había hecho un *lapsus* al llamar a Hassan por el nombre de su hermano.

Desde el punto de vista del bebé, ¿cómo entender que interrumpe el contacto visual, incluso antes que yo le haga la pregunta angustiante a la madre? Mientras lo pensaba antes de formularlo, mi rostro debió haber cambiado. Podemos entonces suponer en el bebé, como en muchos otros niños que luego devienen autistas, la presencia de factores de hiperdiscriminación visual y acústica.

La primera vez que Hassan desvía el rostro ocurre un momento antes de que me oyera hablar de reflujo. Ese momento debe corresponder al instante en el que se formula en mí la pregunta. Hassan lee mi preocupación y no puede manejarla. Sin embargo, vuelve a mirarme y me escucha preguntarle a su madre el nombre de su médico.

Este tipo de situaciones sucede en la vida cotidiana, los bebés típicos buscarán convocar al adulto que estaba jugando con ellos. Los escuchamos decir: *"¡Oh! ¡Oh!"*, de modo que a menudo hacen reír al adulto que se había atrevido a interrumpir la conversación.

Aun permaneciendo inconsciente para el psicoanalista, lo que estaba en juego aquí era grave: el peligro de un desarrollo autista. Un bebé típico no queda detenido ante la peligrosidad inconsciente de una afirmación. O no lo percibe, o su resiliencia le permite superarlo. El bebé típico llama, se hace mirar y escuchar. Es decir, deviene activo en la demanda, esto es el tercer tiempo del circuito pulsional. Cabe señalar que este niño no podrá volver a la relación. No sabrá *switchear,* como afirmó el profesor neurocientífico Marcos Mercadante.

Segunda sesión filmada: séptima sesión realizada

La madre no podrá asistir la semana siguiente. Me parece que la dolorosa experiencia de la última sesión puede haber influido en su dificultad. Concurren una semana después, a pesar de que Hassan –que ya tiene cinco meses y medio– estaba con fiebre debido a una otitis. Como está durmiendo cuando llegan, la madre aprovecha para hablar sobre problemas médicos y familiares. Siempre dejo dormir a los bebés. Me parece que hay una sabiduría en ellos: sienten que sus madres necesitan hablar conmigo. Cuando ellas terminan, se despiertan solos. Esto supone, evidentemente, que el tiempo del que dispongamos sea suficiente, al menos una hora. Cuando Hassan se despierta, empezamos a jugar con él en el suelo. Rápidamente se pone en contacto con nosotros y comienza a gorgojear.

Luego comienza un diálogo rico y satisfactorio con su mamá. Ella, que estaba completamente dispuesta a jugar termina, sin embargo, quejándose de que todavía no articula ninguna consonante en sus intercambios verbales. Hassan corta inmediatamente el contacto. Intento verbalizar la decepción de cada uno. Pero el vínculo no podrá restablecerse.

En términos de desarrollo, la madre no se equivoca. Las producciones sonoras de su pequeño son pobres para su edad. Ella ya tiene cuatro hijos y se da cuenta de que Hassan está menos avanzado que los otros. Aquí, para dejar abierta la esperanza y para sin embargo no contradecir a la madre, me oigo explicarle que tiene razón, que desde los seis meses los bebés ponen en marcha el protolenguaje que tiene consonantes, pero que Hassan solo tiene cinco meses y medio. En ese momento, Hassan que parece retraído, como si no escuchara lo que estamos diciendo, comienza a sollozar. Me quedo estupefacta ante estos sollozos, tanto más sorprendentes cuanto que nunca los había oído. La mamá toma a su bebé en brazos, deja de llorar, pero no restablece el contacto, ni con ella ni conmigo.

Con la esperanza de hacerla reír, para relajar el ambiente, lo cual tal vez permitiría a Hassan reconectarse, utilizo el humor:

— Mamá no estaba satisfecha con los resultados escolares –digo dramatizando mi voz para fingir tristeza.

Esto realmente hace reír a la madre, pero nada cambia para Hassan. Ya no parece accesible. La madre me responde:

— Sí, lo encuentro un poco en retraso, es verdad.

La analista interviene:

— Ya ves lo sensible que es, ¡le hizo llorar!

La madre se ríe:

— ¡Esperaré que tenga seis meses, está bien!

Pero su hijo permanece boca abajo, aferrado a la jirafa Sophie que tiene en la mano. Intento, a mi manera, recuperar al bebé hablando en lugar de Hassan:

— Yo estoy decepcionado mamá, te di tantas sonrisas durante media hora, muchas sonrisas mamá, y dijiste delante de la Sra. Laznik, *sniff*, que todavía no hablo, con cinco meses y medio, ¡Estoy tan decepcionado!

Este juego psicodramático conmueve a la madre, que lo besa tiernamente como si él hubiera dicho esas palabras. Pero no tiene absolutamente ningún efecto sobre Hassan.

Le señalo la delicadeza de su hijo, que se sintió herido al escuchar a su madre comentar sobre su retraso en el lenguaje. Un bebé típico habría dejado pasar esto, seguramente dotado de una resiliencia a la ansiedad materna, una resiliencia que estos bebés no tienen.

Hassan se deja mecer por su madre, sus gemidos cesan. Mi experiencia habitual en el tratamiento vincular padres e hijos es que las madres responden a lo que digo en nombre de sus bebés como si ellos mismos lo hubieran dicho. La madre de Hassan no es una excepción y es muy conmovedora. Luego me dice que desde la mañana Hassan ha estado llorando mucho y que no durmió bien. Parece entonces que la media hora en la que Hassan nos sonrió y gorgojeó fue bastante excepcional. Le digo a Hassan: *"Entonces, ¿fue solo para la señora Laznik que hiciste todas esas hermosas sonrisas?"*.

El bebé se calma un poco y la madre habla de lo mal que estuvo todo el día. Y añade: *"En el subte lloró y luego se quedó dormido"*. El bebé sigue gimoteando y su madre empieza a cantarle una canción de cuna muy bajito: *"Do dô, el niño dô, el niño dormirá muy pronto, do dô, el niño dô, el niño dormirá muy pronto..."*. Hassan se queda dormido, completamente relajado. Comento la suerte que tiene este bebé de tener una madre que sabe cantarle canciones de cuna. Estoy sinceramente conmovida por la escena y en admiración por esta madre.

Solo más tarde, cuando volví a ver la filmación de la sesión, me di cuenta de que fui yo quien le enseñó esta canción de cuna a la madre magrebina, cuya propia madre había muerto cuando ella tenía dos años. Esto no le impidió ser una excelente madre para su hija mayor y para los dos niños que vinieron luego del hijo autista. Nunca podré decir lo suficiente cuánto me opongo a la idea que tienen ciertos psicoanalistas, de que el estado psicológico materno pueda estar implicado en el autismo de su bebé. Pienso, por mi parte, que los rasgos autistas del bebé modifican brutalmente el estado psicológico materno, anulando su capacidad de ser madre. Pero aquí podemos ver cómo, tan pronto como una madre recibe el apoyo de un psicoanalista, recupera todas sus competencias. Esta es mi experiencia con la mayoría de las madres. Siempre que pueda ayudarlas, desde muy temprano, la musicalidad de su prosodia en el diálogo con sus bebés me maravilla. Sin embargo, ese tipo de narratividad musical corresponde a un momento determinado del desarrollo del bebé. Después es mucho más difícil. Las dos últimas sesiones muestran que esta musicalidad no es suficiente para mantener al bebé fuera de peligro. Mucho más sensibles que otros bebés, una percepción que no pueden procesar los lleva a retraerse, ya sea con su madre, con su psicoanalista o con cualquier otra persona. Y allí es prácticamente imposible reconectar con ellos.

Tercera sesión filmada, octava sesión realizada

Después de esta sesión de ruptura del vínculo entre madre e hijo, la madre no puede acudir a la siguiente sesión. La llamo para conversar sobre la sesión en la que vivencié la ruptura del vínculo entre Hassan y yo. Le propongo que la próxima sesión veamos juntas la filmación. Esta propuesta tranquiliza a la madre que viene el lunes siguiente. Nunca antes había mostrado una sesión a los padres, pero me parecía indispensable compartir mi fracaso con esta madre. Verlo tenía más valor que cualquier discurso sobre cómo su bebé podía tener trastornos en la relación con cualquier persona y no solo con ella. Estos bebés, en una guardería o con una niñera, generan un sentimiento de fracaso en los adultos cuidadores.

Al comienzo de la sesión, sugiero que la madre le hable a su hijo en su lengua materna (cabilio). El padre es tunecino, el francés es el idioma que se habla en la casa. A veces la madre le habla en cabilio a sus otros hijos. En mi experiencia de tratamiento con niños autistas más grandes, el uso de la lengua materna a menudo ha tenido resultados sorprendentes (Laznik, 2000b).

Pero en el caso de Hassan, el uso del cabilio durante toda una parte de esta sesión no parece modificar demasiado el vínculo con su mamá. Permanece indiferente. La madre me dice de manera dolorosa:

— Mira un poco, luego desvía la mirada.

Mientras trato de tranquilizarla, añade que esto sucede a menudo. Me dirijo al bebé:

— ¿Oh, bien? ¿Eso es verdad? Dime, Hassan, ¿Es verdad?

Se conecta por un momento mientras repito las palabras con las que su madre lo llama en cabilio, sabiendo que mi prosodia se presta a ello. Pero no he dicho ni dos palabras, que ya da vuelta la cabecita.

Entonces temo por Hassan y por su neurodesarrollo. A los seis meses de edad, una serie de áreas del cerebro están en plena constitución y, en particular, aquellas que corresponden a lo que los neurocientíficos llaman "cerebro social": las partes del cerebro que se utilizan cuando escuchamos a alguien o miramos su rostro (el surco temporal superior y la amígdala, entre otros). Me digo a mí misma que, si continúa mirándonos tan poco, seguramente habrá daños posteriores.

La reanimación pulsional

Entonces decido emprender una reanimación pulsional con el objetivo de llevar a Hassan de forma más estable al mundo de las relaciones afectivas. Para ello tendré que recurrir a un intenso llamado libidinal. No se trata de darle mi admiración, como ya lo he hecho, sino de introducirlo de lleno en el mundo pulsional, en el sentido lacaniano del término. En efecto, Lacan denomina pulsión solo a las pulsiones sexuales parciales. Allí es adonde quiero llevar a este niñito. No hace falta decir que a los seis meses la sexualidad está lejos de ser genital. Se trata, por tanto, de llevarlo al erotismo oral, propio de su edad. Este erotismo es, para Lacan, completamente independiente de la necesidad de alimento. Los tres tiempos de la pulsión, a nivel oral, se declinan en: succionar el alimento, succionarse (el pulgar, por ejemplo), hacerse succionar el dedito, el pie, la mano.

En los bebés típicos esto es muy común: el pequeño espera que se acepte su ofrecimiento de dedos para ponerlos en la boca del adulto y que le digamos lo delicioso que es, como un copo de azúcar, como un caramelo de miel. También le gusta ofrecer su pie. Y los adultos juegan a este juego con el bebé, sin saber que es un juego erótico. Se trata de la sexualidad infantil que, en mi opinión, siempre falta en aquellos niños que devendrán autistas.

Cuando el bebé se da cuenta de que es fuente de placer para el adulto que lo cuida, se siente invadido por una gran felicidad e intentará a menudo repetir esta experiencia. Este es el tercer tiempo del circuito pulsional, en el que el bebé se hace objeto del placer de otro sujeto.

¿Cómo hacer para llevar a Hassan a este tercer tiempo? Está en su sillita, con su jirafa Sophie en la boca. Me acerco a él y fantaseo que esta jirafa es una pura delicia de sabor. Me imagino a la jirafa como una extensión del propio cuerpo de Hassan. Es como si, a través de ella, fuera de sus deditos de los que se tratara. Le digo entonces:

— ¡*Ummm, miam, miam, miam!* ¡*Umm*! ¡Qué rica es esta jirafa de Hassan! ¡Ella es muy muy rica!

No me muevo de mi silla frente a él, pero sé que, para mantener su atención el tiempo suficiente, mi voz debe transmitir constantemente verdadera sorpresa y verdadera alegría. Recurro entonces a una estratagema fantasmática: me imagino en el país de Hansel y Gretel, un lugar maravilloso, donde todo es rico: bastones de caramelo, chocolates. Me maravillo como un niño y digo.

— *Mmm, ñam,ñam*, nos vamos a comer esta pequeña jirafa de Hassan, está buenísima. Nos vamos a comer el cuerno pequeño, la orejita.... "¡*Hmm*, qué rico, qué rico, mamá! Es muy rico. Y la naricita... nos la vamos a comer toda".

La madre contempla con deleite a su delicioso hijo y luego le besa delicadamente la mano.

— Es demasiado rica, demasiado rica. Ella es tan deliciosa... ¡*Hum*! ¿Qué tan rica es esta jirafa? ¡Mamá! Oh, ahí, ahí, ella es tan buena. Debe estar hecha de azúcar, mamá, ¿no te parece?

Hassan me mira fijo, en ningún momento deja de hacerlo. Esto indica que mi prosodia, conocida como *maternés*, es de excelente calidad, con los remolinos que producen los altibajos de sorpresa y alegría. Pero no se ríe. Viendo la grabación vemos que está muy serio, quizás un poco preocupado. Si esta larguísima secuencia (que durará casi diez minutos) es posible sin que en ningún momento la voz se vuelva repetitiva o pierda calidad, es gracias al maravilloso país de Hansel y Gretel que estoy descubriendo. Pero lo que debe permanecer reprimido en esta experiencia, para que yo pueda permitirme tenerla, es la bruja. En ningún momento lo pensé. El fantasma de devoración de los niños por parte del adulto debe permanecer oculto. Estoy en esta situación, como todas las madres que dicen, mientras besan el adorable pie de su pequeño: *"¡Podríamos comernos a un bebé así!"* o *"Te comería todo"*. Nadie piensa en el fantasma de devoración. Es un juego. La diferencia es que aquí la analista no toca el cuerpo del bebé, ni siquiera la jirafa, se contenta con enunciar las maravillas que se le presentan. Pero el rostro serio del bebé podría ir en la dirección de una discriminación perceptiva de elementos reprimidos y preocupantes.

En los videos familiares de bebés, que posteriormente devinieron autistas, es evidente que los juegos de devoración siempre atraen la atención de los bebés que posteriormente devienen autistas. Pero su preocupación no transforma la escena en júbilo compartido y se puede observar que muy rápidamente los padres se cansan. Los bebés típicos pasan por alto esta preocupante dimensión.

Con Hassan la secuencia había sido lo suficientemente larga como para tranquilizarlo sobre mis intenciones. Ahora era cuestión de que él se atreviera a jugar su parte, que se haga comer el dedito por su madre. Porque el anudamiento pulsional solo tiene interés si se produce entre el niño y la madre. Si descubren el placer de tal vínculo libidinal querrán repetirlo a menudo y este proceso psíquico va a inscribirse en la experiencia vivida del niño, e incluso en su cerebro. Yo veo al bebé una hora por semana. Y ni siquiera dos o tres veces serían suficientes. Si la madre se convierte en mi coterapeuta y experimenta esta alegría muchas veces por semana, no porque se lo hayan recetado, sino por placer, el camino hacia el placer en el cerebro de su hijo permanecerá abierto y le permitirá luchar contra su incapacidad para soportar el displacer, es decir, cualquier exceso de excitación.

— ¡Ahora es el turno de mamá! ¿Querés probar mamá? –le digo.

Como Hassan dejó caer su jirafa, la madre la agarra. Y dice: *"¡Mmm!"*. Pero Hassan bajó la mirada. La madre lo llama: *"¿Bebé, Hassan?"*, buscando en vano su mirada. La madre, chasqueando los dedos, lo llama: *"¿Hassan?"*.

— Si mamá probara manifestando placer...

Intento permitirle una prosodia cautivadora. En general no me parece útil dar lecciones teóricas a los padres. La idea es encontrarnos juntos, en la experiencia. La madre se ríe y finge comerse la jirafa que Hassan intenta recuperar. Se la pone en la boca y dice:

— Oh, ¿la querés solo para vos? ¿Mamá no tiene derecho?

Hassan mira hacia abajo.

— Oh, ¿la querés solo para vos? ¿Mamá no tiene derecho?

Hassan mira hacia abajo. La madre lo llama, y como la jirafa se le escapa de las manos, ella la agarra y la aprieta para que suene. El ruido despierta a Hassan, que mira la jirafa. La madre pone la jirafa al lado de su mejilla y le dice sonriendo: *"¡Hein!"*. El bebé responde a su sonrisa. Sabemos que para que el vínculo no se rompa, la madre debe ser capaz de producir una bella prosodia.

— ¿Está rica la jirafa, mamá? –le digo.

La madre entra en el juego:

— ¡*Miam, miam*! –dice riendo y acercando su boca a la mano del bebé.

Este, sonriendo, deja su mano sobre el rostro de su madre y comienza a jugar con los bordes de su velo, cerca de sus ojos. La madre lleva puesto el velo. Ella ríe de placer y su risa es deliciosamente prosódica. Hassan pone los dedos en la boca de su madre y a ella le parecen deliciosos. Mientras frota su rostro contra el vientre de Hassan, también le pregunto por esa deliciosa barriguita. Es muy importante que esta interacción libidinal dure el mayor tiempo posible. El bebé también tiene una sonrisa feliz. Ambos son magníficos de ver. Le digo entonces:

— ¡Ah, ahí lo tenés! ¡Mamá tiene todas las miradas que quiere allí!

Mamá juega a comerle la barriga a su hijo, que le regala una hermosa sonrisa. Chirrían juntos. Luego, Hassan agarra y tira el velo de la madre, el velo le cubre los ojos. Lo veo mirarme, luego mira alternativamente en dirección al rostro de su madre y parece molesto al no poder leer más los rasgos del rostro de su madre. Le pido entonces que se lo recoja un poco. La madre, en ese impulso erótico de la situación, se arranca el velo diciendo:

— ¡Y bueno, solo estamos entre mujeres!

Nunca mostré el resto de la filmación al equipo por respeto. Pero madre e hijo continuaron jugando eróticamente, el pequeño tomaba cada vez más la iniciativa de hacerse comer los deditos con una felicidad evidente.

Demás está decir que las madres que usan velo no tienen en absoluto más predisposición a tener niños autistas que otras. En el actual clima de racismo, es mejor dejar esto en claro. Si señalo este detalle es para poner de manifiesto el gran impulso amoroso del momento así como también la identificación de la madre con la analista, que le había ofrecido un pequeño fragmento de discurso amoroso a Hassan, justo antes. Y es cierto que la analista no llevaba velo. Nunca más se volvió a sacar el velo. Y su hijo no devino autista. Recién estuvimos seguros un año después, pero en esta sesión se produjo un cambio muy importante en el modo de funcionamiento psíquico de Hassan.

Aunque otros síntomas persistieron y luego desaparecieron gradualmente, durante el año siguiente nunca volvió a estar inaccesible. Algo había cambiado en él que significaba que podía pasar de una retracción temporaria a una nueva experiencia placentera. La madre desempeñó el papel protagonista, repitiendo muchas veces con su pequeño bebé la felicidad del erotismo oral compartido. Esta mujer es digna de toda mi admiración porque supo preservar estas experiencias en el marco adecuado para no excitar demasiado a su bebé.

Poco tiempo después de esta sesión surgió una muy mala noticia: el padre perdió su empleo en circunstancias que fueron muy dolorosas para él. La madre compartió su dolor y el bebé no se retrajo como ambas temíamos. Es cierto que le insistimos mucho a Hassan que él no tenía nada que ver con lo que entristecía a su madre, que él era un bebé magnífico, y que el problema era el "trabajo" de papá. Repetí esta palabra, diciéndome que le permitía escuchar un significante diferente de "bebé". Superó esta terrible experiencia con nosotras. Pero aún no todo estaba resuelto.

La asimetría derecha/izquierda y arriba/abajo

La madre de Hassan descubrió que los movimientos de sus brazos no eran simétricos y que, con demasiada frecuencia, dejaba abandonado el lado izquierdo. También se percató de que él no movía tanto las piernas como los brazos. En aquella época yo era incapaz de tomar en cuenta lo que ella me decía. Pensaba que estaba proyectando sobre él sus temores. Y, sin embargo, hoy sé que tenía toda la razón. Este bebé presentaba una diferencia entre derecha/izquierda y otra entre la parte superior y la inferior. Esta última persistió durante todo el segundo año de vida. De hecho, Hassan recién caminó a los diecisiete meses.

En cuanto a la asimetría derecha/izquierda, me parece que se diluyó a partir de esta escena jubilosa. Al final de la sesión, sobre la colchoneta de actividades, Hassan se movía utilizando sus pies y sus brazos como nunca antes lo había hecho. André Bullinger, creador de la sensoriomotricidad, dio una gran importancia a estas asimetrías en bebés que luego devinieron autistas (Delion & Bullinger, 2016), asimetrías que también están en el centro de muchas observaciones realizadas por Geneviève Haag (1997 y 2018). Con conceptos diferentes, los dos hablan de la misma clínica.

Pienso que hoy trabajaría de otra manera con Hassan. Al mismo tiempo que la terapia vincular padres-bebés a nivel psicológico y pulsional, le pediría a un colega un tratamiento sensoriomotor del bebé con su madre. Desde entonces, hemos tenido la oportunidad de experimentarlo varias veces en el Centro Alfred Binet y luego en el Centro de Salud del Intersector del distrito 9 y 10 de París y resultó fundamental. Constatamos que estos niños así tratados ya no presentan secuelas en cuanto a la organización del esquema corporal; creo que Hassan quizás habría cesado más rápido de balancearse compulsivamente. En efecto, durante el segundo año de vida, lo que preocupaba mucho a la madre eran estos balanceos que se apoderaban de él en mitad de la noche. Se ponía en posición de cuatro patas y se balanceaba sin que ni la voz de la madre ni sus gestos tranquilizadores pudieran detenerlo. Tenía que alzarlo y apretarlo con mucha fuerza para que Hassan se detuviera. Hay que decir que, entre sus doce y dieciocho meses, todos estábamos preocupados por su hermano autista, luego del descubrimiento de una malformación que hacía sospechar un síndrome de Bourneville y, por ende, también sobre Hassan. Los resultados de los exámenes, que fueron negativos, tardaron mucho en llegar. Fue un momento muy difícil para la madre.

El juego de la cocina o la pulsión oral sublimada

Lo que, en mi opinión, sacó definitivamente a este niño del peligro de desarrollar autismo fue el descubrimiento del juego de la cocina. Veamos cómo sucedió esto y qué importancia darle a este juego desde un punto de vista tanto metapsicológico como neurocientífico. Hassan, de quince meses, está sentado en el suelo, con su madre al lado. En aquel momento yo ponía especial énfasis en los juegos simbólicos. Mientras toma un marcador y comienza a girarlo en un pote de plástico, tengo la ilusión de que quiere jugar a cocinar. Voy a buscar mi juego de cocina para que pueda jugar mejor. Tiene una cuchara grande en la mano y observa asombrado cómo su madre juega con una pequeña, revolviendo en su taza. Es obvio que conoce las tazas y las cucharas de su experiencia cotidiana. Pero allí, estas señoras (la mamá y la analista) juegan sin que haya nada dentro de la taza y, además, se ríen mientras hacen como que lo prueban y les parece rico.

— ¡Es gracioso, ¿no?! ¡Podemos jugar a comer! –le digo.

— ¡*Miam, miam, miam*! dándole de comer con la cuchara del juego –responde la madre.

Él sonríe. Le señalo que su hijo entiende este juego de "como sí".

— ¡Sí! –exclama Hassan y la madre repite en eco.

Ella le da más comida y él abre la boca con apetito por esta cuchara del juego. La analista dice:

— ¿Y la señora Laznik? ¡Ella también quiere un poco!

— A veces me da de comer –dice la madre.

— Él te da de verdad. Esto es para jugar.

La madre abre mucho la boca y guía la mano de su hijo para que la cuchara entre en su boca. Hassan observa su rostro mientras ella está en éxtasis de placer.

— ¡Otra, otra, otra! –insiste la madre.

Lleva la tacita cerca de la cuchara del niño que revuelve. Vuelve a abrir la boca:

— ¡Ahh! ¿Para mamá? –dice ella.

— ¿Está rico? –le pregunto.

Sé que el éxito de este juego dependerá de la prosodia de placer que lo acompañe. Pero Hassan baja la cabeza. La madre lo llama:

— ¿*Hassanou*?

Él la mira y se lleva la cuchara a la boca bien abierta mientras las dos mujeres acogen este gesto con evidente júbilo. Fue con una amplia sonrisa que la madre le dijo dulcemente:

— ¿Para mamá otra vez?

Le entrega el plato pequeño y dice:

— ¡*Aham*!

Un sonido que su hijo repite. Pido algunos para mí también, pero ese día toda la atención es para su madre, lo que contrasta con lo que ocurría habitualmente en las sesiones. Solo puedo alegrarme. Hassan remueve la cuchara en la taza y cumple con las peticiones de su madre llevándola a su boca. También allí su gesto es recibido con un estallido de celebración.

Estoy particularmente interesada y me tranquiliza lo que allí está sucediendo. Hassan, sin saberlo, está en proceso de superar una de las pruebas patognomónicas del CHAT. Este test, validado en Inglaterra con dieciséis mil bebés, presenta dos preguntas que diferencian a los bebés en riesgo de devenir autistas de los demás. Una de ellas se denomina la capacidad de hacer "como si". Se trata de pedirle a un niño de dieciocho meses, al que se le presenta un juego de cocina, que le sirva café o té a su madre y/o al examinador. Hassan solo tiene quince meses. Creo que esta es la única sesión donde comenté algo de "teoría" con la madre. Le hablé del test. Aún continuaba muy preocupada por el incesante balanceo nocturno. El resto de la sesión transcurrió del mismo modo, Hassan muy feliz de experimentar su nuevo poder.

En los días siguientes, Hassan alimentó abundantemente a todo el personal de la guardería y pudieron apreciar, como correspondía, los platos que él les ofrecía. Durante tres meses, el restaurante ocupó un lugar destacado en nuestras sesiones. Hassan estaba muy atento a la boca de su interlocutor que se abría. Los bebés típicos también juegan el juego de cocina. Pero he observado que en los bebés con riesgo de autismo este juego es mucho más frecuente, como si tuvieran que asegurar un camino repetido hacia el placer del otro para contrarrestar su tendencia a retraerse. En tanto psicoanalista disfrutaba ser testigo de cómo el tercer tiempo del circuito pulsional funcionaba bien en él.

A partir de cierta edad, el bebé deja de ofrecer partes de su cuerpo. Se ofrece, de modo sublimado, a través de los ricos platos en un juego del como sí. Pero esta investidura de la oralidad tuvo otra consecuencia importante: la aparición del lenguaje.

Fragmento de una sesión cuando Hassan tiene 19 meses

Hassan está parado frente al espejo, concentrado en su tacita y en la cuchara. Su madre está en el suelo, muy cerca de él, mirándolo y sonriendo en el espejo. Estoy más lejos, en una mesa pequeña. Ya no me necesitan tan pegada a ellos. Hassan se vuelve hacia su madre, que lo mira con amor y admiración. Se inclina hacia ella para darle de comer con su cuchara y su taza, la madre finge encontrarlo delicioso y yo comento en *off*. Hassan se acerca a la mesita donde estoy y sobre la cual hay un plato pequeño. Juega a llenar su cuchara y me la ofrece, mirándome a los ojos. Estoy extasiada con lo que me da de comer, su madre está encantada y él se sirve solo. Luego, se admira en el espejo mientras le digo:

— Y en cuanto al lenguaje, ¿hay palabritas?

La madre cuenta que él dice: *"Papá"*, y cuando ella le cambia el pañal, dice: *"¡Apesta!"*.

— ¿Apesta? –esto me parece muy gracioso y me río, Hassan me mira, feliz de volver a sorprenderme.

— También dice gracias, y mamá.

Se pone a jugar al escondite conmigo.

— ¿Decís *cu-cu* también? –le pregunto.

— Sí y adiós. Le encanta decir adiós cuando salimos de la guardería.

Hassan sonriendo, hace un magnífico gesto de adiós con la mano.

Una lectura neurocientífica del cambio en Hassan

Le doy la palabra aquí al profesor Marcos Mercadante[4] sobre Hassan:

4. El profesor Mercadante, ya fallecido, fue el director del departamento de Psiquiatría Infantil de la Facultad Paulista de Medicina, en Brasil. Él tenía una notoriedad mundial en el campo de las investigaciones neurocientíficas sobre el autismo; por esta razón fue que nos encontramos. Pese a la heterogeneidad radical de nuestros campos de abordaje, logramos descubrir puntos de convergencia. Él me ha invitado a presentar un tratamiento de un bebé en su seminario. Aquí compartimos la transcripción de sus comentarios grabados.

Aquí vemos cómo el entorno inscribe el comportamiento en términos del cerebro social. Al principio, Hassan simplemente ponía el marcador en un cubo. Hubo ahí un desarrollo del cerebro más bien en términos geométricos. Luego simplemente estaba experimentando, poniendo la cuchara en la olla pequeña. Hay dos cosas que hicieron ellas (la madre y la psicoanalista) que, desde el punto de vista de la plasticidad cerebral, me encantan. Reconectaron estos circuitos de experimentación con dos funciones que son sociales. Una, se trata de dar algo en la boca. Para mí, simplemente lo estaba introduciendo en otro agujero, pero ellas le atribuyeron significado y, como resultado, activaron el sistema límbico de placer, ellas estaban super excitadas, él entonces construyó redes. Con este *input* de recompensa, hay muchas cosas que excitan el cerebro cuando hago eso: dar en la boca de mi madre. Es esta construcción la que creo que algunos niños hacen fácil y espontáneamente, disfrutan de todo, todo el tiempo.

Para otros niños, tiene que haber alguien que pueda encontrar el nivel adecuado de estimulación cerebral para que puedan realizar estas asociaciones. Pero para que todo esto funcione, las neuronas deben permanecer estables cuando se conectan. Para que este circuito se estabilice y pueda ser utilizado, esta sinapsis debe permanecer, debe someterse a la famosa LTP, la *long-term-potentiation*, que describió Eric Kandel. Si no se estabiliza, es decir, si no hay una conexión para siempre, fracasa y probablemente permanezca con la conexión anterior, la de las relaciones geométricas, espaciales. Y todo esto depende de la cantidad de placer.

Agradezco al profesor Mercadante esta clarificación que pone de manifiesto la necesidad, para nosotros, de mostrar nuestro júbilo y, para Hassan, de venir a buscarlo muchas veces, como si no fuera un problema resuelto.

Una lectura psicoanalítica de los cambios en Hassan

En mi opinión, gracias a que Hassan estableció con su madre juegos pulsionales en los que se recorrían los tres tiempos, ya no estaba en peligro. He aquí la hipótesis que veinte años de investigación han permitido demostrar: la patología autística primaria en un niño sería concomitante con el no establecimiento del "circuito pulsional completo" por la ausencia de su tercer tiempo. La publicación del protocolo Oliac (Olliac et al., 2017), también conocida como PRÉAUT, demostró que existía una base científica para esta hipótesis.

Es en Lacan que encontré destacado este tercer tiempo, especialmente en su lectura del texto de Sigmund Freud sobre la pulsión (Lacan, 1964/1973, *El Seminario XI: Los cuatro conceptos fundamentales del psicoanálisis*). Pero es la clínica del autismo con niños muy pequeños la que me impulsó a investigar lo que podría sernos útil.

Cualesquiera que sean las causas, el bebé que se encamina hacia el autismo tiene una falla en el establecimiento del vínculo pulsional con el Otro, sin el cual ningún sujeto puede advenir. El papel clínico del analista será entonces el de poner en marcha ese vínculo.

Las investigaciones actuales han demostrado que, en muchos casos, los factores genéticos de susceptibilidad juegan un papel importante y la incidencia en la familia de Hassan de tres casos de autismo es una prueba de ello. Esto no cambia nada en el trabajo de reanimación pulsional que el analista puede realizar con el bebé y su madre o cuidador.

La relación entre el bebé y el Otro se constituirá sobre tres registros: las pulsiones invocante[5], escópica y oral. Pero, ¿qué entendemos por pulsión? En el seminario de 1964, Lacan hace una detallada relectura del texto de Freud de 1915, "Pulsiones y sus destinos". Se trata de un análisis de la primera teoría de las pulsiones, a la luz de la segunda.

Lacan comienza abordando uno de los puntos de mayor contradicción del texto freudiano, el de la posible confusión entre el registro de la pulsión y el de la necesidad vital. En 1915, Freud acababa de crear su concepto de pulsión, él mismo decía que iba a tener que sufrir modificaciones. ¿Es la pulsión el representante psíquico de las excitaciones que provienen del interior del cuerpo? Freud pone como ejemplo el hambre y la sed. Por su parte, Lacan mostrará que el hilo que lleva a Freud a forjar este concepto es otro.

Citemos a Lacan (1964/1973): *"Para la Trieb, no se trata del organismo en su totalidad ¿Es el ser vivo el que está interesado? No"*. Esto tiene consecuencias en la clínica. Esta demarcación es la que permite utilizar el concepto de "fracaso en el establecimiento del circuito pulsional completo" en el autismo, sin que se nos pueda replicar que debido a que hay vida, mantenimiento de la vida, la pulsión estaría en funcionamiento[6]. Lacan examinará los cuatro componentes de la pulsión: el empuje, la meta, el objeto y la fuente. Lo que caracteriza al empuje es que es una fuerza constante:

5. El concepto de pulsión invocante fue postulado por Lacan.

6. El desconocimiento de esta demarcación podría dar cuenta de la ceguera de los autores de países anglosajones sobre el interés mayor del concepto de pulsión en la clínica de las patologías precoces.

> La constancia del empuje prohíbe cualquier asimilación de la pulsión a una función biológica, la cual siempre tiene un ritmo. La pulsión no tiene ni subidas ni bajadas. (Lacan, 1964/1973: 150).

Precisiones de este orden son las que permiten a un médico de la primera infancia sospechar que no todo va necesariamente bien en un bebé, aun cuando sus funciones biológicas están adecuadamente ritmadas. En cuanto a la meta, se trata de lograr la satisfacción pulsional que consiste en completar un bucle en tres tiempos. La pulsión debe realizar un cierto recorrido. Es este recorrido el que interesa a Lacan en la noción de satisfacción, que insiste en separar radicalmente toda satisfacción de una necesidad orgánica.

En cuanto al objeto, Lacan distingue, nuevamente, entre la necesidad y la satisfacción pulsional:

> Ningún objeto de la necesidad puede satisfacer la pulsión. La boca que se abre en el registro de la pulsión no es de alimento que se satisface. (Lacan, 1964/1973: 198).[7]

A la enumeración habitual de Freud: pecho, pene, heces, Lacan añade la mirada y la voz. Estos dos últimos objetos son centrales en la clínica del lactante/bebé, las pulsiones anales y fálicas aún no le conciernen. En cuanto al pecho, queda muy contaminado de su valor como objeto de satisfacción de la necesidad nutricional, y veremos cómo la satisfacción de la pulsión oral es de otro registro, ella también requiere que se complete el circuito en tres tiempos.

Lacan mantiene el término de pulsión solo para las pulsiones sexuales parciales y pondrá todo lo que concierne a la conservación del individuo lo que Freud llamó *Ich Triebe*, las pulsiones del yo, en un registro diferente, que llamará "campo narcisista del amor". Por lo tanto, todo el registro de la necesidad queda fuera del campo pulsional.

La satisfacción de la pulsión no es otra cosa que la realización de un trayecto en forma de circuito que desemboca en su punto de partida. Trabajando en detalle este circuito pulsional en tres tiempos, descrito por Freud, Lacan introducirá lo que me parece lo más interesante y lo más inaudible de los elementos de su concepción de la pulsión: la emergencia del sujeto de la pulsión. Lacan fuerza, en cierto sentido, el texto freudiano, forzamiento que es extremadamente valioso como herramienta de trabajo para una clínica como el autismo.

---

7. El mismo Lacan no formuló hipótesis a partir de esta afirmación que implica una revisión completa de la teoría del apuntalamiento.

Freud dice que la pulsión tiene tres tiempos y que es en el tercero que aparece un nuevo sujeto[8]. Lacan añade:

> Este sujeto, que es propiamente el otro, aparece en la medida en que la pulsión ha podido cerrar su recorrido circular. Sólo con su aparición en el nivel del otro puede ser realizada la función de la pulsión. (Lacan, 1964/1973: 162).

De estos tres tiempos, Freud dice que el primero es activo: el bebé (en el caso que nos interesa) se dirige hacia un objeto externo, el pecho o la mamadera; que el segundo tiempo es reflexivo, tomando como objeto una parte del propio cuerpo, el chupete o el dedo, y que el tercero, que Freud describe como "pasivo", es cuando el bebé deviene objeto de un otro, ese famoso nuevo sujeto (la madre, por ejemplo). Fue una niña autista de cinco años, Halimata, quien, junto con su analista Nora Woscoboinik-Scheimberg, nos enseñó la importancia clínica de este tiempo para un niño (Laznik & Saint-Georges, 2013).

Lacan va a modificar este tercer tiempo, pasivo en una forma activa de pasividad. Lo llama el tiempo del "hacerse". Este matiz es de primordial importancia clínica. Este tercer tiempo del circuito pulsional, ese momento en el que el bebé va a hacerse objeto de un nuevo sujeto, el futuro autista no lo conoce.

El *Proyecto* de Freud para la comprensión del autismo

Crucemos ahora lo que acabamos de recordar brevemente sobre el circuito pulsional con lo que Freud propone en el *Proyecto* (Freud, 1895/1996). Cuando tiene lugar el tercer tiempo del circuito pulsional, algo de la representación del deseo (*Wunschvorstellung*) se inscribe en el polo alucinatorio de satisfacción primaria. Quedará una huella no solo de las características de este prójimo auxiliador, que es el Otro (*Nebenmensch*), sino también algo del registro de goce de este Otro[9]. Cuando el bebé se encuentre solo con su chupete y sienta la necesidad de mamar, el investimento será enviado hacia el polo alucinatorio de la satisfacción y se reactualizará la representación de deseo. Esto es lo que dice Freud en el *Proyecto*.

Volviendo a la pulsión oral que acabamos de describir, podríamos decir que, en la experiencia alucinatoria de satisfacción, el bebé reen-

---

8. No se trata de sujeto del inconsciente, concepto creado por Lacan.
9. Lacan denomina a esto las coordenadas del placer del *Nebenmensch*, del prójimo auxiliador.

cuentra la risa de placer de su madre. A partir de ahí, cuando regrese el segundo tiempo del circuito pulsional, será verdaderamente autoerótico porque, una vez recorrido el tercer tiempo, habrá *Eros* en el segundo.

Si no se alcanza este tercer tiempo, si el circuito se bloquea entre el primero y el segundo, entonces nada garantiza que el autoerotismo no esté desprovisto de la marca del vínculo con el Otro, que es el *Eros*. Si sacamos *eros*, autoerotismo se lee: autismo. Nada garantiza entonces que el sistema de pensamiento inconsciente pueda constituirse, porque están ausentes: la metáfora, la metonimia, el proceso de condensación y el de desplazamiento.

Vuelta a la clínica de Hassan

Lo recibí algunas sesiones más y luego los padres se fueron a Argelia en las vacaciones de verano, a visitar a la familia de la madre. Al intentar regresar a Francia, surgieron inconvenientes con la documentación y por ello demoraron seis meses más en poder volver. Yo tenía mucho miedo de que Hassan recayera. ¡Pero lo encontré sonriendo y hablando cabilio! La madre me comenta que ella también temía una recaída, que había pensado en nuestro trabajo y que había pasado la mayor parte del tiempo jugando con él. El resultado fue excelente. Quince días después, Hassan ya empezaba a hablar francés de nuevo. Mientras tanto, se habían mudado a un barrio más lejano.

Seguimiento

Volví a ver a Hassan cuando tenía ocho años. La madre volvió a ponerse en contacto conmigo porque estaba preocupada por otro hijo. Efectivamente, después de mudarse de nuestro barrio, la madre tuvo tres hijos más. El que siguió a Hassan no tuvo ningún problema, pero los dos siguientes se encontraban dentro del espectro autista.

No pude seguirlos personalmente porque ya no vivían en nuestro sector, así que los derivé al sector correspondiente a su domicilio. Hassan se mostraba muy atento a todas las dificultades maternas, apoyándola lo mejor que podía. Según ella, él no solo era el más brillante de sus hijos en el plano escolar, sino también el más atento a las dificultades de sus hermanitos. Quería saber si yo había publicado un libro sobre él. En aquel momento solo había un artículo. Ahora podría enviarle este.

CAPÍTULO 9

Tratamiento conjunto de un bebé con su mamá desde los cuatro meses a los dos años de edad

Cómo utilizar la voz para encantar a un bebé con riesgo de autismo[1]

Marie-Christine Laznik

La Sra. P había sido motivo de preocupación para el equipo de PMI (Protección Maternal Infantil) desde antes de que naciera Sonia. Concurría allí desde el nacimiento de su hijo mayor, un nacimiento muy largo y doloroso para la madre. El niño se desarrolló muy bien. Pero en cuanto supo que estaba embarazada nuevamente, la Sra. P se puso nerviosa, temiendo volver a vivir esta dolorosa experiencia. Su angustia también estaba basada en el hecho que la familia había pasado de tener buenas condiciones materiales en Túnez, a vivir en una pequeña casa en París en la que no tenían dónde alojar al nuevo bebé. Por razones religiosas, el aborto era impensable. En este contexto nació Sonia, a la que conocí a los cuatro meses y medio, enviada por el médico del PMI, que no podía captar su mirada, como tampoco podían hacerlo sus padres ni la puericultora a domicilio. La madre y los dos niños debían partir cuatro semanas más tarde hacia Túnez, donde pasarían dos meses y medio. Así que solo disponía de cuatro semanas para trabajar con la niña antes de su viaje. Pronto me di cuenta de que, si bien el estado de angustia de la madre había precedido al nacimiento de Sonia, su rechazo relacional la había sumido en un estado de depresión grave. Este rechazo era tan intenso que se planteó la cuestión de posibilidad de evolución autista, incluso si la depresión de la madre podría evocar un riesgo de depresión del lactante para Sonia. Me confrontaba de esta

1. Publicado en: Laznik, M.-C. (2023). Comment enchanter par la voix un bébé en danger d'autisme. Dans Bernard Touati, Fabien Joly, Marie Christine Laznik, *Autismes, Corps et psyché* (pp. 67-97). Presses Universitaires de France (PUF).

manera a una duda diagnóstica que podía tener consecuencias para la técnica psicoterapéutica a seguir.

Retrospectivamente, revisando las filmaciones de las sesiones de Sonia, me doy cuenta de que, además de tranquilizar a la madre, estaba utilizando mi voz para conseguir la reanimación psíquica del bebé, que es lo que hago cuando supongo la posibilidad de autismo. Es cierto que la evaluación sensoriomotriz –método André Bullinger (2007)– realizada tres meses después, también mostró indicios que apuntaron en esta dirección.

Durante la primera sesión, Sonia durmió prácticamente todo el tiempo y la madre pudo contarme sus preocupaciones. En primer lugar, las condiciones insoportables en las que viven, que con razón la desesperan. Dice lo mucho que le hubiera gustado otra cosa para alojar a su hija. Luego habla del trauma del nacimiento de su hijo. El parto de su bebé anterior fue muy difícil. Durante doce horas, los médicos intentaron aumentar la dilatación del cuello del útero introduciendo un dilatador para evitar una cesárea. Al final, se dieron cuenta de que presentaba una circular de cordón y procedieron a la intervención. Implicó mucho padecimiento para la madre, y durante todo el embarazo siguiente temió volver a pasar por lo mismo. Es muy probable que este parto doloroso haya dañado la calidad del suelo pélvico y repercutido en el diálogo tónico-emocional entre el útero y Sonia siendo feto, como señala Annik Beaulieu (2021), especialista en la materia.

Luego me contó su propia historia de bebé, cómo había sido criada por su abuela paterna porque sus padres, que eran muy jóvenes, no habían terminado sus estudios y no podían alojarla en su cuarto para estudiantes a sesenta kilómetros de la casa de su abuela. La buscaron cuando tenía dieciocho meses, en tiempos en que al padre le habían dado una vivienda de la empresa en la cual trabajaba. En ese momento se enfermó tanto que los padres se vieron obligados a llevarla nuevamente a casa de la abuela, quien la crió hasta su matrimonio a los dieciocho años, un matrimonio concertado por el padre de la Sra. P. con un primo lejano que vivía en París.

En la siguiente sesión, Sonia está completamente despierta y la madre nos muestra –a la pasante y a mí– cómo su hija la rechaza activamente, un rechazo que es igual de activo cuando le habla en tunecino o en francés. La madre sostiene a Sonia en sus piernas, frente a ella, y a veces la levanta para que la mire a los ojos. Pero la niña da vuelta activamente el rostro, con gesto triste. Es cierto que en esta posición no hay un fondo que sostenga la espalda del bebé, y sabemos por los trabajos de Geneviève Haag (2018) y Bullinger (2015) que los bebés con riesgo de autismo necesitan de ese apoyo dorsal para poder comunicar[2].

La madre termina sus infructuosos intentos con un último: *"¡Mira, cou-cou, cariño!"*. Y dirigiéndose a Laznik: *"Así, nunca me mira y no sé por qué"*. No creo que sea útil observar mucho tiempo a una mamá fracasar, cuando el rechazo del bebé a la relación parece tan instalado. Además, solo me quedan tres sesiones antes de su partida. Le propongo a la madre que coloque a Sonia cómodamente en su panza y, una vez que tiene este buen apoyo dorsal, le hablo sentada en el suelo frente a ella, con mi cara a su altura[3]. El trabajo de un psicoanalista que inicia una terapia con un bebé en riesgo de autismo requiere que sea sensible a las más mínimas señales del bebé. Algunos bebés no toleran esa proximidad y su atención solo puede captarse a distancia. Le hablo al bebé:

— Hablamos de lo mal que lo pasó mamá cuando nació tu hermano. Y del miedo que mamá tenía todo el tiempo cuando tú estabas en su panza. Cuando ella pensaba en eso, tú debías de sentir un shock, ¡así! Pero no fue culpa tuya, ¿sabés? En el embarazo no fueron muy amables con mamá.

El bebé escucha atentamente, inclinándose un poco hacia Laznik, que está a sus pies. Como Sonia vocaliza, yo respondo:

— Ah, ¿sí? Pero cuando un bebé babea así, es que tiene un poco de reflujo. Hablaremos con tu pediatra. También hablamos de que naciste muy pequeña, pero ya te estás recuperando.

Es urgente que la mamá también pueda comunicarse con su hija. Ubico a Sonia en el suelo, teniendo en cuenta lo que nos han enseñado las investigaciones de Bullinger y Haag: no solo un apoyo dorsal, que en este caso es el suelo, sino también un ligero balanceo de la pelvis, coloco el almohadón de lactancia bajo la cabeza y otro, muy pequeño, bajo los pies y la parte inferior de las piernas.

Se trata también de permitirle unificar sus dos hemicuerpos, derecho e izquierdo, el almohadón de lactancia pasa por debajo de sus dos

---

2. Haag piensa también que las dificultades de organización corporal pudieron originarse en la vida fetal.

3. El trabajo de un psicoanalista que emprende una terapia con un bebé en riesgo de autismo requiere sensibilidad ante las señales más pequeñas del bebé. Algunos bebés no toleran esa proximidad, y es desde más lejos desde donde se puede captar su atención.

brazos, juntándolos y permitiéndole tocar una mano con la otra[4]. La psicoanalista y la madre están en el suelo, a los pies de Sonia que puede verlas. Ese bebé, al igual que otros que tienen un riesgo de autismo, no tienen la capacidad para juntar los hemicuerpos, ni en el plano vertical entre la parte superior y la inferior, ni entre la derecha y la izquierda. Cuando se los acuesta en el piso, en el cambiador o en su cuna, es como si se desparramaran y son incapaces de entrar en comunicación, o de beneficiarse de la prosodia del *maternés*. Lo primero que hay que hacer, por tanto, es ofrecerles una posibilidad de reagrupar el cuerpo, que suele estar fragmentado. (Dicho sea de paso, el término fragmentado es inadecuado, ya que sugeriría algo que ha sido agrupado y luego roto en pedazos. El concepto de desmantelamiento plantea el mismo problema). Para entrar en contacto con un bebé en riesgo de autismo, también hay que tener en cuenta el ritmo y la distancia que puede soportar para que sea posible un entonamiento, en el sentido de Daniel Stern. Cuando le propongo esta posición, Sonia me mira, pero como me desplazo demasiado rápido, provoco inmediatamente que Sonia cierre las manos; pero sigue en contacto con la mirada.

— ¡La señora Laznik se movió demasiado rápido! –le digo, y luego tomando el lugar del bebé–. ¡No me pidió permiso!

Sonia balbucea.

— ¿Todo eso? ¿Es verdad? –continúo.

Sonia adelanta un poco la mano, pero la mantiene cerrada.

— ¿Querés darme tu mano cerrada?

La prosodia de Laznik transmite una divertida admiración por esta bebé vestida toda de rosa. Sonia sonríe.

— Fabricaste un bebé muy sonriente, ¿no te parece? –y sigo hablando en nombre del bebé–. *Chouf, maman*, ¡qué bebé tan bonito soy!

Chouf significa "mira" en darija, el árabe dialectal utilizado en el norte de África. Compruebo con la madre que también se dice así en Túnez. La madre:

4. En las investigaciones científicas sobre la prosodia del *maternés*, se ha demostrado que los futuros niños autistas responden a ella, pero no siempre. La hipótesis actual que estamos haciendo, pero que necesita ser probada por la investigación científica, es que necesitan, al mismo tiempo, un fondo, un apoyo dorsal, que es lo que estoy haciendo para Sonia aquí. Véase Laznik & Saint-Georges (2013).

— ¿Puede tranquilizarme? ¿Está bien Sonia? Con usted está bien, ha cambiado completamente, pero conmigo...

— Quiero que sea así con usted todo el tiempo –respondo–. Ese es nuestro objetivo. Es capaz, pero tiene un factor de hipersensibilidad. No sé de quién lo ha heredado, si de papá o de mamá.

— De mí –dice la madre.

De la preocupación por su bebé, que no la mira y por la que puede temer una discapacidad, la madre pasa a la posibilidad de identificarse con la hipersensibilidad de Sonia, que vendría de ella. Este bebé es como ella. Este movimiento es indispensable al inicio del tratamiento de un bebé con rechazo relacional. Hay bebés resilientes que pueden soportar mirar a madres deprimidas o angustiadas. Por otro lado, los bebés que están bien y se niegan a entrar en contacto con una madre enferma se aferran a otras personas que se ofrezcan a cuidarlos. No es el caso de Sonia. Para conseguir que me mire, tengo que recurrir siempre a una compleja estrategia. En primer lugar, organizar este pequeño cuerpo fragmentado. En segundo lugar, tengo que utilizar una estrategia mental, porque solo responderá a mi *maternés* si es portador de un encantamiento frente a ella.

Me parece entonces importante que la madre vuelva a contarme su historia de bebé, que me había contado cuando su hija estaba dormida en la sesión anterior.

— ¿Te importa que mamá me hable de *gida*?[5] Yo te miro y escucho a mamá.

La mamá cuenta:

— Mi abuela me crió. Cuando tenía dieciocho meses me llevaron a la casa de mis padres que por fin tenían lugar para un bebé.

Mientras la madre habla, Sonia dirige su mirada a la luz en el techo.

— ¿Por qué será que Sonia se puso a mirar el techo? –le pregunté.

— ¿Por qué no le estamos hablando a ella?

— Porque sintió su tristeza. Es hora de contar la historia del bebé que sufrió. ¿Se da cuenta de su fineza? –y dirigiéndome a Sonia–. No es tu historia, es la historia de mamá con su *gida* y su madre.

---

5. *Gida* quiere decir abuela en árabe, y la madre me había contado que así llamaba ella a su abuela.

— Así que me crié con mi abuela hasta el día en que me casé.

— Así está omitiendo la tragedia –le digo.

— Sí, cuando tenía dieciocho meses me fui con mi madre y me enfermé: fiebre, no paraba de llorar, me llevó a muchos médicos. Nada funcionó. En cuanto me llevó a casa de mi abuela, volví a ser un bebé contento.

Está claro que en aquel momento nadie pensó que debía haber un traspaso entre esta abuela, que desempeñaba el papel de madre del bebé, y la madre, a la que solo veía los fines de semana. Los padres tuvieron otros hijos, pero ella se quedó con su abuela hasta su matrimonio "arreglado", práctica que sigue siendo bastante habitual en el norte de África.

Al principio de la tercera sesión, le cuento a la madre que habíamos visto el video de la sesión anterior con algunos colegas y que todos habían hablado de los gestos de Sonia, y les habían parecido bonitos. La madre, asintiendo con la cabeza, me dice que su visión respecto a los gestos de su hija es diferente y que le preocupan. Hace mímica moviendo el brazo arriba y abajo con el brazo izquierdo. Ahora conozco los trabajos de Bullinger (Delion & Bullinger, 2016) y de Haag (1997) sobre este tema. Sé que los bebés con riesgo de autismo presentan ese tipo de asimetría y cuando, luego en la sesión, instalamos a Sonia en el piso, a pesar de todas las acomodaciones de su cuerpo, esos movimientos descritos por la madre son evidentes. Sonia mueve su rígido brazo derecho. Sin dejar de reconocer la importancia de lo que la madre nos dice, la estrategia del analista es la de obtener el deslumbramiento del bebé gracias a la voz.

La madre señala que Sonia a veces la mira en su casa:

— Por ejemplo, cuando paso, ¡Me mira así! Me sigue. Antes no lo hacía. Pero a veces sigue girándose.

La madre demuestra cómo su hija puede todavía rechazar activamente la relación con ella. La pone en sus piernas con la cara frente a ella. La espalda de la niña vuelve a estar sin apoyo, lo que dificulta mucho el contacto con Sonia, como si toda su energía estuviera concentrada en mantener esa posición inestable. La madre la llama y, como en cualquier llamada, hay un elemento de angustia ante una posible negativa. Estos bebés con riesgo de autismo, debido a su excesiva empatía emocional, se ven rápidamente desbordados por la angustia materna transmitida en la llamada a la que son incapaces de responder. En la situación actual, cuanto más oye Sonia la angustia en la llamada de su madre, más se aparta hasta que su mirada se "agarra" al techo.

— ¡Hola, cariño! Acá está mamá. ¿Sonia? ¿Sí? Hola, cariño. ¿Qué hacés?

— ¡Estoy mirando al techo, mamá! –digo en lugar del bebé.

No puedo dejar a la madre con semejante fracaso, sobre todo teniendo en cuenta que la familia se va a Túnez durante dos meses y medio. Mi objetivo en esta sesión será suscitar en la madre la prosodia del *maternés*. Sé que el bebé mirará entonces en su dirección. No creo que se pueda enseñar a las madres esta prosodia porque crea un falso *maternés*, es decir, algo parecido pero que no capta al bebé. Una emoción compleja como el asombro, el deslumbramiento, que implica sorpresa y placer, no se puede conseguir a demanda. En cambio, mi experiencia me ha demostrado que una madre puede experimentarlo identificándose con el analista si la transferencia es positiva, lo que ya supone que el analista puede estar en una posición afectuosa y no prejuiciosa con respecto a la madre.

Así que acomodo al bebé en el suelo, con el almohadón de lactancia, que le sostiene la cabeza y ambos antebrazos, y le eleva ligeramente la parte inferior de las piernas. Este trabajo de "instalación" me informa, *a posteriori*, que mi hipótesis es un riesgo de autismo en el bebé y no una depresión en respuesta al estado de angustia y depresión de la madre. Como solo me queda esta sesión, voy a pasar muy rápidamente a la reanimación psíquica del bebé, lo que no habría hecho si hubiera tenido otras sesiones. La madre y yo estamos en el suelo, a los pies de Sonia. Hago la mímica de probar el pie de su bebé y se lo ofrezco. Digo a la madre:

— Seguro que son medialunas chiquitas, ¡qué rico!

En el estado de ensoñación en que puede haberme sumido la visión del bebé Sonia, percibo este delicioso olor en su piecito. Pero intuyo que a la madre no le dice nada. Hablamos de repostería. Sus favoritos son los triangulitos empapados en miel. Se le hace agua la boca cuando me los menciona. Luego, cuando volvió a probar el pie de su bebé, se sorprendió, al oler el pastel de su infancia.

— ¡Qué bueno está! ¿Tienen azúcar? ¿Tienen miel? –dice la madre a Sonia– ¿Es rico? ¿Querés un poco más? ¿Me das el piecito?

Para evitar cualquier tipo de decepción por parte de la madre, que le haría perder la prosodia que por fin ha conseguido, le digo: *"Es la primera vez, ya llegará, ya verás"*. Como muchas madres, la madre tiende a lanzarse sobre el bebé para besarle el cuello. Como resultado, Sonia se retira inmediatamente de la relación. Cuando le besa los pies, Sonia lo tolera mucho mejor. La madre y yo pasamos un rato pensando cómo evitar que los miembros de la familia norafricana, como es costumbre, se lancen sobre el bebé y lo llenen de besos. Los bebés comunes, llamados con "desarrollo típico", son resistentes y pueden soportar este tipo de arrebatos, incluso beneficiarse de ellos, en cierta medida. No es el caso de los bebés hipersensibles con riesgo de retraimiento. Obviamente no es necesario hablar de riesgo de autismo a los padres a esta edad. En las familias donde ya hay un niño autista, son los propios padres quienes introducen la palabra.

En el caso de Sonia, se trata de ofrecer a la madre formas de afecto que el bebé pueda soportar.

— Mamá, ¿viste lo que me gusta? Puedo soportarlo. Puedo sacar mi piecito –digo en lugar del bebé, y ahora dirigiéndome a la madre–. Está muy contenta –y la madre asiente–. Me gusta mucho cuando mis súbditos me besan los pies –sigo en el lugar del bebé–. Efectivamente, la madre y yo estamos a los pies de su alteza –lo que hace reír a la madre–. Cuando dicen que soy un delicioso bebé de miel, me encanta.

— Sí, ¿está bueno? ¿Otra vez? –le pregunta la mamá a Sonia, saboreando su pie.

A la madre le gustaría saber si su hija disfruta con los besos que le da en los pies, lo cual es muy respetuoso de su parte y demuestra que está haciendo la hipótesis de un sujeto en su bebé. Pero mi objetivo es el contrario: necesito encontrar placer en la madre y no en el bebé. Sé que es la sorpresa ante su propio placer lo que desencadenará la prosodia del *maternés*, y para el bebé, la experiencia de cómo despertar este goce en el Otro primordial[6].

— ¿A mamá le gusta? –pregunto.

— ¡Sí! ¡Oh, sí! ¡Está muy rico! ¡Tiene miel! –enseguida me sigue la corriente.

El bebé mira a su madre con los ojos entrecerrados. Para acentuar la sorpresa y, en consecuencia, un movimiento más pronunciado de la prosodia, sugiero a la madre que pruebe el otro pie, como si cada uno tuviera un sabor diferente. En efecto, así lo hace, y a medida que su prosodia se vuelve más melódica, los ojos de su hija, que la observan,

6. Veremos más adelante que Sonia descubrió bastante rápidamente, tras su regreso de Túnez, cómo desencadenar el de su psicoanalista. Para el de su madre haría falta mucho más tiempo.

se abren más. Esto no quiere decir que Sonia ya no corriera riesgo de autismo. Hoy en día, hay suficiente evidencia científica para asegurar que incluso los bebés que más tarde se vuelven autistas responden a esta prosodia (Cassel et al., 2013).

La voz y la prosodia del *maternés*

En los años noventa, creamos grupos de trabajo sobre el lenguaje del lactante. Uno era con colegas de la SPP del Centro Alfred Binet y el otro con colegas lacanianos. Nos interesamos por los estudios de los psicolingüistas sobre este tema. Uno de sus artículos me llamó especialmente la atención porque hacía planteos importantes para nuestra clínica y nos remitía a herramientas dejadas por Sigmund Freud y desarrolladas por Lacan. Se trata de un artículo de Anne Fernald sobre la prosodia de la voz materna. Descubrió que los recién nacidos tenían una preferencia oral exacerbada por una forma particular de voz materna, el *motherese* (*maternés*).

El *maternés* tiene una serie de características específicas en cuanto a gramática, puntuación, escansión y una prosodia particular[7]. La autora se interesó por las características prosódicas de este lenguaje materno y por el efecto que tiene en el apetito oral del lactante. Trabajando en una maternidad con bebés sanos de entre uno y tres días de vida, descubrió que, incluso antes de la subida de la leche (desde el primer día de vida) estos lactantes, que aún no han experimentado la satisfacción alimentaria, se vuelven muy atentos cuando oyen la voz de su madre dirigiéndose a ellos, y empiezan a succionar intensamente el chupete. Se dice que es "no nutritivo"; se limita a registrar la intensidad de la succión. Como psicoanalistas, ¿cómo leemos estos datos? El interés pulsional suscitado en un bebé se traduce en una succión intensa: es la traducción oral de toda experiencia de interés en un lactante. Aquí no hay objeto que satisfaga la necesidad. Vemos la diferencia radical entre el objeto causa del deseo, el de la pulsión, y el objeto de satisfacción de la necesidad.

El bebé, entusiasmado por algo en este *maternés*, succiona frenéticamente su chupete, incluso si ese *maternés* estaba filmado. Sin embargo, Fernald descubrió que si grababa el discurso de la madre a su bebé sin que éste estuviera presente, el resultado era distinto. Los picos prosó-

7. Desde hace algunos años lo denominamos también "*parentés*", porque los hombres también modifican su voz de base.

dicos ya no eran tan pronunciados y el bebé mostraba menos interés por la grabación. Esto indica que la prosodia del *maternés* depende de la presencia del bebé. Y si una madre se dirige a otro adulto, la voz se vuelve plana y el interés del bebé se apaga.

Fernald intentó averiguar si existía alguna situación en la que un adulto, hablando con otro adulto, produjera estos mismos picos prosódicos específicos del *maternés*. Fue así, pero para obtenerlos tendrían que estar en una situación, que es bastante rara, en la que hubiera asombro, estupefacción y, al mismo tiempo, gran placer y alegría. Así que el asombro y el placer combinados producen este tipo de pico prosódico. Fernald no sacó ninguna conclusión de ello.

En su seminario *Las formaciones del inconsciente*, Jacques Lacan trabajó la cuestión de la tercera persona, tal como la describe Freud en *El chiste y su relación con el inconsciente*.

Partiendo de "famillonario", Lacan (1957–58/1998)[8] dice que esta tercera persona escuchando *"una formación de palabra defectuosa como algo ininteligible, incomprensible, enigmático"*, lejos de rechazarla como no perteneciente al código, se deja, luego de un tiempo de estupefacción, llevar por la iluminación y reconoce allí un chiste. No hace más que retomar lo que decía Freud citando al poeta Heinrich Heine, quien hablaba del pobre judío, que cortaba uñas, cuando lo recibe su tío Rothschild de manera intima. Heine habla de estupefacción y de luz frente a la palabra trunca que es en realidad un verdadero descubrimiento, porque Salomón no podía recibirlo de otra manera, el chiste es creado.

Sabemos por investigaciones psicolingüísticas que la persona que escucha una palabra ingeniosa, mientras experimenta sorpresa y placer, produce una forma particular de pico prosódico en su voz, la misma con la que se deleita el bebé. Esto significa que la madre, o el adulto que contempla al bebé, también se ve envuelto en esta sorpresa y placer. Pero la aparente gran discrepancia entre la formación del chiste y el papel de la voz en la constitución del sujeto bebé, fue posible por el uso que Lacan ya había hecho de esta tercera persona en la constitución de su "grafo del deseo". Lacan pudo identificar la cuestión de la falta en el Otro, y yo pude construir la idea de un Otro real de carne y hueso, capaz de experimentar la sorpresa y el placer en contacto con el bebé.

Me parece que Lacan apoya su concepto de Otro barrado del grafo del deseo precisamente en esta tercera persona que, tras un período de estupefacción, se deja iluminar por el placer. Aceptar estar desconcer-

8. Lección del 6 de noviembre de 1957 y del 13 de noviembre de 1957.

tado, estupefacto, es la marca de la barra en el Otro. Este Otro se deja afectar, tiene una falta. Y el segundo momento es el de la risa. Toda la segunda parte del libro de Freud trata de esta risa, que es placer, goce. Con el asombro y la alegría del Otro barrado, estamos en el registro de la tercera persona del chiste, y el bebé la oye en las características prosódicas del *maternés* (*motherese*), que tanto le apetece. ¿Qué nos dice la investigación de Fernald? Esta investigación nos dice que, desde el nacimiento, y antes de cualquier experiencia de satisfacción alimentaria, los lactantes tienen una extraordinaria apetencia por el placer que la visión de su presencia desencadena en el Otro materno. La sorpresa y el placer, propios del chiste, son también la forma en que la mirada y la voz de la madre responden a los movimientos característicos del lactante, que encontrarán su unificación a través de la imagen del otro.

En mi opinión, en un bebé típico que mira a su madre, esta simple mirada, sus movimientos, aunque sean sin coordinación –lo que Jean Bergès llamaba (siguiendo a Julián de Ajuriaguerra) el funcionamiento de la función del bebé– desencadenan sorpresa y placer en ella, y el bebé lo sabe gracias a la prosodia de la voz de su madre. Esta prosodia se convierte en el primer objeto pulsional. En una lectura atenta de los videos familiares de bebés que más tarde se convirtieron en autistas, de la cohorte de Pisa (Laznik, 2005b) habíamos observado que, si en las experiencias cotidianas hay una ausencia de mirada de su parte, una ausencia de interés por el discurso materno que comenta las actividades, si no hay nada que indique que son objeto de alguna pulsión maternal, pueden, a veces, responder. ¿A qué se debe este milagro?

Basándonos en cinco videos de bebés devenidos autistas, observamos que este momento coincidía con la presencia de esta prosodia. Mi hipótesis era que los bebés que más tarde se convertirían en autistas responderían a esta prosodia durante los primeros meses. Esto se confirmó, para estos cinco bebés, analizando en el laboratorio las curvas de voz del adulto que les hablaba en el momento en que miraban.

Así, se dio lugar a una investigación científica que demostró que esos bebés, que más tarde devienen autistas, respondían cuando estaba presente esta prosodia. La investigación se llevó a cabo con mil quinientos fragmentos de películas (quinientos de bebés típicos, quinientos de bebés que se habían vuelto autistas y quinientos de bebés con retraso mental), lo que tiene consecuencias tanto para la forma de identificar un riesgo de autismo, incluso en un bebé que parece responder, como para la teoría de la técnica de reanimación de estos mismos bebés. Las publicaciones científicas de los resultados se han reproducido en varios laboratorios de todo el mundo y, partiendo de una hipótesis metapsicológica, se ha convertido en una "verdad científica" (Cassel et al., 2013).

El reflujo gastroesofágico

Otro elemento importante en el tratamiento de Sonia fue el abordaje de su reflujo gastroesofágico. Como ocurre con muchos bebés en riesgo de autismo, Sonia parecía aferrarse a ese malestar. El hecho de que el pediatra de la PMI le hubiera recetado Mopral cuando se marchó a Túnez, debió contribuir a que regresara más abierta al contacto con los otros, más sonriente; aunque durante unos meses siguiera provocando escalofríos a su madre. A veces le prometo a un bebé que hablaré con su pediatra para poner fin a este sufrimiento al que me doy cuenta que se aferra.

En ciertas ocasiones, inmediatamente después de haber logrado establecer el contacto durante algunos minutos, Sonia se retrae y corta la relación. Siempre señalo estas pérdidas de contacto a la madre porque es importante que pueda advertir que las dificultades de contacto de su bebé no son solo con ella. ¡Cuántas madres se han quejado de oír de boca de los *psi* más bienintencionados que su bebé tenía un problema en la relación madre-hijo! ¿Creían que así aliviarían algo del diagnóstico? El hecho es que esta frase suena como una doble condena. En el caso de Sonia, le señalé a la mamá que esos cortes en la relación parecían estar relacionados con el aferramiento de su hija a un dolor interno. Creo que este tipo de dolor puede permitirle al bebé, del mismo modo que la fascinación por la lámpara del techo, aislarse de las percepciones provenientes del entorno.

Aunque existe un amplio consenso sobre la prevalencia de este dolor en bebés con riesgo de autismo (McElhanon et al., 2014), en el mundo neurocientífico existe cierto debate sobre sus causas. Algunos, como el profesor Mercadante, de la Facultad Paulista de Medicina de San Pablo, creen que se produce muy pronto, desde el estado embrionario, cuando se forman las neuronas del cerebro y las del sistema gastroesofágico. Otros, como el neurobiólogo Yves Burnod, piensan que el dolor, como todas las sensaciones, se siente de forma mucho más intensa y, por tanto, mucho más penetrante en estos bebés que en los demás. Pero no es solo el dolor físico procedente del interior del cuerpo el que se experimenta de forma exacerbada; las emociones de las personas que rodean al bebé también lo invaden, como si hubiera una falla en el filtro para protegerse de esas emociones. Hace unos años, un investigador escocés, Adam Smith, sugirió que los autistas tenían un exceso de empatía emocional, lo que les obligaba a cerrar las escotillas de los canales de percepción visual y acústica y les impedía conocer a las personas de su entorno, una condición conocida como falta de empatía. En otras palabras, un exceso de empatía emocional conduce a una falta de empatía (Smith, 2009). Hablé extensamente de esto en un artículo sobre Marine, una niña que tenía un exceso de conocimiento sobre el sufrimiento de su madre (Laznik, 2014).

En ese momento, recibí al padre ya que era necesario que él pudiera sostener lo que la madre iba a hacer para proteger a su bebé de la sobreestimulación. En aquel momento, el padre no entendía del todo estos pedidos y seguía siendo escéptico sobre la eficacia de tal trabajo, lo cual era comprensible. Estaba dispuesto a intentar confiar en mí porque también estaba muy preocupado por el estado de rechazo relacional en el que se encontraba Sonia, tan diferente de su primer hijo.

De vuelta de Túnez

Tengo que admitir que durante el verano me preocupaba el estado en que encontraría a Sonia a la vuelta de las vacaciones. Pero me llevo una gran y hermosa sorpresa ya que Sonia, con sus siete meses, está sonriente y relajada en la sala de espera. Su madre ha conseguido protegerla de la intrusividad de su familia paterna, como casi todas las familias mediterráneas, para las que es difícil creer que unos bebés muy frágiles no puedan pasar de un brazo a otro sin retraerse. Mi sorpresa y mi placer son máximos cuando me doy cuenta de que la parte superior del cuerpo de Sonia ya no muestra ninguna asimetría. Incluso puede sentarse en las piernas de su madre e imitar los movimientos de mis manos. Felicito a la mamá y me dice lo mucho que me tuvo presente en sus pensamientos.

Sonia ya tiene edad suficiente para poder estar boca abajo en el suelo. Le ofrezco pequeños juguetes y a veces, aunque no siempre, puede mostrar una gran atención conjunta, pasando del objeto a mi mirada y viceversa. Felicito tanto a ambas, admirada por todos estos progresos, y le pregunto a su madre.

— ¿Cuando estabas con tu familia política, ¿papá comprendió un poco lo que hablamos?

— Un poco –responde ella en tono de no mucho.

— Tendré que volver a ver a papá para decirle lo mucho que la admiro, lo valiente que ha sido, ¡soy su fan! –le dije.

Nunca habría imaginado pronunciar semejante palabra, que no había utilizado con nadie y que quizá no vuelva a usar en mi vida. Volver a mirar los videos de las sesiones revela elementos inconscientes del trabajo del analista que cobran sentido mucho tiempo después. En efecto, si vale la pena detenerse en este episodio es porque ilumina, como veremos más adelante, aquello que hará posible un año más tarde un movimiento decisivo. Sin embargo, aunque Sonia mira a menudo a su analista y a Laura, la sonriente pasante brasileña, casi siempre se niega a jugar con su madre. En una situación como esta es importante evitar que se instale una transferencia negativa, algo por otra parte comprensible. Poder ponerlo en palabras, incluso de manera lúdica y divertida, puede evitarlo: *"Mamá se va a poner celosa. Mamá no querrá traerte más. Mirás a Laura y no a mamá"*. Ella dirá: *"¡Se acabó! ¡Estoy muy celosa!"*. Mamá estalla en carcajadas ante la idea de que, al fin y al cabo, es ella quien decide.

La herramienta de nuestro trabajo es la transferencia positiva, que permite a la madre identificarse con la analista. Durante este periodo, el contraste entre las reacciones de Sonia hacia su madre y hacia nosotros me hizo pensar que quizás estábamos ante un rechazo relacional selectivo por parte del bebé como reacción a las dificultades de la madre. Pero la evaluación sensoriomotriz, según el método Bullinger, que Muriel Chauvet iba a realizar en las semanas siguientes, dará resultados sorprendentes.

Algunos elementos de la evaluación sensoriomotriz de Muriel Chauvet

Durante la primera parte de la evaluación, en la que se analiza la organización de la parte superior del cuerpo del bebé, Sonia responde muy bien. Con la espalda apoyada en la panza de su madre, Sonia acepta los "regalos" que le da Chauvet, unos palitos que agarra con una mano y con la otra, aceptando pasarlos de derecha a izquierda, y siendo capaz de moverse de lado a lado para agarrarlos, todo ello en relación con Muriel. ¡Adorable bebé! Esto va en la misma línea que los juegos emocionales de imitación de los que era capaz a la vuelta de Túnez. El trabajo de la madre durante las vacaciones había permitido al bebé integrar la parte superior del cuerpo y los movimientos incoordinados habían desaparecido.

Luego se realizaron las pruebas destinadas a explorar la relación del bebé con la parte inferior de su cuerpo. Cuando Muriel intentó suscitar en Sonia algún interés por sus pies, advirtió que, pese a todos sus esfuerzos para ayudarla, Sonia parecía ignorar la existencia de la parte inferior de su cuerpo y no manifestaba ninguna intención de interesarse por ella, sus pies no parecían pertenecerle. Lo mismo ocurrió en la prueba de motricidad autónoma. Sonia, en el suelo, apoyada en su espalda, empezó a girar como las agujas de un reloj, con los brazos pegados en cruz al suelo, incapaz de enrollar en lo más mínimo la pelvis o la parte superior del cuerpo. En esta posición, estaba completamente retraída. Dicho en el lenguaje propuesto por Bullinger, no tenía forma de organizarse contra la fuerza de la gravedad. Ahora bien, estas dificultades se encuentran, entre otros, en bebés que empiezan a desarrollar autismo y no tanto en bebés que han presentado un rechazo relacional en respuesta a la depresión materna.

Continuación del tratamiento con la psicoanalista

En los meses siguientes, Sonia prestó cada vez más atención a su analista, con quien descubría encantada el juego de la cocina. Le gustaba especialmente darme de comer con un plato y una cuchara. Por supuesto, yo recibía siempre ese regalo oral con sorpresa y entusiasmo, lo que llenaba de alegría a Sonia y la impulsaba a repetirlo innumerables veces. La insistencia en este juego de ofrecer una deliciosa comida a la pulsión oral del otro, indica que el niño siente la necesidad imperiosa de trabajar psíquicamente para mantener abierto el acceso a una experiencia de intenso placer. Se trata, para el niño, de una manera de "curación". En este juego repetitivo, Sonia experimenta el placer del placer intenso suscitado en el otro, lo que poco a poco le permitirá soportar cierto displacer sin retraerse. Los bebés "típicos" no sienten la necesidad de jugar una y otra vez a este tipo de juego, aunque les divierta durante un momento. Son los bebés con riesgo de desarrollar autismo los que sienten la necesidad de hacerlo, porque perciben que eso "los cura". Es esta insistencia, que puede parecer agotadora para alguien que no esté familiarizado con las dificultades a las que se enfrenta este tipo de bebé, lo que le permite al bebé evitar la recaída. Pero durante varios meses, este juego solo existía en las sesiones porque Sonia se negaba a jugarlo con su madre, a pesar de los numerosos intentos por nuestra parte y por la suya. Esto planteaba dos problemas: en primer lugar, era una situación terrible para la madre a nivel transferencial, al verse transformada en portabebés para que su hija solo pudiera jugar con la "abuela", como la madre se apresuraba a llamarla, en una situación de repetición de lo que ella misma había instaurado a la misma edad, entre su madre a la que había rechazado y su abuela a la que adoraba. Pero esto también me privaba de una coterapeuta que es esencial para el trabajo porque, para que su sistema de protección contra las emociones demasiado fuertes no los lleve a retraerse, estos bebés necesitan experimentar el placer del otro, no solo una o dos veces a la semana, sino muchas veces cada día. Cuando descubren este juego con sus madres, incluso sin que se lo pidan, empiezan a jugarlo durante horas y horas, porque es divertido.

Después de varias semanas en las que Sonia solo alimentaba a su psicoanalista, un día decidí realizar una escena de gran placer oral. Más tarde se llamaría la escena del cuscús. Mi objetivo era suscitar en la madre gran sorpresa y placer. Traigo los juguetes de cocina con los que Sonia y yo hemos estado jugando durante semanas, y preparo meticulosamente un cuscús al estilo marroquí. La madre sabe que yo voy seguido a Marruecos. Empiezo friendo la cebolla con las pasas de uva, que desprenden un delicioso olor dulce imaginario de mi cocina de plástico que ya nos está encantando a la madre y a mí. A continuación, preparo las verduras, nombrándolas una a una. Luego, cocino la sémola del cuscús al vapor y lo rebozo. A continuación, corto el pollo invisible en trozos pequeños para dorarlo. Entonces puedo montar mi magnífico cuscús, decorado con sus verduras y coronado con las pasas y las cebollas que perfuman toda nuestra habitación. A la madre y a mí se nos hace agua la boca. Le doy de comer con cuchara, lo que la pone muy contenta. Como era de esperar, el cuscús le pareció una maravilla y su voz produjo una magnífica prosodia de *maternés* con el sube y baja que provocan la sorpresa y el placer. Su hija pequeña observa asombrada el inesperado placer de su madre. Inmediatamente me quita el plato y la cuchara de las manos y quiere darle de comer a su madre ella misma. La voz de la madre redobla de sorpresa y placer. Desde ese día, la niña no volvió a rechazar mirar a su madre.

El tercer tiempo del circuito pulsional se repite cientos de veces y Sonia ya no rechaza el vínculo. Ha entrado en lo que los lacanianos llaman alienación. Para regocijo de su madre y de su psicoanalista, que olvida que también hay que establecer la separación necesaria para que se constituya un sujeto. Tenemos el video de una sesión con una magnífica escena en la que Sonia, después de dar de comer una vez más a su madre, que no se cansa de hacerlo, se sube a sus piernas y mira hacia atrás para contemplar su imagen en el espejo. En aquella época, la pasante que filmaba era psicoanalista y profesora de psicología en Brasil, fanática del Estadio del Espejo. Qué alegría ver a Sonia volverse por fin no solo hacia su imagen en el espejo, sino también, con una mirada traviesa, hacia las señoras que parecían tan felices de verla mirarse. Toda esta alegría puede explicar quizás por qué no estaba preocupada. Sin embargo, a los dieciocho meses, Sonia seguía sin hablar. En una reunión de equipo, se decidió que intentaríamos añadir un espacio de fonoaudiología al tratamiento dual existente, de psicoterapia y terapia sensoriomotriz.

Una forma particular de apego inseguro

Desde el momento en que Sonia descubrió la alegría de jugar con su madre, ya no soportaba separarse de ella ni un solo instante. Esto dificulta enormemente el trabajo sensoriomotor que Muriel Chauvet realizaba con ella. Cualquier intento de poner la más mínima distancia entre ella y su madre era vivido como un desgarro. En el momento álgido de este periodo, incluso llevarla a una guardería podía plantear problemas. Sin embargo, no me asusté, porque había visto a muchos otros bebés pasar por un periodo similar, con un intenso rechazo relacional al principio. Y, además, para el psicoanalista, el hecho de que el bebé sienta la necesidad de permanecer en contacto directo con el cuerpo de la madre no impide el trabajo. Fue el padre quien primero vino a hablarnos de la imposibilidad de desempeñar su papel: acostar a su hija. Sonia solo dormía en brazos de su madre en la cama conyugal, mientras el padre lo debía hacer en un pequeño colchón en el suelo. También le resultaba imposible quedarse con su hija, aunque solo fuera un rato para que la madre pudiera ir a la panadería de la esquina. Los gritos de Sonia, que se oían desde el patio, hacían que la madre apenas saliera tuviera que volver. Varias entrevistas con ambos padres, con y sin Sonia, no dieron ningún resultado, salvo poner de relieve la grave crisis que atravesaba la pareja.

En este contexto me encontré con Chauvet en las escaleras. Me dijo que el hecho de que Sonia se succionara la lengua, no hiciera más que gorgoritos y no emitiera ni un solo sonido, dificultaba su trabajo. Además, Sonia no sabía señalar, solo indicaba direcciones con el brazo, con el puño cerrado. Esta conversación fue una revelación de lo que yo no quería ver. Estaba demasiado contenta con el vínculo permanente que había establecido con su madre. Sonia también podía conectar con los demás, siempre que permaneciera cerca de su madre, aunque a veces la dejara un momento para jugar conmigo. Tuve que enfrentarme al hecho de que, aunque esta niña no iba a devenir autista, corría el riesgo de formar parte del espectro autista del DSM-5, bajo el epígrafe "inespecífico[9], deficitario y sin lenguaje". Sonia tenía veintiún meses cuando decidí ocuparme totalmente de ese problema. Sobre todo, porque el tratamiento fonoaudiológico, por razones logísticas, recién empezó cuando tenía dos años.

Cómo Sonia empezó a hablar

Empecé trabajando el miedo de Sonia a hablar, suponiendo, como es clásico, un vínculo con un exceso de pulsión sádico-oral. Desde hacía algún tiempo, a Sonia le gustaba cuando jugábamos con un cocodrilo, cuya boca grande y devoradora era tan peligrosa que se contradecía con la suavidad del peluche del que estaba hecho todo su cuerpo e incluso sus dientes. He aquí un extracto de uno de mis intentos:

— ¡Ah! ¡Ese cocodrilo se va a comer a la señora Laznik! Oh, ¡mirá! ¡Se comió toda la mano de la señora Laznik! ¡Oh! ¡Qué travieso!

Escondí la mano cerrada en la manga de la chaqueta, de la misma manera que hacía Sonia cuando señalaba algo. La desaparición de esta mano interesó a Sonia, que estaba pegada a mí para seguir la historia, porque la mano reapareció rápidamente.

— ¡Ah, ahí está la mano de la señora Laznik! ¿Se la va a comer otra vez?

A Sonia le encantaba este juego. Pero la única respuesta que obtuve fue "*hun-hun-hun*", acompañada de la succión de lengua y el señalamiento con la mano enroscada que tanto preocupaba a Chauvet. En el límite de mis fuerzas, en el video de la sesión me veo pasando de psicoterapeuta a maestro de escuela.

— ¿Podés decirlo otra vez? Porque "*hun-hun-hun*", la señora Laznik, no lo entiende.

Como era de esperar, esta pedagogía no tuvo ningún efecto, salvo el de indicar mi exasperación ante su mutismo que no cedía.

9. En el DSM-5, cuya pertinencia no tenemos por qué juzgar aquí, las antiguas psicosis infantiles de la clasificación francesa se denominan inespecíficas, pero se incluyen en el espectro autista.

Fue una separación de la madre, que había salido del consultorio de casualidad, lo que permitió a Sonia empezar a hablar. En una de las sesiones siguientes, le di a la madre un recado de nuestra secretaria, que necesitaba verla antes de que terminara la sesión, ya que debía retirarse. Accedí con gusto ya que ello implicaba intentar, una vez más, encontrar un horario para las sesiones de fonoaudiología que ayudaría a Sonia a entrar en el lenguaje. Pero fue en esa sesión que Sonia va a empezar a hablar.

— Ya vuelvo, ya vuelvo, voy a ver a la secretaria -le dice la mamá a Sonia.

Sonia se echa a llorar de inmediato. Aun así, la madre acepta mi propuesta de dejarla conmigo.

— Enseguida vuelvo, enseguida vuelvo, Sonia, enseguida vuelvo, cariño.

Sonia grita. Intento consolarla:

— Va a volver, acaba de ir a ver a la secretaria. Ya vuelve, mamá.

Entonces le propongo jugar con un viejo juguete Fisher-Price en el que aparecen y desaparecen pequeños personajes de Disney. Para mi gran sorpresa, Sonia se tranquiliza enseguida y se queda encantada con el juego. Incluso acepta repetir detrás de Laznik: *"Hola Donald"*, luego *"Adiós Donald"* y así sucesivamente con los distintos personajes. De momento, es solo una ecolalia. La madre vuelve al consultorio, pero Sonia está demasiado ocupada para prestarle atención. Así que le propongo otro juguete ligeramente parecido en el que puede hacer aparecer y desaparecer pequeños personajes de dinosaurios pulsando sobre formas geométricas. Y entonces, por iniciativa propia, Sonia dice palabras que Laznik no ha dicho.

— ¡Papá, duérmete!

En aquel momento, no comprendí la importancia de esos dos significantes, pronunciados en modo imperativo. Los repitió unos minutos más tarde.

— Sos un caso serio -le digo a Sonia, y luego dirigiéndome a la madre-. ¡Ya ves, está entrando en el juego!

Aunque la madre y yo estábamos encantadas de oír por fin el sonido de su voz, solo cuando volvimos a ver la filmación de la sesión se hizo evidente la importancia de los dos significantes imperativos *"¡Papá! duérmete!"*. Las primeras palabras de Sonia eran una repetición de la escena de todas las noches, cuando su padre intentaba separarla de su madre acostándola en la cama y diciéndole: "*¡Sonia, duérmete!*". En aquel entonces, los padres se habían mudado y Sonia tenía su propia habitación.

Descubrimos así que este imperativo paterno podía sostenerla en su entrada en el lenguaje, tras la escenificación de una separación real del cuerpo de la madre. A la madre y a mí nos quedó claro que esta separación temporal le permitía hablar. Aunque le resultaba difícil, en cada sesión la madre aceptaba salir durante cinco o diez minutos. Sonia refunfuñaba un poco al principio, pero luego aceptó este tiempo en el que no solo hablaba, sino que también dibujaba familias de peces con nuestra pasante. La madre pudo volver sin que Sonia tuviera que dejar de pronunciar palabras. Sin embargo, este desarrollo del lenguaje prácticamente solo sucedía durante las sesiones y únicamente cuando su mamá salía del consultorio.

Entonces llegó la separación de las vacaciones de Navidad. Me sorprendió encontrar a Sonia vestida muy elegante, como para una fiesta, pero pegada en los brazos de su madre. Tras un tiempo de reencuentro, empecé a anticipar el momento de la separación.

— Dentro de un momento, mamá va a salir un rato y vamos a dibujar.

— ¿De acuerdo? –dice la madre.

— ¡Mamá! Mamá –exclama Sonia aun más agarrada al cuello de su madre.

— ¿Te acuerdas? Mamá sale un momento y nosotras dibujamos. ¿Te acuerdas? –le digo.

— ¿Vas a dibujar, Sonia? –pregunta la mamá.

— ¡No! –responde ella.

Durante un tiempo negociamos esta separación con Sonia, pero ella no quiso. Pasó el tiempo y sentí que era necesario volver a poner en escena esta separación de unos minutos entre madre e hija.

— Mamá va al otro lado de la puerta y luego vuelve –le digo a Sonia–. Ya puedes irte –le digo luego a la madre, mientras ella extiende la mano para agarrar a Sonia en brazos.

Al tocar a Sonia, me di cuenta de que la madre no la soltaba y me encontré con la bebé gritando en mis brazos. Durante cincuenta y dos segundos, que parecieron una eternidad, Sonia gritó. Intento tranquilizarla:

— Ya vuelve mamá, ya vuelve. Sí, ¡vuelve!

— ¡Mi mamá! -dice Sonia mientras recupera el aliento.

— Jugamos un ratito y mamá vuelve. Vamos a saludar a Donald. ¡Hola, Donald!

Volvemos al juego de Fisher-Price. Sonia se tranquiliza inmediatamente, como si no hubiera pasado nada. Juega, habla y dibuja en abundancia. Pero sigo aturdida por la violencia de la escena que acaba de suceder. Tengo que admitir que durante los cincuenta y dos segundos de llanto, me pregunté qué clase de trabajo estaba haciendo que me obligaba a llegar a tales extremos. Era la primera vez en mi larga carrera que separaba a un pequeño de su madre, y espero no tener que volver a vivir semejante separación.

Para nuestra gran sorpresa, a partir de esa sesión Sonia empezó a hablar definitivamente. Empezó a hablar en casa, en la guardería, en todas partes y cada vez mejor. También fue capaz de aceptar, aunque no siempre, la separaran de su madre para ir a la cama a instancias de su padre. El tratamiento fonoaudiológico empezó unas semanas más tarde, al que iba casi siempre con su padre y lo disfrutaba.

Me parece que lo que permitió que Sonia se beneficiara tanto de esta escena de "desgarro" fue la forma en que la madre pudo aceptar que la privara de su hija. Recordemos que esta privación se produce en un contexto de amor de transferencia recíproca. Es una madre de la que Laznik es "fan". Si no existiera este trasfondo de admiración y estima, es posible que la madre nunca hubiera regresado a la terapia. Pero, sobre todo, este acto de privación real no habría operado. Podemos pensar que Laznik estaba allí en lugar de lo que Lacan llama el padre real, el que priva a la madre de su hijo, siendo al mismo tiempo alguien que le da amor. Lacan habló de ello en 1957 a propósito del caso "Juanito" de Freud (Lacan, 1956–57/1994: 215).

Sólo unos meses más tarde podríamos vislumbrar por qué esta madre no podía dejar que su marido ocupará la posición de padre real, en su doble papel de separador y fuente de amor. En cualquier caso, la vivencia de la madre durante aquella escena violenta fue tan positiva que su hija encontró una forma de simbolizar el tema de la separación madre-hijo de una manera extraordinaria, gracias a un pequeño libro que descubrió en la biblioteca de la sala de espera.

El libro de las madres que buscan a sus bebés

En la siguiente sesión, Sonia llega con ese libro en el que, en cada página, una madre animal busca a su cría, escondida detrás: un árbol, un arbusto, una piedra. Cada una de esas madres -una elefante, una cocodrilo, una hipopótamo- termina encontrando a su pequeño dando lugar a un reencuentro cargado de ternura. Sonia me lo entrega y me pide que se lo lea. Lo había encontrado ella sola en la biblioteca de la sala de espera. Le leo:

— El elefante dice: mi bebé, ¿dónde estás?, acá está. ¡Estabas escondido!

— ¡Besos! -añade Sonia al reencuentro del bebé y su madre.

— ¡Se besan! -confirmo.

Juntas leemos una parte del libro, pero de golpe Sonia piensa que ya es suficiente: arrebata el libro de las manos de Laznik, se lo da a su madre y ordena:

— ¡Mamá! Vamos a leer.

— ¡Ah! ¡Cocodrilo! Se han vuelto a encontrar -dice la madre.

— ¡Potamo! ¡Es popótamo! ¡Bebé! -corrige Sonia, mientras pasa a la página siguiente.

En cada sesión, Sonia se toma la molestia de dedicar un rato a la lectura de este extraordinario libro sobre el amor y los encuentros entre madre e hijo, encuentros que presuponen la separación para producirse.

Dos meses después, una recaída

El desarrollo y el lenguaje de Sonia parecían ir bien cuando se produjo una recaída inesperada. Fui a buscarlas a la sala de espera y encontré a Sonia en las piernas de su madre, succionándose la lengua, con la mano de nuevo enroscada en la manga. En respuesta a mis avances, volví a oír el *"hun-hun"* que había desaparecido hacía meses. Durante la sesión, la madre dijo que estaba muy preocupada, que su hija estaba así desde la mañana y que nadie entendía nada. Hasta el día anterior, hablaba con normalidad. Le pregunté a la madre si había pasado algo entre el día anterior y la mañana. En efecto, dice la madre, la noche anterior le había gritado muy violentamente al padre. Como de costumbre, él había acostado a Sonia, pero ella lloraba. Como ya había ocurrido varias veces, el padre pidió a la madre que no interviniera y que lo dejara ocuparse de la situación. Sonia vomita. La madre se enfurece y le grita al padre, acusándolo de no ser un padre sino un monstruo. Sonia acabó la noche en brazos de su madre. Yo defendí claramente al padre, diciendo que Sonia no había vomitado por eso y que también podía haber vomitado en brazos de su madre. Que el padre había cumplido su papel de padre: separar a Sonia de su madre. Le afirmé que la recaída de Sonia, que dejó de hablar, estaba relacionada con este ataque al padre. Mientras Sonia jugaba con sus juguetes en el armario, la madre me confía una ensoñación-deseo: quería que su hija se quedara con ella para siempre.

— ¡Sonia siempre se quedará con mamá! Así que cuando Sonia crezca, ¡se quedará con mamá!

Por suerte, la pasante estaba grabando la cara de Laznik en ese momento, que presentaba una mímica del horror que le producía semejante proposición.

— ¿No quieres que se case?

— ¡No!

— ¡Qué horror! –digo de manera teatral–. ¿Tiene que convertirse en una solterona? ¡Pobrecita! ¡Toda atrofiada!

— ¡Si lo entiende, me mata! –dice riendo, divertida por la mímica de Laznik. Como si los niños no pudieran oír lo que dicen los adultos.

La madre puede entonces contar la historia de cómo durmió, hasta su matrimonio, en brazos de su abuela abandonada por su marido. El abuelo trabajaba en Francia. Aunque enviaba lo que necesitaba cada mes, solo venía a Túnez cada dos o tres años para darle un nuevo hijo que ni siquiera veía nacer. Para su abuela, los hombres no valían nada. Su abuela le había hecho prometer que no se casaría y que las dos permanecerían juntas para siempre. Este plan fue presentado a la niña, y luego a la adolescente, como una garantía de felicidad absoluta, porque la protegería de los hombres. Es en este contexto que hay que comprender la decisión del padre de esta señora, de casarla a los dieciocho años con un primo hermano que vivía en Francia. La idea era arrancar a su hija de los brazos de su propia madre. Pudimos hablar del resentimiento que esta abuela sentía hacia ellos y, en consecuencia, de la imposibilidad para la mamá de Sonia de disfrutar de su marido, un hombre atento que cuida bien de ella y de los niños.

A partir de esta sesión, Sonia habló con normalidad. No hubo más regresión. Su lenguaje llegó incluso a ser mejor que el de los niños de su sala, en la guardería. También fue posible que esta mamá empezara a considerar la posibilidad de una terapia personal, algo que se había negado a hacer hasta entonces, mientras lloraba su desgracia a quien quisiera escucharla. Estaba atrapada entre la lealtad a la abuela que la había criado con amor, y el saber, sin dudas inconsciente, del daño que ese amor exclusivo y posesivo le había causado. En la siguiente generación, Sonia se encontró a su vez atrapada en este fantasma asfixiante, del que se protegía con la sonsera, ya que no podía surgir ningún lugar tercero. A partir de esa sesión, el lugar del tercero se hizo posible, y Sonia pudo empezar a oponerse a su madre evocando a su padre. He aquí un ejemplo.

"Ahora todo es papá"

Una moto pasa por la calle. Sonia se sobresalta inmediatamente, aunque el ruido no esté cerca. Como casi todos los bebés con riesgo de autismo, conservarán una hiperacusia que solo desaparecerá con el tiempo. Sonia escucha el ruido de una moto: *"Es papá"*.

— ¿La moto? ¿Has visto el ruido que ha hecho? ¡Un gran ruido! –le digo en forma empática.

— ¡Un ruido fuerte, la moto! ¡Es una moto la bici! ¡Es papá!

— Papá, ¿tiene moto? –pregunto.

— No –dice la madre.

— Papá tiene un camión grande –continúo.

Su padre conduce una grúa. Mientras tanto, Sonia se ha acercado a su madre, quien aprovecha para rehacer las trenzas de su hija. Sonia, impidiendo que su madre le toque el pelo:

— ¡No!

— ¿No querés que te toque el pelo? –dice la madre.

— ¡No!

— Empieza a tener personalidad, vamos a tenerlo en cuenta –digo entre risas.

— ¡La colita mamá! ¡No tenés que tocarme la colita del pelo! –continúa su explicación Sonia desde el armario de los juguetes.

— ¿No hay que tocar la colita del pelo? –preguntó la madre divertida.

— ¡No!

— ¿Quién te ha comprado esa colita para el pelo?

— ¡Es papá!

La madre nos dice que ahora todo lo bueno *"viene de papá"*. La madre soporta bien esta oposición de Sonia. Se da cuenta de que es un progreso para su hija, y eso no impide que tengan verdaderos momentos de reencuentro afectuoso, sobre todo en torno al librito de las madres de animales salvajes que buscan a sus bebés, que siempre le encanta a Sonia.

Comentarios

Así pues, pasamos por dos etapas sucesivas en su tratamiento. Al principio, la reanimación consistió en crearle el apetito de los intercambios pulsionales, primero con su psicoanalista y luego con su madre. La repetición del placer de encontrar el placer de su madre le permitió alienarse en el deseo de su madre. Si bien esta alienación en el deseo del Otro es esencial para que se constituya un yo, el caso de Sonia nos enseña que no está exenta de peligros si las cosas quedan en ese punto. Tenemos que luego poder descubrir cómo hacer lugar a una separación entre el niño y la madre, para permitir que Sonia advenga como sujeto. Hay que subrayar que el cuadro que presenta Sonia no es frecuente. Este bebé mostró primero signos de riesgo de autismo, pero salió. Después mostró signos de lo que el DSM-5 denomina "no específico", que corresponde a lo que la psiquiatría infanto-juvenil francesa denomina psicosis infantil, en su caso agravada por un riesgo de déficit intelectual.

Además, nunca insistiremos lo suficiente en que, para los bebés con riesgo de autismo, este trabajo de psicoterapia con un analista debe ir acompañado del de un psicomotricista, formado con los conceptos de Bullinger, para que ese pequeño cuerpo escindido entre los dos hemicuerpos –derecho e izquierdo, superior e inferior– pueda construirse. Sabemos que estos conceptos entran en resonancia con los trabajos de Haag sobre el cuerpo en el autismo (Haag, 2018).

CAPÍTULO 10

Pulsión invocante en bebés con riesgo de autismo[1]

Marie-Christine Laznik

La historia de una investigación

La pulsión

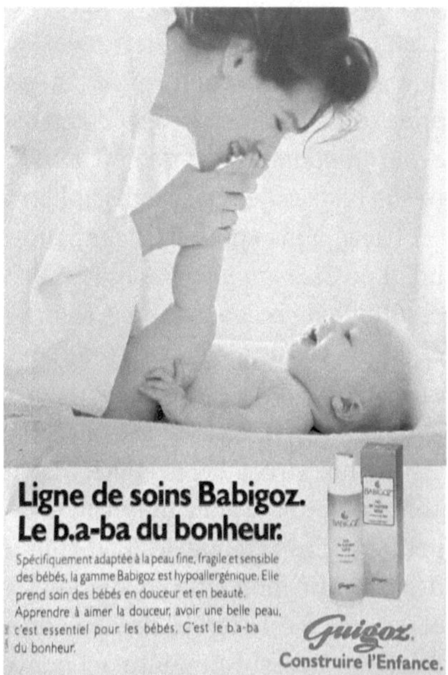

Todo comenzó en el año 1992. Nora Woscoboinik-Scheimberg tuvo la confianza de venir a hablarme en supervisión, de Halimata, una niña autista de cinco años, senegalesa, perteneciente a la etnia peul. Si bien no hablaba, tenía cosas para decir y lo hacía por medio de imágenes de la revista *Padres* que ella llevaba y las coloreaba. Su psicoanalista realizaba fotocopias de los dibujos que hacía y tratábamos de entender lo que venía a ser una cuestión para ella, lo que la cuestionaba. Durante todo un período, ella insistía cada sesión con una

1. Publicado en: Laznik, M.-C. & Saint-Georges, C. (2013). Pulsion invocante avec les bébés à risque d'autisme. Dans G. Crespin (Éd.), *Cahier de PRÉAUT #10: La voix. Des hypothèses psychanalytiques à la recherche scientifique* (pp. 23–78). Éditions Érès.

imagen publicitaria que mostraba a una madre inclinada hacia su bebé acostado sobre un cambiador. El pie del bebé se acercaba a la boca de la madre sonriente.

Su insistencia en subrayar los ojos y la boca de la madre indicaban que la mirada jugaba un rol importante, pero también el placer materno al besarle el piecito. Esto se repetía sesión tras sesión. Por suerte, esta publicidad se encontraba en cada número de la revista, lo cual permitía a Halimata insistir sobre lo que era importante para ella, que demandaba ser escuchado y traducido.

Se trataba de una interacción circular, que iba del bebé a la madre y retornaba sobre el bebé. El placer de ambos se nutría del placer del otro.

A fuerza de la insistencia de parte de Halimata, nos dimos cuenta por fin que se trataba de la pulsión oral y de su recorrido y de la importancia que eso revestía para un bebé. Esa experiencia, ella no la había tenido siendo bebé. Fue en la transferencia con su analista, y en ese clima de amor y confianza, que pudo descubrir y compartir con nosotras eso que es tan vital para un pequeño bebé.

El verano posterior a ese descubrimiento, me encontraba realizando una relectura minuciosa de "Pulsiones y sus destinos" de Sigmund Freud. Trabajaba con la versión francesa y el original alemán en paralelo, lo que me permitía comprender mejor las enseñanzas de Halimata y los aportes de Jacques Lacan a dicho texto en su seminario *Los cuatro conceptos fundamentales del psicoanálisis*, situando a la pulsión como uno de los pilares de nuestra disciplina

Lacan nunca pretendió ser pedagógico; es necesario recorrer la totalidad de *El Seminario* para rastrear sus desarrollos sobre la pulsión. El resultado de reconstruir ese rompecabezas fue revelador: Lacan introdujo una variante al texto freudiano que sitúa la cuestión de la pulsión en el centro de la comprensión del autismo. En los bebés con riesgo de autismo, algo fracasa en ese nivel, tal como Halimata nos enseñaba: falta el retorno retroactivo del bucle. Ese instante en que el bebé se constituye como objeto del goce materno al ofrecerse a sí mismo –ofreciendo su pequeño pie–. Lo que Freud denominó "tiempo pasivo", Lacan lo identifica como un momento eminentemente activo: el bebé haciéndose comer el pie. Es en este tercer tiempo donde –al retomar a Freud– se produce, finalmente, el surgimiento del nuevo sujeto.

A partir de lo observado con Halimata, planteamos la hipótesis de que el tercer tiempo es precisamente lo que fracasa en el bebé con riesgo de autismo. Ante este hallazgo, propuse un artículo sobre la pulsión en

Lacan a un "comité de sabios" de la Asociación Freudiana Internacional[2], que, junto con Claude Dorgeuille, se encargaba de revisar textos enciclopédicos sobre conceptos psicoanalíticos. La reconstrucción de ese rompecabezas teórico sorprendió a todos ya que se trataba de una teoría propiamente lacaniana de la pulsión. Esto derivó en una publicación fundamental para comprender la clínica del autismo. Esta teoría posee un valor inestimable: no constituye una etiología; no busca el origen, sino constatar que, como Halimata nos había mostrado, el tercer tiempo de la pulsión está ausente en los bebés que devendrán autistas.

En el marco de un seminario sobre autismo, surgió el entusiasmo por investigar los signos precursores en bebés. En 1995, Pierre Ferrari y Michel Botbol impulsaron la creación de la tercera red del INSERM dedicada al autismo, marco en el cual el proyecto PRÉAUT comenzó a gestarse, respaldado por una bibliografía que Serge Lebovici elaboró con celeridad. Aunque esta red fue luego discontinuada por los investigadores, el proyecto PRÉAUT logró mantenerse.

Un punto de inflexión ocurrió en 1999 durante un congreso de la IPA: Daniel Widlöcher[3] conoció y adhirió a esta lectura de la pulsión, al notar que corroboraba sus propios planteamientos sobre el tercer tiempo pulsional. Su respaldo fue decisivo para otorgar a PRÉAUT una base sólida en el ámbito universitario, facilitando la incorporación de investigadores como Claude Bursztejn.

Ese mismo año ocurrió otro evento crucial que no solo consolidó las bases clínicas de PRÉAUT, sino que abrió un nuevo campo de investigación: la prosodia del *maternés* en bebés con riesgo de autismo. En marzo de 1999, Bernard Golse invitó a Muratori y Sandra Maestro a la WAIMH Francia. Los colegas italianos propusieron un desafío a los profesionales: identificar, a partir de videos familiares, qué bebés desarrollarían autismo posteriormente. No resultó sencillo para los asistentes, ya que todos los niños sonreían y miraban, aunque fuera a objetos inanimados. Pese a no conocer el trabajo previo de los colegas italianos, utilicé mi hipótesis sobre el fracaso del tercer tiempo del circuito pulsional para identificar a los bebés. No me equivoqué. El acierto causó una gran sorpresa y marcó el inicio de una profunda amistad y colaboración que,

---

2. Que luego deviene en la Asociación Lacaniana Internacional.

3. Era el panelista del congreso de lenguas francesas –las antiguas lenguas románicas– elaborado ese año por Bernard Penot, quien había colaborado estrechamente en mis descubrimientos sobre la pulsión. Así es como nos ayudó el presidente de la IPA. Las reuniones se celebraban en la biblioteca de su antiguo departamento en la Pitié-Salpêtrière.

años más tarde, daría lugar a la investigación científica sobre la prosodia del lenguaje materno.

Ese mismo año me trasladé a Pisa, a la Fundación Stella Maris, donde Muratori y Maestro pusieron a mi disposición un vasto archivo de videos familiares de niños con diagnóstico de autismo. Desde 1994, el centro solicitaba a los padres de niños autistas de tres años que entregaran registros caseros de cuando sus hijos eran bebés. El análisis de decenas de estos videos permitió verificar clínicamente la hipótesis del fracaso del tercer tiempo de la pulsión: en ninguno de los casos el bebé ofrecía su mano o su pie a la madre, a pesar de los constantes intentos de ellas por convocar ese intercambio.

Un nuevo centro de interés apasionante: la prosodia que las madres dirigen a sus bebés

A mi llegada a Pisa, Muratori me presentó una escena del pequeño Marco: un hermoso bebé de dos meses que vocalizaba y sonreía a sus padres. Al consultarme sobre mi impresión, lo encontré encantador, pero mi percepción fue errónea. Estábamos en 1999; el niño ya tenía tres años y contaba con un diagnóstico de autismo por la Fundación Stella Maris. Fue un shock. Si bien en el resto de aquel extenso registro familiar el bebé casi no establecía contacto visual, la pregunta persistía: ¿cómo explicar que los mirara con tal intensidad en la escena inicial?

Ese fragmento, presentado en el Congreso de la WAIMH de Montreal en el año 2000, generó reacciones intensas entre colegas de todo el mundo. ¿Cómo admitir que un bebé con tal vitalidad vincular podría devenir autista? La disparidad entre sus modos de relación era patente. Ante esto, los colegas italianos me facilitaron una gran cantidad de registros para su estudio en París. Sin embargo, la explicación de Muratori me resultaba insuficiente: él sostenía que estos bebés miran a sus padres solo de forma muy ocasional y en días aislados, una lectura puramente estadística que no alcanzaba a dar cuenta de la complejidad del fenómeno.

¿Por qué mirarían, entonces? ¿Qué precede a la posibilidad de esa mirada? Aunque estaba lejos de tener una respuesta definitiva, contaba con herramientas valiosas para reflexionar. Desde principios de los años noventa, integraba el equipo de consulta psicoanalítica padres-bebé del Centro Alfred Binet, dirigido por René Diatkine. Él, exalumno de Lacan, mantenía un profundo interés por el lenguaje. En 1994, por iniciativa de Françoise Moggio, Marie-Françoise Bresson dictó un seminario sobre psicolingüística infantil. Su padre, François Bresson, había sido pionero en el laboratorio de la Escuela Normal Superior, sucedido luego por figuras como Jacques Mehler y Emmanuel Dupoux[4].

Me fascinaron los trabajos de Colwyn Trevarthen, Anne Fernald, William Condon y Louis Sanders que Bresson exponía. Recuerdo especialmente el relato de un recién nacido que no movía suficientemente los dedos, lo cual provocaba una disminución en la respuesta verbal de su madre: ella le hablaba menos, con menor frecuencia y durante menos tiempo.

A partir de 1995, propuse el estudio del lenguaje en el bebé dentro de un seminario conjunto entre la Asociación Lacaniana Internacional y el Espacio Analítico. Este espacio culminó en marzo de 1998 con la organización del congreso "Emergencia y campo del lenguaje en el lactante"[5]. Una colega brasileña, Sylvia Severina-Ferreira presentó una investigación sobre díadas madre-bebé, centrada en los turnos de palabra y la prosodia materna. La reproducción de una grabación con la voz de una madre[6] resultó tan impactante que cautivó a todo el auditorio.

El reencuentro con Colwyn Trevarthen

Luego, ese mismo año, en 1995[7], tuve la suerte de conocer a Trevarthen. Desde entonces, su influencia va a marcar mi manera de pensar.

Recorriendo los artículos enviados por él, no siempre amenos en su lectura a causa de las exposiciones metodológicas, encontré una perla: un artículo de 1984 de Fernald que describe sus investigaciones con bebés de entre uno y tres días a los cuales les hace escuchar la voz de la madre. Inauguraba así el campo de la investigación sobre la prosodia del *maternés* (o *motherese*) que ahora llamamos también *paternés*, ya que los padres tienen la misma capacidad de producirlo. Ella constata en los recién nacidos una apetencia oral exacerbada por la palabra materna cuando presenta una serie de características específicas de gramática, de puntuación, de escansión y una prosodia muy particular. Fernald

4. Es triste pensar que el equipo actual en el que se encuentra Frank Ramus se niega, de forma incluso hostil, a continuar cualquier diálogo con el psicoanálisis.

5. Dos años más tarde se organizó un segundo congreso conjunto sobre la pulsión.

6. En 1999 escribió un artículo en *Psychanalyse de l'enfant* sobre el *mamanais* en la relación entre el bebé y la madre.

7. Durante el congreso sobre el autismo organizado por J. Hochmann en Lyon.

estudia las características del *maternés* y los efectos que produce sobre la apetencia oral de lactantes entre uno y tres días de vida.

De este modo, se descubrió que incluso antes de la bajada de la leche –y sin haber experimentado aún la satisfacción alimentaria–, un bebé se muestra sumamente atento y succiona con intensidad un chupete no nutritivo[8] al escuchar la prosodia particular de la voz materna dirigida a él. Sin embargo, Fernald demostró que si ella grababa a la madre como hablándole al bebe en su ausencia, los resultados variaban significativamente: los picos prosódicos desaparecían y el lactante perdía interés. Cuando la madre se dirigía a otro adulto, la prosodia se debilitaba aun más y la apetencia del bebé se extinguía. Aunque Fernald trabajó con bebés de desarrollo típico, sus hallazgos fueron el punto de partida de nuestras investigaciones sobre los bebés con riesgo de autismo a través del análisis de videos familiares.

Lo que había despertado mi entusiasmo como analista a través de la lectura de ese documento estaba ligado a un pequeño parágrafo al final del artículo[9]. Tras describir la prosodia de la voz de la madre que encantaba al bebé, Fernald se preguntaba si en una conversación entre dos adultos se podían encontrar picos prosódicos similares. Y llegó a la conclusión de que sí, pero rara vez, ya que para ello es necesario que se produzcan al mismo tiempo una gran sorpresa y una gran alegría.

Dicho sea de paso, recientemente se demostró que la sorpresa produce en la voz de los padres del bebé un pico de energía elevado, mientras que el placer produce un pico muy bajo (Reissland et al., 2002). Yo constaté entonces que, cuando los dos se producen sucesivamente, tiene el aspecto de colinas recortadas, propias de la prosodia del *paternés*.

Ahora bien, sorpresa y alegría, parecía un equivalente a "estupefacción y luz", términos que Freud retomaba del poeta Heinrich Heine en su libro *El chiste y su relación con el inconsciente*. Todos recordamos el ejemplo que Freud toma prestado de Heine, la historia del pobre judío, pedicuro, que va a casa de su tío Rothschild y es recibido, según él, de

8. Este detalle es importante si queremos distinguir los objetos de satisfacción de las necesidades de los objetos pulsionales propiamente dichos.

9. Varios estudios (Scherer, 1979) han demostrado que un tono alto (*high pitch*) y un rango de tono expandido (*expanded pitch range*) en la conversación normal entre adultos son concomitantes acústicos de un afecto positivo, señalando placer y felicidad, así como vitalidad y sorpresa, a los oyentes adultos. En el lenguaje de las madres a los bebés, varios de estos atributos prosódicos conocidos por transmitir información emocional son exagerados mucho más allá del rango del habla normal del adulto, proporcionando quizás prominentes claves afectivas para el bebé.

forma "familionaria". ¿El pobre judío no sabe hablar correctamente? No, se dice el poeta, acaba de hacer, sin quererlo, un chiste y es ¡genial! Rothschild no puede recibirlo de otra manera que no sea "familionaria". Es demasiado rico para recibirlo de otra manera. Esta historia recorrió el mundo entero. Lacan la retoma en *El Seminario V*, cuando construye su grafo del deseo, para identificar el momento en el que un decir de un sujeto, encuentra el goce del Otro. Es este Otro barrado, descompletado de su saber por el descubrimiento de esa palabra que hasta entonces ignoraba. Si se hubiera tratado de un saber no barrado, hubiera enviado esta palabra a la basura de las palabras falladas o de los neologismos desprovistos de interés.

Si la prosodia del *maternés* se produce cuando surgen al mismo tiempo esas dos experiencias afectivas, esto quiere decir que la madre del recién nacido las experimenta en presencia de su bebé.

Ya había reflexionado mucho sobre esta cuestión, muchos años antes, cuando encontré a una pequeña niña autista: Louise. A los cinco años, le encantaba repetir de memoria ciertos pasajes de un audiolibro infantil. Durante un tiempo, su personaje favorito fue Gargantúa. Le fascinaba una parte en la que el bebé gigante pedía: "¡A beber, a beber!"; sin embargo, ella modificaba sistemáticamente el texto diciendo: "¡A ver, a ver!". Ni su madre ni yo teníamos permitido corregirla. Luego de un tiempo comprendimos que se trataba de un magnífico chiste de Louise. ¡A ese gran bebé Gargantúa, que no se satisfacía de una gran cantidad de leche, lo que le faltaba era la mirada!

El efecto de este descubrimiento nos dejó estupefactos, tanto a los padres como al terapeuta y nuestra voz tuvo durante un tiempo que tener las inflexiones de la sorpresa y del placer que suscitaba en nosotros. Las modificaciones de Louise fueron entonces brutales y radicales: ella perdió su estrabismo y dejó de salivar, al mismo tiempo que se interrumpieron las estereotipias de las manos. Previamente, ella le hablaba al techo y no se dirigía al otro.

Esto quiere decir que la madre de un recién nacido está en ese estado en el nacimiento: maravillada y sorprendida. Y que el bebé puede entonces pescar su goce en tanto que Otro barrado, marcado por la falta que esta sorpresa implica. Estas descripciones de Fernald del bebé apasionado por la prosodia del *maternés* desde los primeros días de vida, ponían seriamente en tela de juicio la teoría del apuntalamiento en Freud (que desarrollé en un trabajo titulado "La voz como primer objeto de la pulsión oral" escrito en 1998 para nuestro congreso "Emergencia y campo del lenguaje").

La voz como primer objeto de la pulsión oral y crítica a la teoría del apuntalamiento de Freud

Freud, al final de su vida, escribe en el *Compendio de Psicoanálisis*:

> El pecho nutricio de la madre es para el niño el primer objeto erótico, el amor aparece apuntalándose en la satisfacción de la necesidad de alimento. Muy temprano, el niño succionando obstinadamente muestra que existe una necesidad de satisfacción que, por más que provenga de la alimentación y esté excitado por ella, busca una ganancia de placer independientemente de la necesidad. Por eso, esa necesidad puede y debe ser calificada de sexual.

Recordando su texto sobre la pulsión, podemos agregar: "pulsional". Freud dice:

> Cuando uno ve a un niño satisfecho dejar el pecho, dejándose caer para atrás y adormecerse, con los cachetes rojos, con una sonrisa feliz, podemos decir que esta imagen es el prototipo de la expresión de la satisfacción sexual en la experiencia ulterior.

Esta es la concepción clásica del apuntalamiento del funcionamiento psíquico y pulsional sobre la experiencia de satisfacción de las necesidades vitales del organismo. René Spitz afirmaba que la constitución del aparato psíquico pasa necesariamente por la experiencia de la satisfacción de la necesidad alimenticia.

Releyendo atentamente el *Proyecto*[10], comprendí que Freud pensaba que, en el polo alucinatorio de satisfacción, se inscribían las huellas mnémicas de los atributos de ese prójimo auxiliar (*Nebenmensch*), que está atento a las necesidades del niño y también algo que queda como una cosa (*Das Ding*). Freud agrega: *"Sería, por ejemplo, a nivel visual*[11]*, los rasgos"*.

Me había parecido posible entonces ligar esto a la mirada fundadora de la madre[12] -o de los padres- y a lo que Donald Winnicott llama el rostro de la madre como espejo. Algo del deseo de la madre por su bebé se traduciría en los rasgos de su rostro, en su manera de mirarlo; esto quedaría registrado en el polo alucinatorio de satisfacción. Estos rasgos son también acústicos basados en los modos prosódicos de la palabra

10. Único texto en el que Freud aborda extensamente el papel del prójimo auxiliador en la constitución del aparato psíquico del bebé.
11. Lo que quiere decir que podría haber otros niveles que el visual.
12. Sobre este tema se puede leer Laznik (1995).

de los padres a su bebé. Son los trabajos de los psicolingüistas y los casos clínicos, los que me habían permitido hacer estas afirmaciones.

Interés en las investigaciones de los psicolingüistas

Las investigaciones de los psicolingüistas a los cuales Bresson nos introdujo, habían sido resumidos para todo el público por Bénédicte de Boysson Bardies y, años antes, por Mehler y Dupoux. Yo hacía también referencia a los trabajos de Marie-Claire Busnel sobre las competencias acústicas de los fetos que, hasta ese momento, interrogaba mucho nuestras maneras habituales de pensar. El trabajo sobre el período gestacional todavía debe ser hecho.

En ese texto que presenté en el Congreso expuse que todas las investigaciones me habían hecho pensar que el bebé de Freud –tal como yo me lo representaba– se encontraba seriamente cuestionado. Pero el bebé de Lacan también nos demandaba algunos cambios.

Lacan llama al sujeto humano el *parletre* porque, desde el vamos, ya está en el lenguaje. Cierto. Pero, ¿qué sucede con el *infans*, o sea aquel que todavía no habla? ¿Cómo se juega en el plano clínico? Si Lacan habló del deseo del Otro, él no tenía una clínica de bebés que le hubiera permitido articular sus hipótesis en el plano fenomenológico. Además, Lacan sigue enganchado con el *Proyecto:* la primera manifestación del bebé es un grito, o sea una descarga motora, que sucede porque tiene hambre o sed, o sea de origen de una excitación interna.

Desde el principio de su libro, de Boysson-Bardies nos recuerda que el bebé discrimina la voz de la madre, antes incluso del primer amamantamiento, por lo tanto, antes de que cualquier leche hubiera podido calmar cualquier necesidad[13]. De hecho, las investigaciones de los psicolingüistas no van en el sentido de las afirmaciones de Spitz sobre el pasaje necesario por la experiencia de satisfacción de la necesidad alimentaria para la constitución del aparato psíquico.

---

13. De Boisson Bardies también cuenta que los bebés a los que se les hace escuchar un poema durante los últimos meses de la vida fetal, discriminan ese poema. Lo prefieren a otro que no han escuchado, aunque sea la voz de su madre la que lo lee. Prefieren el poema que conocen, aunque sea una voz femenina desconocida la que lo lee. Incluso son capaces, al succionar de una manera particular, de elegir volver a escuchar la cinta del poema conocido en detrimento de la que contiene la voz de la madre. Vemos, pues, que, desde el nacimiento, la voz de la madre no es el único determinante acústico en juego, sino también ciertas características de las cadenas significantes previamente escuchadas. Veremos que la prosodia también desempeña, desde el principio, un papel preponderante.

En el Centro Alfred Binet recibí, a finales de los años noventa, un bebé de once meses que voy a llamar Marianne[14]. A causa de una malformación digestiva grave[15], tuvo que ser alimentada por catéter y luego[16] por sonda; Marianne no había tenido nunca la experiencia de satisfacción alimenticia oral. Al principio, se presentaba como un bebé triste, con padres que estaban tensos, estresados por el fracaso para alimentarla de manera natural. Pero en el trabajo terapéutico, ella pudo, muy rápidamente, mostrarse vivaz, capaz de comer las historias que uno le contaba, de beber las palabras de unos y de otros. Ella puso en escena buenas representaciones de madre nutricia, mostrando un autoerotismo oral, demostrando una organización de la simbolización y, muy rápido, empezó a hablar.

Si esto fue posible de manera tan temprana es porque Marianne no solo había sido alimentada artificialmente, sino que también lo había sido hecho por sus padres, desde el hospital, con palabras nutricias. Cuando yo jugaba a dejarme alimentar, Marianne retomaba, en espejo, el placer que se podía sentir al ser alimentada. Es decir, que ella ponía en escena algo que le era totalmente desconocido desde el punto de vista de la alimentación oral. En otro juego, se iba a ofrecer a ella misma como objeto delicioso, "para ser comido" y fue así que descubrió la cavidad bucal de sus padres y la propia. Es todo el circuito de la pulsión oral, en sus diversos tiempos sucesivos, que se fue instalando en ella. Estamos entonces frente a alguien que, aun no habiendo sido alimentado por la boca, no presentaba, sin embargo, ningún retraso en la organización simbólica ni del lenguaje.

Yo me hice algunas preguntas teóricas sobre las consecuencias de estos datos clínicos. Freud era un hombre curioso de las investigaciones de su tiempo y yo creo que, frente a datos de este tipo, hubiera sido el primero en sacar consecuencias con respecto a su teoría. A lo mejor le hubiera permitido rearticular mejor algunas dificultades de algunos de sus conceptos.

---

14. Desarrollado también en el capítulo 4 de este libro, en p. 86. (N. de T.).

15. Se trata de un caso grave de laparosquisis que requirió seis meses de hospitalización y varias intervenciones quirúrgicas.

16. Esta situación persistía en el momento en que se realizó esta exposición, cuando Marianne tenía catorce meses. Solo a partir de los veintiocho meses pudo alimentarse exclusivamente por la boca.

Rol del apuntalamiento de la pulsión en Freud

El apuntalamiento le permite a Freud instalar una representación teórica del aparato psíquico que supone una historicidad –que es muy importante– y un enlace a un Otro primordial que él llama el prójimo auxiliador (*Nebenmensch*); que va a aportar la respuesta específica capaz de calmar las necesidades (hambre, sed). Sigue luego una caída de la tensión interna para el bebé, vivida como experiencia de satisfacción, que se inscribe en el polo alucinatorio de satisfacción. Más tarde, cuando está solo, el bebé puede reevocar estas huellas mnémicas de la experiencia de satisfacción[17], así como los rasgos de este Otro atento, y reencontrar una calma; es la experiencia alucinatoria primaria. Es en estos términos que Freud describe la constitución del aparato psíquico en el *Proyecto*.

A partir de allí, podemos pensar un autoerotismo, sucedáneo de la experiencia alucinatoria primaria, mezclado con la re-evocación de ciertos rasgos de este Otro auxiliar. Esta concepción tiene el interés de integrar el autoerotismo en la historicidad de la relación al Otro[18]. Pero esto pone a Freud en una situación complicada: hace derivar toda la experiencia psíquica del registro fisiológico.

¿Cómo no confundir fisiología y psicología se pregunta Freud? ¿Cómo separar a las pulsiones sexuales por excelencia del registro de la conservación del organismo? A esta cuestión central, Freud va a responder introduciendo la idea de un autoerotismo innato, lo que va a crear nuevos problemas teóricos. Para Freud, en el autoerotismo, el objeto puede confundirse con la fuente, es decir la zona erógena; en la succión, los labios. El paso siguiente consiste en separar al autoerotismo del objeto, y se vuelve entonces anobjetal, innato y no depende entonces de ningún Otro de la experiencia primordial. Toda historicidad se encuentra excluida.

Tal concepción del autoerotismo innato se opone radicalmente a lo que Freud propone en el *Proyecto*[19]. Pero le permite concebir un aparato psíquico que no sería totalmente tributario de la experiencia de la satisfacción de la necesidad. Emancipa así la fisiología de la psicología

---

17. Que Freud llama las *Wunschvorstellungen*, las representaciones de deseo.

18. Es, por cierto, la que han elegido J. Laplanche y J-B. Pontalis en su diccionario y la que prefiere la mayoría de los autores psicoanalíticos franceses.

19. Aunque el término "autoerotismo" aún no aparece –ya que Freud no lo empleó hasta 1905–, es evidente que la propia noción de polo alucinatorio de satisfacción, que supone el resurgimiento de huellas mnémicas vinculadas a rasgos del Otro inolvidables, implica una concepción totalmente diferente del autoerotismo.

y abre, al mismo tiempo, la posibilidad de un campo de la pulsión independiente del campo de la autoconservación.

Llevando este movimiento del pensamiento de Freud a las últimas consecuencias, ciertos autores van a dar el paso y a concebir un autoerotismo sin *Eros*, es decir, un primer tiempo autista en todos los bebés. Margaret Mahler lo va a afirmar y será seguida por Frances Tustin[20]. Es importante subrayar acá, dialogando con Trevarthen –uno de los fundadores de la psicolingüista– que Tustin dice haber comprendido que esta hipótesis era insostenible.

Aunque Freud nunca llegó a tal extremo, debió intuir que su hipótesis sobre el autoerotismo innato entrañaba riesgos; esto explica que se aferrara con tanta fuerza a la teoría del apuntalamiento para sostener dicho planteamiento. En *Tres ensayos para una teoría sexual*, Freud añade en 1915 comentarios sobre el apuntalamiento que guardan coherencia con lo expuesto en "Pulsiones y destinos de pulsión". Presenta el concepto señalando que requerirá ajustes teóricos. Dado que la pulsión actuaría como el representante psíquico de las excitaciones internas, es lógico que emplee el hambre y la sed como ejemplos. Lacan tuvo la audacia de mostrar que el hilo que lleva a Freud a forjar ese concepto es otro:

> No se trata del organismo en su totalidad. ¿Es el viviente todo entero que está involucrado? No (...) La constancia del empuje prohíbe toda asimilación de la pulsión a una función biológica, que tiene siempre un ritmo. La pulsión no tiene ni subida ni bajada, es una fuerza constante. (p. 150).

La fuente, es la zona erógena que en el bebé es, por excelencia, la boca. Pero ahí donde no podemos seguir a Freud es cuando toma a esta zona como objeto para intentar pensar otra cosa que el objeto de la satisfacción de la necesidad (en lo cual tiene razón). Releyendo a Freud, Lacan dice lo siguiente:

> Ningún objeto de la necesidad puede satisfacer la pulsión. La boca que se abre en el registro de la pulsión, no se satisface de alimento. (1964-1973: 198)[21].

Por eso, a la lista habitual de Freud: seno, heces, Lacan agrega la mirada y la voz. Estos dos objetos –que no satisfacen ninguna necesi-

20. Si este paso lo han dado autores anglosajones, y no autores de la escuela francesa, es porque esta última se ha mantenido muy apegada a la idea de una historicidad.

21. El propio Lacan no tuvo tiempo de sacar las consecuencias de esta afirmación, que implica una revisión completa de la teoría del apuntalamiento.

dad– son centrales en la clínica del bebé. En cuanto al pecho, sigue muy conectado a su valor de la satisfacción de la necesidad alimentaria, y vimos cómo en el caso de Marianne, la satisfacción de la pulsión oral es de otro registro.

De hecho, Lacan va a reservar el término de pulsión únicamente para las pulsiones sexuales parciales y todo lo que concierne a la conservación del individuo, todo el registro de la necesidad cae fuera del campo pulsional[22].

Se trata entonces de que la pulsión realice cierto recorrido. Ese circuito, que aporta la satisfacción pulsional –radicalmente diferente de toda satisfacción de una necesidad orgánica– retorna siempre a su punto de origen. No se trata entonces para la pulsión de alcanzar y capturar un objeto de la necesidad, sino de encontrar un objeto que la cause, es decir que le permita recorrer los tiempos necesarios de este recorrido y repetirlo innumerable cantidad de veces.

El primer tiempo es activo, el bebé va hacia el objeto externo (el seno o la mamadera). El segundo es reflexivo, tomando como objeto una parte del cuerpo propio (el chupete o el dedo); y es lo que Freud llama la succión[23].

El tercer tiempo de la pulsión, es cuando el bebé se hace objeto de otro –ese famoso "nuevo sujeto"–, la madre por ejemplo. Él va a buscar hacerse mirar, escuchar, o bien a nivel oral hacerse "comer el piecito". A ese aspecto, eminentemente activo, del tercer tiempo del circuito pulsional Lacan lo llamó el tiempo del "hacerse". ¿Quién no ha visto a un bebé, desnudo sobre la mesita donde se lo cambia, ofrecerse como objeto en la anticipación de la voluptuosidad oral materna? El propio bebé ofrece su dedo para que la madre juegue a comérselo, observando con atención el goce que se inscribe en el rostro y en la mirada de ella, para quien él es "rico para comer". Es justamente este goce el que él viene a pescar, a enganchar con un anzuelo.

Este tercer tiempo es el garante de que, en el polo alucinatorio de satisfacción del deseo, se inscriban huellas mnémicas de este Otro materno, de este prójimo auxiliador. Más precisamente, huellas mnémicas de su goce; de ese momento en que la madre sonríe de placer al bebé que se hace mirar o que le ofrece su pie para "ser comido". Esto nos

---

22. La pulsión entonces no es un concepto límite entre lo biológico y lo psíquico sino un concepto que articula el significante con el cuerpo, que no es el organismo.

23. Pero vamos a ver que solo es *a posteriori* del tercer tiempo que vamos a poder decir si hay o no autoerotismo.

asegura que, cuando el bebé se encuentre solo, succionando su pulgar o su chupete, habrá investimento de las huellas mnémicas de ese Otro materno. Y esto es la garantía de que su autoerotismo contiene a *Eros*. Sin *Eros*, autoerotismo se escribe autismo.

El futuro autista no accede a este tercer tiempo del circuito pulsional, en el que el bebé se ofrece como objeto para un nuevo sujeto; por tanto, el circuito queda incompleto. Al no registrarse en el polo alucinatorio de satisfacción ningún placer suscitado en el Otro, el tiempo autoerótico se vuelve imposible. Esta prioridad del tercer tiempo sobre la naturaleza autoerótica del segundo es tan determinante que Daniel Widlöcher propuso invertir el orden cronológico, situando el tercer tiempo de la pulsión como paso previo al autoerotismo.

Volvamos ahora a la cuestión del objeto para comprender mejor la forma en que la voz puede ser el primer objeto de la pulsión oral. Las investigaciones de Anne Fernald me permitieron pensar a la voz como el primer objeto pulsional. Recordemos que ella nos mostró que los bebés son apasionados desde el nacimiento por el *maternés*, prosodia impregnada del asombro y de la alegría y el goce que su presencia despierta en la madre.

Como ya lo dije antes, Freud describe en *El chiste y su relación con el inconsciente*, el rol de la tercera persona, aquella que escuchando *"una formación defectuosa de la palabra como algo ininteligible, incomprensible, enigmático"*, lejos de rechazarlo como no perteneciendo al código, se deja, luego de un tiempo de estupefacción, llevar por la iluminación y reconoce un chiste. Dejarse asombrar es la marca de la falta en el Otro. Y el segundo momento es el de la risa. Toda la segunda parte del libro de Freud es sobre la risa, que es placer, es goce[24]. Con la estupefacción y la risa del Otro barrado, estamos en el tercer tiempo del circuito pulsional. Estupefacción y goce son las características de la prosodia del *maternés* del cual el bebé es tan ávido. ¿Qué nos enseña entonces la investigación de Fernald? Que, desde el nacimiento, y antes de toda experiencia de satisfacción alimenticia, el bebé tiene un apetito extraordinario por el goce que la vista de su presencia despierta en el Otro materno. Esto justifica que hayamos revisitado seriamente la teoría del apuntalamiento.

Con el objeto voz –o más precisamente con la prosodia particular de la voz materna–, Freud hubiera podido, me parece, salir del *impasse* en el que se encontró entre un apuntalamiento demasiado anclado en la

---

24. No se trata aquí del placer en el sentido del principio de placer, que es sobre todo un principio de no displacer.

fisiología y un autoerotismo innato, o sea que excluye al Otro. A lo mejor hubiera podido tener la idea escuchando el poema de Shütz:

O nomem Jesu, verus animae cibus
In ore mel, in aure melo
In corde laetitia mea
Tuum itaque nomem, dulcissime Jesu
In aeterno in ore meo portabo

Oh en nombre de Jesús, verdadero alimento del alma
Miel en la boca, melodía en las orejas
Goce en el corazón
Es porque tu nombre, dulce Jesús
Yo lo voy a llevar siempre en mi boca

Gracias a la lectura de Fernald, comprendí no solamente la importancia de la voz como objeto pulsional primordial (a condición de que sea portadora de la sorpresa y del placer que definen el rol de la tercera persona en el chiste) sino también que había un medio para identificar si una voz poseía esas características. Aquí había que encontrar a alguien que sea apto para hacer un trabajo de laboratorio sobre los registros de las voces maternas. En 1999, conocí en San Pablo a Erika Parlato, discípula de la psicolingüista Claudia Lemos. Erika realizaba su doctorado en neurociencias en la Escuela Normal Superior, donde analizó los registros de voces de los padres de Marco y de otros bebés. Sus hallazgos, publicados en 2005, nos permiten abordar una pregunta clave: ¿qué determina que un bebé con riesgo de autismo logre mirar a sus padres? Desde el año siguiente, vimos los primeros resultados que fueron publicados en 2005, en un libro colectivo (Laznik et al., 2005).

Primeras investigaciones en psicolingüística con los videos familiares de bebés devenidos más tarde autistas

Se trata de un estudio multidisciplinario y multicéntrico sobre la voz, llevado a cabo por Muratori y Maestro[25] que trabajaban desde hacía mucho tiempo sobre los signos tempranos de autismo a partir de videos familiares, y Parlato, psicolingüista.

25. Fundación Stella Maris, Facultad de Medicina de Pisa.

Para introducir este artículo, yo recordaba que Trevarthen y Fernald habían probado que el bebé muestra, desde el nacimiento, un interés por ciertos elementos de la voz de la madre. Siendo psicoanalista, yo había cruzado estas investigaciones con las hipótesis de Lacan sobre la "pulsión invocante". Por supuesto, el primer bebé estudiado fue Marco, quien me había hecho reflexionar tanto.

Marco

¿Cómo ese bebé de dos meses y medio, tan indiferente al otro, podía de golpe ser capaz de mirar a su madre y responderle con sonidos, en una verdadera "protoconversación", cuando ella le canta una canción? Esta interacción se sostiene durante casi tres minutos.

Sin dejar de tener en cuenta el factor estimulante de la canción de la madre, el estudio de la prosodia de la voz de los dos padres, nos enseñó que la voz del padre presenta las características prosódicas del *maternés* Incluso si esta voz paterna se escucha mal en el fondo sonoro del video, puede sostener el lazo vocal y visual, madre-niño. Decidimos entonces comparar la voz de la madre de Marco, hablando a su hijo en otras escenas del video, a las de otra madre con su bebé Fabien, escenas similares por ejemplo cuando ambas le cambian el pañal.

Las figuras 1a y 1b representan los espectrogramas de las dos voces. En los análisis espectrales, el eje horizontal representa el tiempo y el eje vertical la frecuencia. El grado de oscuridad de las rayitas indica la energía.

La voz de la madre de Marco no presenta las características de la prosodia del *maternés*. La confrontación de los dos espectrogramas es impresionante, incluso para los no especialistas del análisis acústico: la voz de la madre de Marco tiene una característica muy monótona, mientras que la madre de Fabien, una voz mucho más entonada.

Esta diferencia de ninguna manera permite elaborar una hipótesis etiológica. Primero, porque desde las primeras investigaciones sobre la prosodia del *maternés*, Anne Fernald subrayó la incapacidad de una madre a producir este tipo de prosodia en ausencia de su bebé. Incluso si la madre sabía que le íbamos a hacer escuchar una grabación de su voz a su bebé y que ella intentaba hacerlo lo mejor posible, su prosodia no era la misma. Podemos entonces pensar que un bebé que no reacciona demasiado termina por suscitar en su madre, una prosodia del estilo de la que se produce "frente al grabador".

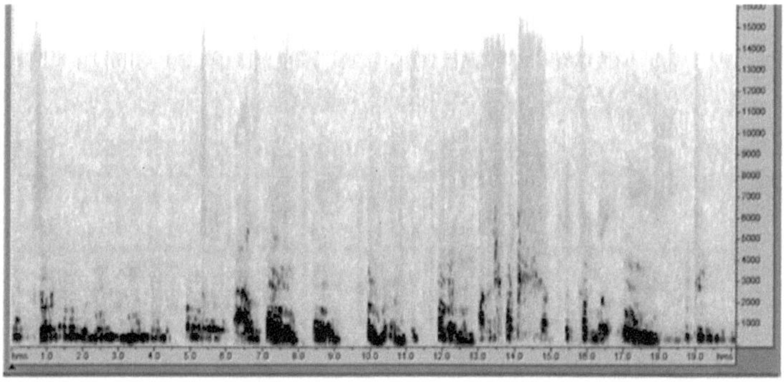

Madre de Fabien (Fig. 1a)

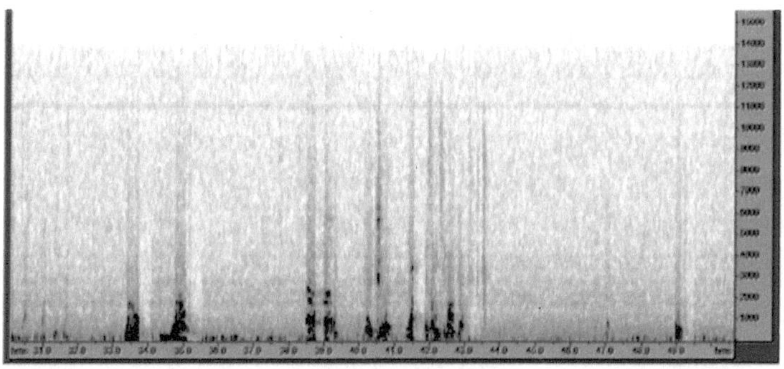

Madre de Marco (Fig. 1b)

Por otra parte, las investigaciones de Denis Burnham (Burnham et al., 2002) en la Universidad de Sidney sobre el *maternés* demostraron que las reacciones de los bebés sanos ampliaban la curva melódica en el habla de la madre. Así, esta prosodia se revela, en gran medida, como el reflejo resultante de una relación vincular.

Fabien –quien tuvo un desarrollo esperable– y su madre ofrecen, en la escena del cambio de pañal, un excelente ejemplo de lo que la psicolingüística denomina "turnos de palabra". La madre habla por el bebé, asumiendo la primera persona y respondiéndose a sí misma como si fuera él quien hablara. En este diálogo, el niño la sostiene activamente a través de su mirada y su voz, mientras que la prosodia materna transmite la sorpresa y el goce que esta interacción le genera.

Acá está la imagen del análisis espectral de un fragmento de palabras que ella le dirige a su hijo (figura 2).

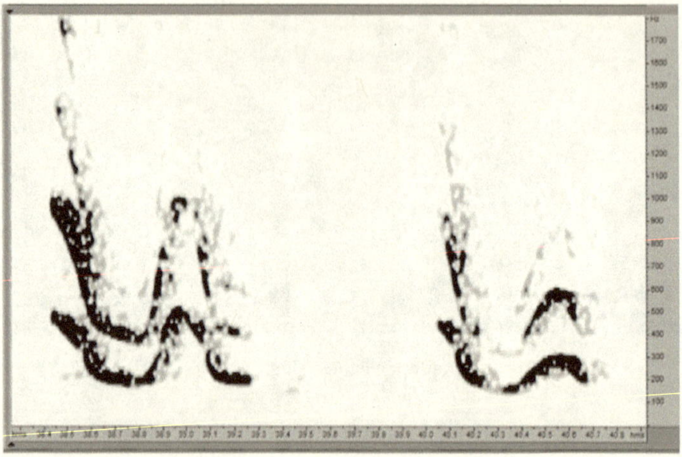

Fig. 2. Melodía del "mamanais" de la madre de un niño con desarrollo normal.

Esta imagen ilustra cómo el *maternés* se manifiesta a través de modificaciones en la voz y la prosodia, caracterizadas por formas melódicas dulces y extensas, con amplias excursiones tonales. El efecto rítmico se ve amplificado por las repeticiones, lo que genera cortes nítidos entre los fragmentos sonoros. Estas pausas son esenciales en el discurso materno, especialmente cuando el bebé interviene con su respuesta.

Incluso si la colaboración del bebé Fabien es evidente, me pregunté lo siguiente: ¿qué pasaría si a pesar de todo, un adulto llegara a producir esta prosodia de *maternés* frente a un bebé que podría devenir autista? ¿El bebé respondería?

Pedro

Pedro es otro de los bebés en la cohorte de los videos familiares de Pisa. Permite poner en escena esta pregunta y descubrir que la respuesta es positiva. Pedro es un bebé que no mira nunca a su madre, no responde a ninguno de sus llamados. A veces le responde al padre cuando éste último despliega una energía considerable para solicitarlo. Una amiga de la madre, que vino de vacaciones a su casa, tampoco logró entrar ni una sola vez en contacto con él.

Analizamos la voz de la madre en una escena angustiante en la que ella lo llama desesperada, confrontada a su indiferencia. *"¿Pedro? ¿Pedro? ¿Pedro?"*. Se le acerca, mientras que el bebé mira muy evidentemente para el lado opuesto. El tono de la voz materna se hace cada vez más suplicante: *"¡Mírame! ¡Mírame! ¡Mírame!"*. Ella pone su rostro sobre el vientre del bebé y grita con angustia: *"¡Mi bebé! ¡Mi bebé! ¡Mi bebé!"*. Esto es lo que da el análisis de ese fragmento del discurso materno (figura 3).

A pesar de la fuerza de la desesperanza con la que la madre grita el llamado al bebé -lo cual había suscitado una intervención del padre, que había tomado al bebé en brazos e interrumpido así la escena- vemos que no hay ningún pico prosódico. Su voz queda como neutra. También podemos ver la ausencia de corte en los segmentos sonoros.

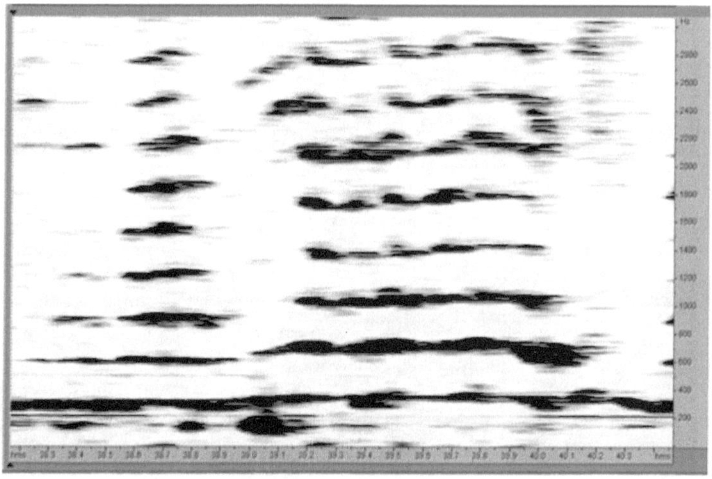

Fig. 3. Melodía de la madre de Pedro, bebé autista.

No obstante, en ese extenso film familiar destaca una escena extraordinaria. El bebé, habitualmente indiferente a los estímulos, entabla un diálogo visual y tonal -de carácter intermodal- con su tío, quien se encontraba de paso por la casa. La escena transcurre en la granja orgánica donde trabajan el padre y el tío, un entorno de intensa labor que explica por qué este último, poco habituado a las dificultades de comunicación de su sobrino, puede abordarlo con una frescura distinta. En su voz se perciben las características del *maternés*; o mejor dicho, del *paternés* (Fernald y Kuhl, 1987), término que describe con mayor precisión este modo en que los hombres se dirigen a los bebés.

Apenas dos minutos antes de la intervención del tío, la madre había intentado establecer contacto con su hijo. Sin embargo, el niño no solo permanecía indiferente, sino que parecía haberse dejado caer hacia el lado opuesto a ella en su camita de tela. Si bien el bebé no reacciona cuando el tío le tiende la mano, el solo sonido de su voz logra sacarlo de ese estado de postración. De pronto, el niño comienza a mirar, a vocalizar y a sonreír, mostrando una conducta esperable para su edad. El cambio del bebé resulta tan radical como sorprendente.

Cuando comparamos los espectrogramas de la voz de la madre y el del tío (figura 4), la diferencia es impresionante.

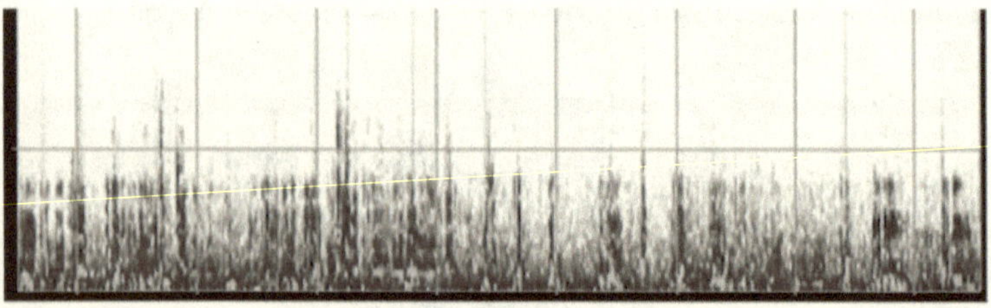

Espectrograma del tío de Pedro (4a)

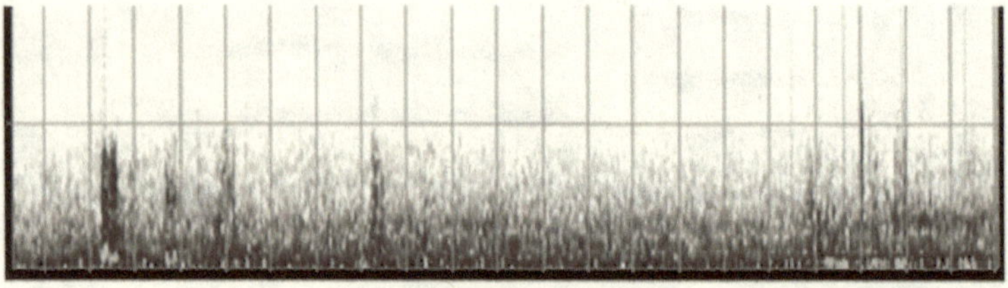

Madre de Pedro (4b)

Fig. 4. Comparación de la voz del tío (4a) y de la de la madre de Pedro (4b), dirigiéndose ambos a este último.

Acá hay otra presentación de un pequeño fragmento del discurso que el tío le dirige a su sobrino (figura 5), jugando con el chupete y preguntándole a quién le pertenece. Parece disfrutar delante de este chupete y juega a pedírselo: *"¿De quién es? ¿De quién es esto, ehhh?"*.

A través del análisis, observamos las curvas prosódicas y los silencios que delimitan los bloques sonoros. Este caso demuestra que los picos melódicos del *paternés* pueden suscitar respuestas incluso en lactantes con un diagnóstico posterior de autismo.

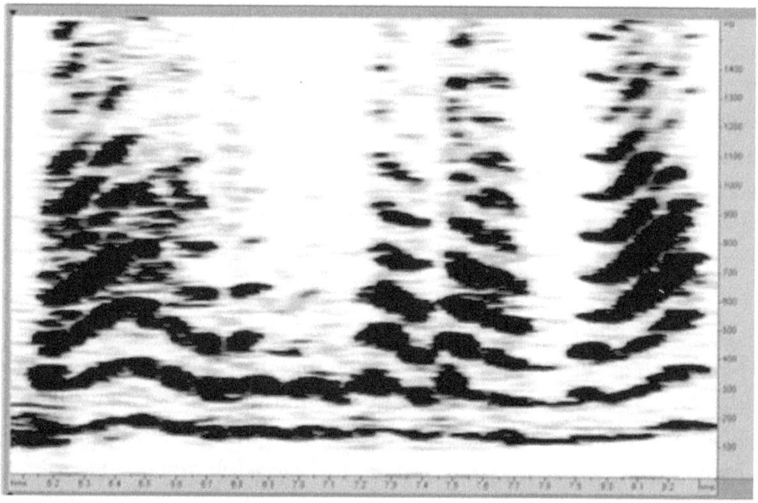

Fig. 5. Fragmentos de la voz del tío al sobrino.

Si bien estos niños poseen el equipamiento para responder a dicha prosodia, su dificultad radica en que no logran convocar ni reiniciar el intercambio; en ningún momento del registro fílmico se observa al bebé tomar la iniciativa para provocar al interlocutor. Este concepto de "provocación", que implica una dimensión de llamada al otro, fue desarrollado por Emese Nagy, un investigador de la teoría del desarrollo. Su concepto abarca mis investigaciones a propósito del tercer tiempo del circuito pulsional, tiempo en el que el bebé se hace escuchar, por ejemplo, por un otro, y también la noción de "apetencia simbólica del recién nacido" propuesta por Graciela Crespin.

Alfredo

Alfredo también forma parte de la cohorte de Pisa de bebés con un diagnóstico posterior de autismo. Aunque sus padres producen picos prosódicos al dirigirse a él, durante sus primeros tres meses de vida el niño parece eludir activamente las percepciones provenientes de su entorno familiar, incluidos sus abuelos. Se trata de una conducta que podríamos definir como una "evitación voluntaria", en la línea de lo descrito por Selma Fraiberg.

Al realizar un microanálisis de una interacción entre la madre y su bebé de casi dos meses, se percibe una degradación en la voz materna:

sus tentativas, inicialmente dulces y tiernas, van decayendo ante el fracaso del encuentro. Ni siquiera las pequeñas caricias en la zona peribucal logran captar la atención del niño. Pese a que el padre –quien filma la escena– la insta a insistir, los nuevos esfuerzos resultan vanos. Al detener la imagen al final de la secuencia, se hace evidente un leve pliego de amargura que se dibuja en la boca de la madre. Los padres, frente a esta ausencia de respuesta del bebé, frente al rechazo actuado[26] –cuando él se da vuelta ostensiblemente para el lado opuesto al que se encuentra su madre– se sostienen mutuamente y parecen guardar confianza.

Hemos analizado con atención la escena en la que, por primera vez, el bebé de tres meses dirige la mirada a uno de sus progenitores: a su padre. Durante este registro de fin de semana, el padre sostiene al niño sobre sus rodillas mientras la madre filma. Como es habitual, ambos conversan sobre este hijo que se muestra ostensiblemente ausente. Sin embargo, en un momento emerge un inicio de *paternés*; el bebé responde con una sonrisa no dirigida que, al sorprender gratamente a los padres, desencadena una nueva secuencia prosódica en la voz paterna. Finalmente, el niño lo mira sonriendo. Se produce entonces un "concierto" de sorpresa y goce en la prosodia parental que habilita el intercambio. Conmovido, el padre repite: *"¡Él me mira, él me mira!"*, respetando el momento en que el bebé decide retirar la mirada, lo que demuestra que el papá está en buena sintonía con su bebé.

Diez minutos más tarde –como lo indica el video–, la madre toma al bebé en sus brazos y empieza a hablarle. La voz tiene la sorpresa y el goce de la situación que acaba de producirse, lo cual se traduce en las curvas prosódicas portadoras del *maternés*. Alfredo no puede no mirarla (figura 6). Pero cuando se encuentra con el rostro de la madre, se pone a llorar.

¿Cómo podemos comprender lo ocurrido? ¿Se trata de una falla en la intermodalidad, de una dificultad para transitar entre lo escuchado

26. La idea de que, desde el nacimiento, existe un prototipo de sujeto capaz de rechazar algo es bastante poco común en el psicoanálisis. Françoise Dolto afirmó desde el principio la existencia de un sujeto, lo cual no es muy evidente. Lacan habló de un sujeto del principio del placer, capaz de huir del displacer. Seguramente se deriva del *Real Ich* que Freud evoca en el *Proyecto*. Solo cuando consigue convertirse en objeto de la pulsión del otro, este sujeto deja de ser acéfalo, dice Lacan. Cuanto más trabajo con bebés en riesgo de autismo, cuanto más veo películas familiares de los que lo han desarrollado, más se perfecciona mi práctica como analista de bebés y padres, y más tengo que reconocer que hay un pequeño sujeto con los padres y el analista en la sesión, lo que lo cambia todo. Pero ese sujeto solo puede saber que existe en el *a posteriori* de descubrir que es fuente de placer para el otro. Un tiempo necesariamente fugaz e indispensable.

y lo visto? Resulta significativo que, apenas diez minutos antes, el bebé no presentara este obstáculo con su padre. ¿Habría percibido algo displacentero en el rostro materno? Es posible que las preocupaciones por un hijo que no responde se borren con mayor lentitud del semblante que de la voz. No debemos olvidar la sutil amargura que comenzaba a dibujarse en la cara de la madre.

Fig. 6. Picos en la voz materna que preceden al momento en que el bebé comienza a llorar.

Tres días después, la madre logra finalmente un intercambio prolongado con su hijo. Ambos están recostados en la cama matrimonial; el bebé debe esforzarse para orientar su rostro hacia el de ella, que queda parcialmente oculto por el colchón. Es probable que la posición relajada de la madre haya favorecido la calidad de su prosodia, aunque también cabe pensar que la ocultación parcial de su rostro impidió que el niño percibiera rasgos de preocupación en su semblante. Ante la respuesta visual del bebé, la sorpresa y la alegría maternas potencian aun más su entonación. Ella le prodiga afecto mediante el lenguaje, le declara su amor y ríe con él, pero aunque logra espejar sus vocalizaciones, evita hablar en su lugar asumiendo la primera persona; no le atribuye frases dirigidas a ella misma. Es necesario hablar de pseudo protoconversación. Esta dimensión loca que consiste en hablar en lugar del otro –en el sentido de Winnicott de la locura necesaria de las madres– tal vez solo sea posible en condiciones de seguridad de la capacidad materna. Un bebé que no responde pone a prueba a su madre.

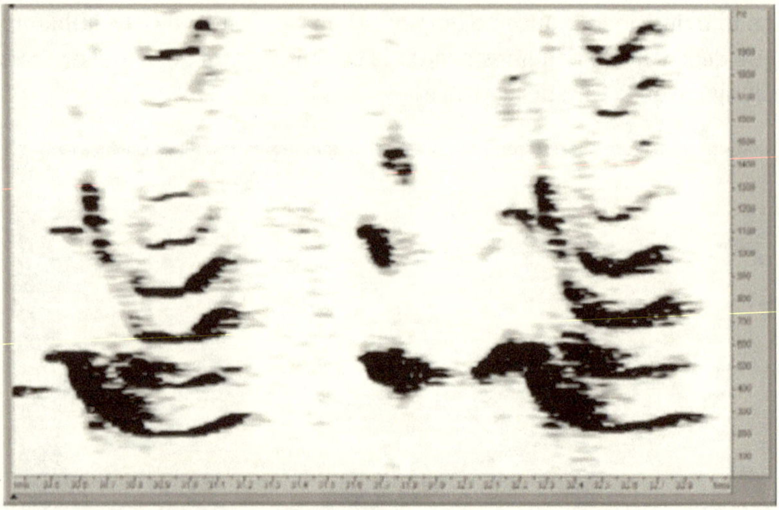

Fig. 7. Fragmentos de diálogo de la madre con Alfredo.

En la figura 7, vemos cómo los picos prosódicos, la repetición, los vacíos entre los tiempos de la palabra, se construyen rápido desde que el bebé le responde.

El análisis acústico perceptual, efectuado por Parlato, indica que la palabra de la madre presenta, en toda la escena, variaciones de energía y un prolongamiento de las vocales característico del *maternés*. Cuando el bebé responde a su madre, en el 100% de los casos la madre produce un *maternés*. Sin embargo, no siempre el bebé responde.

A lo largo del registro fílmico disponible, Alfredo no manifiesta signo alguno de un tercer tiempo del circuito pulsional. No solo carece de la iniciativa para hacerse escuchar, sino que, aun frente a los estímulos maternos, no busca ofrecerse como objeto de la pulsión para ella.

Una escena instructiva es aquella en la que vemos al niño sobre el cambiador mientras su madre juega a estimularlo. Ella le muestra que su pie es "rico para comer" e incluso hace que él mismo lo pruebe, gesto que el bebé acepta con cierto placer. Sin embargo, en ningún momento surge en él la iniciativa de ofrecer su pequeño pie a la boca materna, a pesar de la cercanía física. No parece ser un niño que busque "hacerse comer" por el Otro ni muestra interés por aquello que da placer al interlocutor. Como señala Trevarthen, los bebés nacen con un "motivo por el motivo del otro"; algo que, precisamente, no se observa en los casos de la cohorte de Pisa.

En conclusión, este estudio de los videos familiares de Pisa nos confirmó la idea de que el *maternés* es un potente atractor para los bebés en vía de devenir autistas. ¿Podemos usar este descubrimiento en una terapia con bebés en riesgo autístico? Es la experiencia que yo intenté con Marine.

Marine: trenzado entre clínica e investigación

El principio del trabajo con Marine

Marine no tenía ningún intercambio de miradas con su madre. La psicóloga del centro de Protección Materno Infantil (PMI) tampoco lograba captar su mirada. A la edad de tres meses, durante nuestra primera entrevista, instalada en el canguro sobre el vientre de su mamá, presentó una hiperextensión del tronco hacia atrás –en posición de opistótonos– con la mirada fijada en el techo.

Desde el inicio, la madre manifestaba su angustia por no poder captar la mirada de su hija y describía dolores abdominales intensos en la niña. Marine lloraba de forma prolongada y su madre se sentía desvalida ante sus gritos, sin lograr calmarla. Iniciamos entonces un tratamiento conjunto madre-bebé que resultó exitoso: a los seis meses, Marine ya buscaba la mirada materna antes de realizar cualquier acción o incluso para interactuar conmigo. El lazo parecía haberse consolidado. Tras el receso de verano, me encontré con una niña de trece meses que caminaba y se dirigía hacia nosotros en un vital diálogo sonoro. Ante la evidente mejoría, la madre me preguntó si podía continuar las sesiones para trabajar su propio espacio, a lo que accedí.

A la semana siguiente, la madre acudió sola y mencionó que Marine parecía algo "cerrada". Al cabo de un mes, manifestó su preocupación por el ensimismamiento y la deambulación incesante de la niña, solicitando retomar las sesiones.

Cuando la recibo, me encuentro con una niña que deambula sin establecer contacto visual. La sesión siguiente fue apenas un poco menos difícil. Marine no se comportaba como un lactante en devenir autista sin tratamiento previo: su rechazo a comunicar no le impedía seguir intelectualmente lo que sucedía en el encuentro. Debí reconocer que se trataba de una recaída grave. Durante los dos años siguientes, filmamos prácticamente todas las sesiones[27]. La tercera sesión transcurre sin que podamos establecer ningún tipo de lazo con Marine. Ante el aislamiento de la niña, comprendí que la situación era crítica; ese encierro, instalado desde hacía dos meses, ponía en peligro la constitución de su aparato psíquico.

Voz, autismo y neurociencias

Tanto Diatkine como Jean Bergès[28] pensaban que tenía que haber una "psicosomática" del autismo, que el no uso del órgano debía dañarlo.

Mónica Zilbovicius realizó una investigación que, a mi parecer, ofrece una base completa a esta hipótesis. Ella y sus colegas procedieron a la comparación de veintiún niños autistas primarios con doce niños testigos. Lo que notaron es una disminución significativa, en los niños autistas, de la concentración de sustancia gris a nivel del lóbulo temporal superior (STS), responsable de la escucha de la voz. Estos resultados parecen compatibles con la hipótesis de una hipoperfusión de esas diferentes zonas en los niños autistas[29]. Una discusión surgió entonces sobre el carácter innato o adquirido de tal diferencia, y Zilbovicius reconoció que nadie podría asegurar que no se tratara de una diferencia adquirida.

La prensa publicó también otras de sus investigaciones sobre los sujetos autistas adultos en la que estudió, a través de RMN funcional, la activación del lóbulo temporal superior (STS). Este representa en los adultos normales la zona que se ocupa del tratamiento específico de las señales vocales y del reconocimiento de los rostros. El reconocimiento de la voz humana y el reconocimiento de los rostros constituyen, como lo recuerda Golse, dos ejes fundamentales de las interacciones sociales. Este estudio comparó cinco adultos autistas del sexo masculino con ocho adultos masculinos testigo (Gervais, 2004). Los resultados mostraron que, en los sujetos autistas, no había prácticamente ninguna activación

---

27. La idea surgió de Charles Melman y resultó muy útil para un trabajo de desciframiento en microanálisis de la situación. La primera cineasta fue Anouck de Bordas, una colega que había emprendido sus estudios de psicología tras un largo análisis. Me parece indispensable que el "cineasta" o el "escritor" de una sesión con un niño autista sea alguien formado en psicoanálisis. Transferencialmente, me resultaría difícil sentir que alguien juzga lo que intento poner en marcha para entrar en contacto con el niño. Al año siguiente, fue Catherine Thomas, que tenía la misma formación. Ambas me han sido de gran ayuda y les estoy muy agradecida.
28. Ambos habían sido discípulos de de Ajuriaguerra.
29. En el libro *Langage, voix et parole dans l'autisme* se puede encontrar un informe más detallado de las investigaciones de Zilbovicius.

del lóbulo superior (STS); que la activación cortical era la misma para la voz o para los ruidos, los cuales, en cambio, eran tratados de la misma manera que los sujetos normales. Otro estudio concernía a once niños autistas "de edad escolar".

Por mi parte, suscribo el interés de este hallazgo, aunque resulta notable que no se precise que la investigación concierne a niños y no a bebés. Esta omisión permite que los grandes medios difundan que se ha hallado "la causa" del autismo cuando, en el estado actual de la ciencia, es imposible distinguir entre una causa y una consecuencia. Se trata de un estudio apasionante, siempre que se le despoje de su pretensión etiológica. Lo que es indudable es que, a los cuatro años –o incluso antes–, la falta de uso de este órgano afectará la funcionalidad del lóbulo temporal superior, quizás de manera definitiva.

Veamos cómo Zilbovicius se expresa sobre este tema:

> Hemos demostrado que la percepción de la voz humana no conlleva, en los niños autistas, a la activación de una región muy específica del cerebro que trata la voz humana... Ellos tratan la voz humana como cualquier otro sonido, el de un auto, una campana, por ejemplo. Todo esto se hace a lo largo del desarrollo. El ser humano nace con una atracción particular por los estímulos humanos y, de golpe, uno se especializa, deviene experto en la voz humana y el rostro. Existe probablemente en los niños autistas, algo innato, no nacen con esa misma atracción... Por eso, no devienen expertos y el desarrollo de su cerebro no se hace de la misma manera[30].

Estas hipótesis se ven corroboradas por investigaciones mediante resonancia magnética funcional (RMf) sobre la percepción del rostro. Dichos estudios indican que esta percepción no se asocia a una activación de las regiones encargadas de atribuir valor emocional a los estímulos. La hipótesis plantea que la falta de activación emocional durante el desarrollo restaría eficacia al procesamiento de rostros, provocando un menor desarrollo del giro fusiforme, área responsable de su reconocimiento. El modelo, propuesto por Robert Schultz junto con los planteamientos de Zilbovicius, brinda un sustento científico a las tesis de Bergès y Diatkine sobre los efectos del psiquismo sobre el soma en el autismo.

---

30. Extracto de *L'Express* en línea del 20 de diciembre de 2004: "Los autistas no reconocen la voz humana", entrevista realizada por Frédéric Maxime y Estelle Lecluyse.

Estos hallazgos llevaron a Zilbovicius a propiciar una intervención temprana –desde la edad de cuatro años[31]– orientada a que los niños recuperen el interés por escuchar la voz y mirar los rostros. Ella propone métodos lúdicos que generen esta atracción; por mi parte, coincido plenamente y sostengo que la praxis psicoanalítica es capaz de convocar ese deseo. Esto es, precisamente, lo que intentaré demostrarles a través del caso de Marine.

Por el contrario, me genera preocupación su mención de los "métodos multimedia". Desde hace tiempo conocemos la fascinación de los niños con autismo por los dispositivos de audio y video; sin embargo, este interés no suele trasladarse hacia los rostros humanos de carne y hueso, por lo que no parece conducir al objetivo buscado. Tras proponer métodos reeducativos complementados con el uso de antidepresivos, la autora añade: *"No es culpa de los padres, es culpa de... la mala suerte".* Considero que los padres son actores fundamentales en la integración de estos niños y, de hecho, sostengo que deben ser aliados estratégicos en el tratamiento psicoterapéutico de sus hijos.

Considero que en esta etiología de la "mala suerte" –que omite cualquier explicación genética o biológica– también podemos situar nuestro análisis. Mi lectura de los registros fílmicos familiares me ha enseñado, desde hace tiempo, que la ausencia de movimiento del bebé hacia el Otro está presente desde el nacimiento. Esto no excluye la incidencia de factores complejos, aún desconocidos, que podrían haber operado durante la gestación. En este sentido, Geneviève Haag postula una raíz prenatal del problema sonoro que resulta de suma importancia.

En la tercera sesión, toda la atención, visual y auditiva de Marine se concentraba sobre los marcadores gruesos a los cuales les ponía o sacaba la tapita, atenta a un pequeño ruido que provocaba y al color. ¿Podemos pensar en la voluntad de un proto-sujeto de no escuchar esta voz humana? ¿Habrá un factor de hipersensibilidad en los bebés que los llevaría a evitar la voz humana?

Marine parece ser de mármol, como si nuestras voces no fueran más que un ruido de fondo en el entorno. Ella nos presta la misma atención que al ruido de un auto en la calle. Es evidente que la clínica con estos niños confirma los descubrimientos de Zilbovicius: nuestra voz es tratada de la misma manera que los ruidos externos. Así Marine no iba a devenir "experta en voz y rostros humanos" y "el desarrollo de su cere-

---

31. Aquí encontramos la edad de otra investigación que ella había presentado en Bélgica. Personalmente, creo que hay que intervenir mucho antes.

bro corría el riesgo de no desarrollarse de manera habitual". Los primeros resultados en RMN cerebral habían puesto en valor la dificultad de articular una voz y una imagen visual en el autismo. Laurent Mottron hizo una compilación de las investigaciones acerca de las dificultades de percepción intermodal. Subraya sobre todo el trabajo de Jill Boucher.

Por eso es necesario tratar de darle a las pequeñas Marines, de menos de dos años, las ganas de escuchar la voz humana y de mirar el rostro de las personas de su entorno más cercano. Y es lo que logramos en la sesión, una verdadera reanimación psíquica.

Retorno a la clínica de Marine: una reanimación psíquica

Tras diez minutos de obstinada indiferencia por parte de Marine, juego a probar su yogur; logro captar su atención con un *"hum"* de placer, representando ese sabor y aroma de vainilla como algo maravilloso. Marine me mira de inmediato, aunque solo por unos segundos, y vuelve a ignorar a su madre cuando ella intenta replicar el gesto. Decido entonces ofrecerle el yogur a la madre; esta situación insólita nos permite recuperar una prosodia de sorpresa y placer. Marine nos mira a ambas, ríe y acerca su brazo rítmicamente, como si quisiera aplaudir. No obstante, en cuanto le ofrezco la cuchara a ella, abre la boca pero retira la mirada de sus dos interlocutoras.

Esta niña distingue claramente el registro de la necesidad alimentaria del de la pulsión oral, cuestionando la teoría de Freud según la cual el lazo al Otro se apuntala en la satisfacción de la necesidad alimentaria. No es el yogur que puede alimentar sus ganas de ver y de escuchar; es una particular prosodia de nuestras voces, portadoras de los picos prosódicos alternando sorpresa y placer. Antes de abordar el análisis de nuestras voces, volvamos al hilo de la sesión. La calidad y el efecto de mi prosodia van disminuyendo y Marine vuelve a ensimismarse. Entonces, junto toda mi capacidad de imaginación, y logro de nuevo, captar su mirada evocando una planta magnífica, un pie de vainilla, lo que me permite reencontrar esos picos prosódicos de placer maravillado. Le digo: *"¡Mira el olor!"*.

Con el entusiasmo y los picos prosódicos de mi voz Marine me mira sonriente. Lo absurdo de mi enunciado seguramente remite a una condensación de mi deseo de hacerle sentir la alegría del perfume y la belleza de las flores. Me animaría a proponer la hipótesis de que la pulsión, cuando toma al Otro en su recorrido, en su circuito es productora de comodalidad. Una pulsión oral está necesariamente intrincada con las pulsiones escópica e invocante.

Veinte minutos más tarde, con un juego de cocina, Marine me ofrece un plato y una cuchara, simulando que me alimenta. Antes de analizar el valor de esta escena, conviene subrayar que ocurre poco después de otra situación significativa: Marine intenta empujar una silla pequeña por la habitación. En aquel período, ella solía desplazar muebles constantemente, actividad que sus padres interpretaban como una forma de aislamiento. Si bien esta conducta se había repetido en sesiones anteriores, en esta ocasión ocurre algo distinto: en lugar de tirar al suelo el muñeco que le estorba en la silla, Marine decide colocarlo sobre mis rodillas. Decidí entonces cantarle una canción de cuna: *"Câlin, câlinou, câlinette, câlinette, câlin, câlinou pour le poupon".* El ritmo es lento, marcado por las repeticiones y por vocales particularmente acentuadas y prolongadas. Marine no deja de mirarme mientras dura la canción, aunque al terminar se desengancha instantáneamente. Sin embargo, ella misma retomará esta musicalidad algunas sesiones después, al acunar a un muñeco diminuto en una cuna de su tamaño. Este hecho nos invita a reflexionar sobre el poder de dichos ritmos en la captación de la atención en niños con estas características.

Retomemos la escena en la que ella me alimenta. Una gran esperanza me invade entonces: ella acaba, espontáneamente, de superar exitosamente una de los ítems claves del CHAT[32], validado en niños más grandes que ella. ¡Su capacidad de hacer "como si" se ha instalado! Mi alegría frente a este éxito de un test cognitivista se basa en el hecho de que, desde hace mucho tiempo, pienso que la pregunta: "¿El niño es capaz de ofrecer un café o un té a su madre?" trasciende la mera simulación. Se trata del recorrido de la pulsión oral en sus tres tiempos. Cuando un niño le ofrece "para jugar", algo rico a su madre, se encuentra más allá del registro de la satisfacción de la necesidad. Se trata de un objeto bueno para la madre y no para el niño a quien no le gusta a esta edad ni el té ni el café. La base de la capacidad de responder positivamente a esta pregunta del CHAT depende entonces de la capacidad del niño de desear hacerse portador del objeto que va a responder a la pulsión oral de su madre. Si el bebé le ofrece su pie o sus dedos para que su mamá

32. Se trata de un cuestionario cognitivo elaborado por Simon Baron-Cohen, que permite identificar a los dieciocho meses a los niños que desarrollarán autismo a los tres años. En la investigación PRÉAUT sobre los signos tempranos del autismo, utilizamos una variante francesa ligeramente modificada.

goce jugando a comérselos, el niño más grande ofrece a ese goce pulsional del Otro, no ya una parte de su cuerpo, sino un objeto sublimado.

Cuando Marine me alimenta con la cuchara, juego a comer un delicioso omelette imaginario. Marine sigue atentamente las marcas de placer, en mi rostro y en mi voz.

Marine confirma mi hipótesis actual sobre la instalación del aparato psíquico: su placer de funcionar es tributario del placer que suscita en el Otro. Una formulación no muy diferente a la que prevalecerá para los más grandes y que debemos a Lacan: el deseo del sujeto es el deseo del Otro.

Sin embargo, en Marine, esos momentos de conexión son apenas islotes emergentes en un mar de indiferencia. Tras observar la sesión, incluso Pierre Ferrari manifestó una preocupación legítima al preguntarme con afecto: "*¿Cree que vamos a poder lograrlo con ella?*". En aquel entonces, yo tampoco tenía certezas; a los quince meses, la movilización subjetiva es mucho más compleja de lo que habría sido a los tres meses. Recién un año después pude afirmar que Marine había logrado salir de ese cuadro. ¡Nunca insistiremos lo suficiente ante los pediatras sobre la importancia vital de derivarnos a estos niños durante sus primeros meses de vida!

Todo el trabajo de reanimación psíquica efectuado en esta sesión se sustenta en las investigaciones multidisciplinarias expuestas anteriormente. Como psicoanalista, una investigación me convoca en la medida en que sus hipótesis nutren mi imaginación para abordar clínicas complejas, como la de los bebés con riesgo de autismo. Es evidente que el recuerdo de Pedro sonriéndole a su tío habita en mí mientras intento reanimar el vínculo con Marine. Asimismo, cuando ella deja de responder a mi propuesta lúdica, me pregunto si he perdido la frescura de la auténtica sorpresa; busco entonces alimentarme de aquellas representaciones que me interpelan: ¿acaso hallamos esto mismo en el análisis de las voces?

Marine, análisis psicolingüístico

Las grabaciones fueron remitidas a Parlato para su análisis de laboratorio. Transcurriría más de un año antes de que las hipótesis que formulé durante aquella sesión encontraran su confirmación empírica.

1. Si la primera vez yo aparenté mi sorpresa y mi placer delante del yogur de vainilla, el niño me mira, ¿esto indica que mi voz es portadora de las características prosódicas del *paternés*?

2. Si la madre en su juego no lo logra, es que su voz es bastante homogénea, achatada, lo que se identificó escuchando la grabación, pero no estábamos totalmente seguros.
3. Si la niña deviene tan entusiasta y esboza incluso movimientos de aplaudir cuando juego a alimentar a su madre, debe ser que nuestras dos voces son entonces portadoras de esos mismos picos prosódicos.
4. Si en las dos escenas siguientes que le propongo ella mira, tiene que haber en mi prosodia elementos del *paternés.*
5. Por otro lado, si cuando vuelvo a proponer la escena, ella ni se dignó a mirarme, ¿puedo pensar que la repetición de la misma escena acalló mi capacidad de dejarme sorprender? La ausencia de sorpresa debe haber erosionado mis picos prosódicos.
6. Si ella me vuelve a seguir cuando la invito a mirar la planta de vainilla, que tiene mucho olor, ¿es que ahí mi sorpresa y mi placer no fueron fingidos?

El análisis acústico perceptual realizado por Parlato confirmó mis hipótesis. En la cuarta repetición de una misma escena, Marine deja de responder debido a la extinción de la prosodia del *paternés.* Esto demuestra la inexistencia de un "falso *paternés*": es absurdo pretender que alguien simplemente imite esta entonación, ya que ella es el resultado espontáneo de un estado subjetivo de sorpresa y placer; no es algo que pueda demandarse u ordenarse. Por el contrario, en la escena final –ante la planta de vainilla–, mi expresión "mirá el olor" presentó, según Parlato, una entonación "redondeada", con un uso prolongado de las vocales e incremento de la intensidad, rasgos característicos del *paternés.*

La novela de Amélie Nothomb *Metafísica de los tubos* presenta la más magnífica narración de una salida del aislamiento autista masivo, en un niño de dos años. Luego de las investigaciones que acabo de evocarles, podemos pensar que algo análogo tiene lugar en la escena de un chocolate blanco, en la cual Nothomb describe su paso del estado tubular al estado de sujeto capaz de decir "yo"[33]. Su abuela, que vive en Bélgica, acaba de visitarla por primera vez en Japón, donde Amélie nació. Le dicen que nadie consiguió la mirada ni la atención de este bebé de dos años. Ella va a verla en su cuarto y, diez minutos más tarde, vuelve triunfante

33. Quiero dar las gracias a los médicos del centro de Protección Materno Infantil de Burdeos, que me señalaron esta valiosa analogía durante nuestra reunión para la formación PRÉAUT.

con el bebé en los brazos que la mira y le sonríe. Lo que dice es que en la escena anterior la abuela le hizo probar un chocolate blanco al bebé, chocolate que a ella le encanta como buena belga que es. Esta escena, para mí es la estructura análoga a la de las flores de vainilla. La abuela ofreció al bebé el objeto que a ella la hace gozar y podemos suponer que, en un movimiento de ilusión anticipadora, su voz fue portadora de la prosodia de la sorpresa y del placer que ella suponía que tendría que producirse en el bebé.

Conmoción materna, pulsión invocante y tercer tiempo

¿Cómo estos gráficos pueden interesarle a un psicoanalista? Para mí, confirman que hay en la voz del Otro un elemento de encantamiento, como el de las sirenas, que no puede no ser percibido sin suscitar una atracción irresistible en el auditor[34]. Los griegos lo habrían presentido en los tiempos de Homero, quien habla de ello explícitamente en *La Ilíada*. Esta dimensión corresponde sin duda a la vertiente alienación de la constitución del sujeto, a condición de no olvidarnos la vertiente separación, que juega en el otro sentido.

Pero lo que es apasionante es que esta prosodia específica solo funciona cuando las coordenadas de placer del Otro están presentes. Podemos pensar que, desde el nacimiento del bebé, es el placer y la sorpresa que su vista causa a la madre que le permiten producir, de entrada, una prosodia de *maternés*. En el registro metapsicológico, conviene recordar que sorpresa y placer retoman lo que Freud pudo desarrollar a propósito de la tercera persona. La prosodia del *maternés* es para mí, la traducción perceptible de este estado de la madre: ella está maravillada, conmocionada y asombrada. Podemos pensar que los primeros días, lo que provoca esas emociones es lo que el bebé muestra, pero también por sus miradas. Sin embargo, rápidamente van a ser las respuestas sonoras, gestuales y mímicas del bebé que van a sostener la prosodia en la madre. Razón por la cual yo digo que la prosodia es una función de lo que se juega pulsionalmente entre un futuro sujeto y aquel que deviene su Otro.

Si el elemento que maravilla y asombra es fácilmente identificable, ¿de dónde proviene el elemento de conmoción? En el plano de la clínica psicoanalítica, Roland Gori subrayó la importancia de un estado de desamparo en el momento que precede la eclosión de una pasión

34. Le debo esta idea a Bentata. Véase Bentata (2000).

amorosa. Escribí (Laznik, 2004) que este estado de falta, de vacío interior, es siempre necesario para que la investidura libidinal masiva de un nuevo ser sea posible. El ejemplo más llamativo es la necesidad del *baby-blues* –ese momento de pérdida de los puntos de referencia habituales, de extrema fragilidad en los cuales se encuentran las mujeres después del parto– que les permite enamorarse de sus bebés, de investirlos en el lugar del Ideal. Ese proceso es habitual pero puede ser peligroso. Sabemos que ciertas mujeres pueden prolongar este estado hasta las depresiones post parto. Pero cuando las cosas suceden normalmente, el bebé muestra una apetencia pulsional por este tipo de prosodia, él se alimenta literalmente de ella.

Esta prosodia produce una huella en la memoria del bebé, que será activada cuando aparezca una nueva excitación. Podrá ser revivida entonces, primariamente de manera alucinatoria por él. En los momentos en los que el bebé succiona su pulgar para ensoñar, son las huellas de las coordenadas de placer de este Otro primordial que nos dan la garantía de que *Eros* está allí presente y que estamos entonces frente a un autoerotismo. Si nosotros le sacamos *Eros*, estamos entonces frente al autismo. Con todas las consecuencias que esto conlleva, entre las cuales se encuentran su falta de motivación para volverse un experto para la voz humana y el rostro, retomando los términos planteados por Zilbovicius.

Conclusión y perspectivas

Tanto en las sesiones como en los videos familiares, observamos que cuando la voz adulta porta los picos prosódicos del *maternés*, parece despertar el interés del bebé con riesgo de autismo, quien logra mirar y responder. Si esto se confirmara objetivamente, ¿modularía el hallazgo de Zilbovicius sobre la voz humana tratada como "ruido"? Si estos bebés son aptos para responder a la entonación materna que los convoca como objetos de su goce, es porque captan las especificidades afectivas de la voz. Sólo más tarde, ante el fracaso de la construcción del sujeto a partir de su alienación en el Otro, se detendría la puesta en marcha de los circuitos cerebrales que ligan la percepción de la voz, la mirada y el sentimiento de sí. Solo entonces, tiempo después, las neuroimágenes constatarían el daño funcional en estos niños.

Si logramos demostrar que un bebé con riesgo de autismo es capaz de responder al asombro materno, surge una pregunta subyacente: ¿cómo puede una madre maravillarse ante un hijo que se cierra y evita su mirada? Ante la aparente falta de interés del niño por el placer del otro, ¿de qué modo la voz materna puede vehiculizar un llamado que lo invite a entrar en relación y constituirse en objeto de su placer? ¿Es posible que esta voz alcance los picos prosódicos necesarios para el encuentro? ¿Podemos, finalmente, someter estos interrogantes a la validación científica?

CAPÍTULO 11

El dualismo de Lacan: entre el campo narcisista del amor y el campo pulsional. Su aplicación en la clínica con bebés[1]

Marie-Christine Laznik

Introducción

Antes que nada, una palabra sobre el magnífico argumento de estas jornadas[2] que trata de pulsión de destrucción, un término que Freud emplea para designar la pulsión de muerte cuando está orientada hacia el mundo exterior. La pulsión de muerte se desvía del sujeto a causa del investimento de sí mismo por la libido narcisista y se dirige hacia el mundo. Lacan habla sobre esto en *El Seminario VII: La ética sobre el psicoanálisis*, pero sobre todo lo hace Pierre Kauffmann, que lo cita al presentar en abril de 1960 el artículo de Siegfried Bernfeld y Sergei Feitelberg titulado "El principio de Chatelier y las pulsiones".

Con respecto a la pulsión de destrucción, Lacan, en ese mismo seminario, lo aborda como voluntad de destrucción, de algo nuevo y de un recomenzar. Charles Melman, en Fez, en un encuentro de IDRISS en febrero de 2017 y a propósito de esos jóvenes comprometidos en la obra mortífera de DAESH, pensaba que había en ellos un deseo de cambio y que era desde esta perspectiva que debíamos recibirlos cuando regresaban de Siria. Si me permito esta digresión, lejos de mi tema de hoy sobre los bebés con riesgo de autismo, es porque ayuda a introducir mi reflexión sobre la manera en que Lacan critica la segunda teoría

1. Publicado en: Laznik, M.-C. (2018). Le dualisme de Lacan. Entre champ narcissique de l'amour et champ pulsionnel. Son application à la clinique des bébés. *Le Bulletin Freudien*, 63, 65–80.

2. El texto fue presentado originalmente en una ponencia y posteriormente publicado como artículo bajo el título "Pour une théorie lacanienne des pulsions" (Laznik, 1993).

freudiana de las pulsiones, en la cual opone pulsión de vida y pulsión de muerte. Para Lacan esta oposición debe pensarse como las dos caras de una misma moneda: la de toda pulsión, necesariamente sexual y parcial.

La teoría de las pulsiones en Lacan y la investigación PRÉAUT para detectar signos de riesgo en los bebés

Acabamos de enterarnos que nuestra investigación, que empezamos hace ya veinte años, y teniendo en aquella época como lugar para reunirnos el salón de la casa de Melman, va a ser publicada en una revista internacional (*Plos One*). Se trata de una grilla que permite evaluar, a los cuatro y a los nueve meses, riesgos de trastorno del espectro autista en los bebés. Esos resultados estadísticos muestran que esta escala evalúa a los cuatro meses un riesgo, tanto como la hace el CHAT a los dos años[3].

Pero la reflexión teórica sobre la pulsión que nos permitió llegar a las hipótesis que permiten distinguir los bebés que tienen riesgo, de los otros, comenzó en 1992. Durante ese verano yo había trabajado el texto de Freud "Pulsiones y destinos de pulsión" en francés, inglés y alemán, a la luz de lo que Lacan proponía en varias lecciones de *El Seminario XI*. Incluso si desde el principio Lacan anuncia que la pulsión era uno de esos cuatro conceptos, se trataba de un verdadero rompecabezas a reconstruir: las piezas se encontraban dispersas en muchas lecciones diferentes, sin ninguna preocupación pedagógica, poniendo en evidencia su genialidad. Haciendo este trabajo de benedictino, ¿cuál fue mi sorpresa al encontrar conceptos capaces de dar cuenta de los enigmas

3. Esta es una investigación que fue realizada por seiscientos médicos de PMI, en doce departamentos franceses sobre un total de doce mil bebés que después de tres años eran solo alrededor de cinco mil, teniendo en cuenta la pérdida de visión habitual en PMI, que sigue siendo una investigación muy importante en la población general. Los resultados mostraron que el 52% de los bebés informados a los cuatro meses como en riesgo tenían destinos preocupantes. Aunque solo el 38% de estos bebés tenían un curso autista, los otros tenían retrasos severos en el lenguaje y el desarrollo. Por lo tanto, también se habrían beneficiado de una atención temprana. Se trata de investigaciones que pronto serán reconocidas como "científicas", es decir, que darán lugar a una publicación con una base médica evidente (medicina basada en la evidencia). Podría, en el futuro, ser tenida en cuenta en las políticas de salud pública. Pero es posible que en cuanto salga la publicación, los enemigos del psicoanálisis entren en batalla contra ella, porque el argumento para erradicar el psicoanálisis del campo del autismo se basa esencialmente en el enorme retraso que habría producido Francia en este campo de investigación. Ni que decir tiene que la publicación, por primera vez en su tipo, de un signo de peligro de autismo en bebés de cuatro meses, puede suscitar una reacción violenta porque destruiría el argumento del retraso en la investigación debido al psicoanálisis.

con los cuales mi práctica de la clínica del autismo me confrontaba? Me pregunté si no estaba soñando. En aquella época teníamos en la Asociación Freudiana Internacional un espacio de reflexión teórica sobre los conceptos psicoanalíticos organizado por Claude Dorgeuille. Se llamaba "El diccionario". Un miembro de la asociación, después de haber trabajado profundamente un concepto, lo proponía al consejo de sabios que a su vez lo discutía, lo criticaba y si era considerado correcto, pasaba entonces a formar parte del diccionario.

Ninguno de los colegas encontró nada que objetar al texto que les presenté. Fue publicado tal cual en la revista *Le Discours Psychanalytique* (Lazink, 1993). Ese texto de Lacan -ya que yo no le había añadido nada, limitándome únicamente a darle forma- presenta dos puntos revolucionarios respecto al pensamiento analítico habitual. El primer punto, que está en la base de los signos de riesgo de autismo de los bebés de la grilla de evaluación PRÉAUT, consiste en proponer una lectura del tercer tiempo de la pulsión, en el cual el *Ich* se convierte en objeto de la pulsión de otro sujeto (*eine Anderes Subject*), no como un tiempo pasivo -tal como lo describe Freud- sino como una forma activa de pasividad. Para Lacan se trata de un tiempo donde el *Ich* "se hace" objeto de esa pulsión para otro sujeto. Esta forma activa de hacerse pasivo, era para mí propiamente revolucionaria. Este descubrimiento de Lacan lo podemos ver en la clínica cotidiana con un bebé típico y banal: se hace comer el pie por su mamá, se hace mirar, se hace escuchar. Y en los otros bebés... ¿qué vemos en los videos caseros de aquellos que devinieron autistas?[4] Esos bebés se dejan besar, mirar, llamar, pero nunca invierten la situación haciéndose ellos mismos escuchar, mirar, besar, por el otro; permanecen en una posición pasiva, como Freud pensaba ese tercer tiempo de la pulsión: se dejan pasivamente besar el pie, por ejemplo, se dejan mirar, y a veces responden a la mirada. Mientras que los bebés típicos, aquellos que evolucionan favorablemente, presentan esta forma particularmente activa de la pasividad, se hacen besar, se hacen activamente mirar yendo a buscar al otro. La investigación PRÉAUT mostró que esto puede constituir una manera de detectar a los bebés en riesgo. También en esa época encontré en un texto otro elemento revolucionario, que en ese momento creo que no lo subrayé suficientemente, porque yo no veía en qué me podía servir en el plano de la clínica. Más tarde me mostró su importancia central y cuál es el objetivo de este trabajo.

4. Son películas que los padres han hecho en casa, mucho antes de pensar que algún día su bebé tendría un problema.

Cómo tratar a los bebés con riesgo

Desde los primeros meses de vida, la plasticidad cerebral y epigenética es inmensa. No somos los únicos que apostamos a la posibilidad de grandes cambios en esta época de la vida, incluso de una reversión del cuadro de autismo que solo está en sus principios. Las investigaciones genéticas sobre el autismo en los últimos años demostraron el carácter preponderante de su dimensión epigenética, la cual puede ser modificada por el medio ambiente. ¿Qué puede entonces "curar" al bebé? Aprender a sentir ese intenso placer, que desborda al principio de placer en tanto homeostasis: el juego pulsional. Si el bebé toma gusto por eso de ir a buscar el goce en el campo del Otro, como lo expresa Lacan cuando habla de ese tiempo, cuando el *Ich* se hace objeto de este Otro, y si esto se repite muchas veces, su destino puede cambiar.

Para esto, tenemos que distinguir el campo de las pulsiones sexuales propias del bebé en su experiencia con su madre, del campo narcisista en el cual algunos niños, si bien responden, siguen estando en peligro de ir hacia el autismo. Estos conceptos son delicados de manejar y de oponer. No sé si hay otra clínica donde la distinción de estos dos campos tenga una importancia comparable. Cristian Fierens tiene razón al considerarlos como un conjunto; se trata de la clínica cotidiana a la que nos enfrentamos. Ambos registros son vitales para la constitución del sujeto.

Vemos en los videos caseros de los bebés, que más tarde fueron diagnosticados como autistas, que muchos de ellos no muestran ningún interés ni por el llamado narcisista de sus padres, ni por ningún juego pulsional en el que pudieran hacerse objeto de otro sujeto. Esos dos registros parecen entonces funcionar de manera conjunta. Pero los videos familiares también nos muestran que algunos bebés pueden ser sensibles al discurso narcisista de su prójimo auxiliador que los erige fálicamente, sin hacerse objeto de la pulsión de nadie. ¿Cómo comprender teóricamente esta clínica? Si los dos registros van juntos, ¿cómo explicar que un bebé responde bien al llamado narcisista del padre y que pueda sin embargo devenir autista? Nuestros amigos investigadores de Pisa[5], que habían recibido estos videos de los padres, estaban per-

5. Debemos agradecer a nuestros amigos neuropsiquiatras infantiles Muratori y Maestro, de la Fundación Stella Maris de Pisa, que desde los años noventa recopilaron estas películas y las pusieron a nuestra disposición para trabajos de investigación.

plejos. Terminaron por crear una categoría particular de entrada en el autismo para esos bebés[6].

Mauricio es el primero de ellos[7]. La evolución hacia el autismo de este niño era para ellos un enigma. Llegó a la edad de los tres años a la Fundación Stella Maris para un diagnóstico. Su autismo era evidente, pero el bebé que ellos vieron en los videos familiares, que aportaron los padres, no se correspondía para nada con lo que ellos estaban acostumbrados a ver.

Efectivamente en muchas escenas de estos videos, el bebé respondía a sus padres cuando le hablaban, prefería la voz de su mamá que al móvil de la cuna, y tenemos que reconocer que tenían una excelente prosodia del *maternés*[8].

Y es una escena de cuando tenía dieciocho meses la que, después de desconcertarme, me permitió comprender la riqueza clínica y teórica de esta distinción de los campos que propone Lacan. Aquí les cuento: está en su cuna con barrotes, cuando su papá entra y se dirige muy afectuosamente, como los padres tienen la costumbre de hacerlo, y el papá le dice *"¿Y, me vas a mostrar?"*. El bebé empieza a pararse sosteniéndose de los barrotes de la cuna. El padre empieza a decirle: *"¡Qué fuerte que sos! ¡Dale! ¡Dale!"*. La prosodia del padre es afectuosa e indica admiración por su hijo. Mientras el bebé se para, la voz del padre comenta el evento con mucho entusiasmo, como si fuera un locutor de fútbol. *"¡Dale! ¡Dale, Mauricio! ¡Bravo! ¡Qué grande que sos Mauricio!"*. El bebé no solamente escucha, sino que muestra en su rostro y su voz que todos esos piropos que le dice el papá le gustan. El papá continúa con una voz entusiasta: *"¡Mauricio! ¡Mauricio!"*. Es como el fan de su hijo en todos los sentidos de la palabra. Y así lo sostiene, no solo su motricidad que todavía no está armada, sino sobre todo la atención de su hijo. En el entusiasmo Mauricio deja los barrotes de la cuna con una mano y la tiende hacia el que filma. En el instante siguiente el bebé mira hacia abajo, pero la voz

---

6. La llamada categoría de aparición tardía corresponde a la de los bebés que se dice que han entrado en autismo más tarde. Incluso si este concepto ha sido aceptado y publicado en investigaciones científicas, estos bebés habrían estado, para la cuadrícula PRÉAUT, a los cuatro meses en el mismo riesgo que los demás.

7. Una vez más, agradezco a los doctores Muratori y Maestro por querer compartir su asombro al confiarme esta película, además de todas las que ya habían compartido.

8. Sobre las respuestas de los bebés, que luego se volvieron autistas, a esta forma particular de prosodia, ahora existe una bibliografía científica sustancial en inglés. Para el francés, véase Laznik & Saint-Georges (2013). Ver la traducción al castellano en el capítulo 10, p. 197 de este volumen. (N. de T.).

de su papá lo envuelve nuevamente: *"¡Dale, Mauricio! ¡Grande, Mauricio! ¡Magnífico!"*. Ante esta exclamación el bebé mira de nuevo hacia su papá, mostrando su satisfacción de ser mirado: *"¡Sos magnífico!"*. Continúa el padre, el bebé vacila un poco sobre sus piernas y el papá lo vuelve a erigir como si estuviera erecto: *"Ti ti ti ¡Grande Mauricio!"*. A partir del momento en que Mauricio mira para otro lado, su padre lo llama con la misma admiración entusiasta, entonces: *"¡Mauricio, sos muy fuerte! ¿Sabes?"*. El bebé lo mira inmediatamente y toma el *"ti ti ti"* de su papá. El papá tiene una respuesta magnífica: *"¿qué me querés decir, mi querido?"*. Esto significa que el padre hace la suposición de un sujeto en su hijo. Los papás de los bebés llamados típicos hacen lo mismo a partir de los seis u ocho meses de su bebé.

Jean Bergès y Gabriel Balbo, que no habían tenido todavía la posibilidad de ver los videos de esos bebés, habían hecho una suposición: que los padres no hacían la hipótesis de un sujeto en su bebé. Imagino que semejante hipótesis se les habría ocurrido en función del estado de asombro en el cual ellos conocieron a los padres dos años más tarde. Incluso si los papás de Mauricio, tan afectuosos con su bebé, terminaron por petrificarse delante de su niño que cuando empezó a caminar solo daba vueltas de manera incesante de un lado a otro de la pieza, como si ellos no se encontraran dentro con él. Hay que estar muy atentos a no tomar los efectos por causa.

Pero volvamos al asombro teórico que Mauricio nos había provocado a nosotros. ¿Cómo un bebé que parecía responder tan bien podía devenir autista? Nuevamente la teoría de la pulsión en Lacan me dio los elementos teóricos capaces de dar cuenta de tal situación. Evidentemente en esta experiencia placentera no se había inscripto en el bebé la permanencia de una vía hacia el fuerte placer del Otro, hacia lo que Lacan llama el anzuelo del goce del Otro, lo que se hace por el abrochamiento del circuito pulsional cuando el bebé se hace objeto de este Otro que deviene su Otro en esta experiencia. Cuando uno mira el video completo, lo que vemos es que en ningún momento busca hacerse el objeto pulsional de sus padres. Solamente en la repetición frecuente de esta experiencia particular, la de encontrar cómo despertar en el Otro su placer pulsional, se instalaría el tercer tiempo del circuito de la pulsión, por ejemplo, poniéndole el piecito o las manitos en la boca para el goce oral. La clínica nos muestra que el hecho de que sea objeto de admiración no tiene el mismo efecto. Esta constatación empírica demanda ser comprendida sobre el plano metapsicológico.

Recientemente he sentido la necesidad de retomar estos conceptos porque, habiendo recibido muchos bebés con sus padres, estuve confrontada a situaciones análogas: el hecho de que puedan responder en el plano narcisístico, sin por ello entrar en el circuito pulsional completo. Y esto puede inducir a error tanto al terapeuta que se ocupa de estos niños como a los padres.

La manera en la que Lacan expone su teoría de las pulsiones en *El Seminario XI: Los cuatros conceptos fundamentales del psicoanálisis*, no es muy conocida ni reconocida. En el plano especulativo se ocupó de otros conceptos luego, pero yo tomaría apoyo en Freud, quien en "Introducción del narcisismo" opone una teoría especulativa y una ciencia edificada sobre la interpretación de lo empírico[9].

> Aquella que se basa en los datos clínicos por supuesto debe modificarse a medida que avanzan las investigaciones. Su fundamento es solamente la observación. (Freud, 1914/2005: 221).

Nosotros sabemos que al año siguiente va a presentar su primera teoría de las pulsiones oponiendo las pulsiones sexuales y las pulsiones de autoconservación. Luego la va a dejar de lado, proponiendo una segunda, que es la que opone pulsión de vida y pulsión de muerte. En 1964 cuando Lacan retoma la cuestión de la pulsión conoce las dos teorías.

Lacan critica la segunda y la primera teoría de las pulsiones

Esto es lo que dice Lacan el 13 de mayo de 1964:

> La relación con el Otro hace surgir, para nosotros, lo que representa la laminilla –no la polaridad sexuada, la relación de lo masculino con lo femenino, sino la relación del sujeto viviente con lo que pierde por tener que pasar por el ciclo sexual para reproducirse. Así explicó la afinidad esencial de toda pulsión con la zona de la muerte y concilio las dos caras de la pulsión– la pulsión que, a un tiempo, presentifica la sexualidad en el inconsciente y representa, en su esencia, a la muerte. (Lacan, 1964/1973: 234).

Por lo tanto, pulsión de vida y de muerte devienen las dos fases de la pulsión sexual. Lacan retoma este tema cuatro lecciones más tarde, el 17 de junio de 1964, en la lección 19, y dice:

---

9. Término utilizado por los traductores de las *Obras Completas*.

> ...la distinción entre pulsión de vida y pulsión de muerte es verdadera en tanto que ella manifiesta dos aspectos de la pulsión. Pero es a condición de concebir que todas las pulsiones sexuales se articulan a nivel de las significaciones en el inconsciente y lo que hacen surgir es la muerte. (Lacan, 1964/1973: 265).

Para Lacan las verdaderas pulsiones son las pulsiones sexuales, siempre parciales, cabe recalcar. Las pulsiones de autoconservación de la primera teoría de las pulsiones no son verdaderas pulsiones. No niega la existencia de lo que él llama el instinto de vida, hay autoconservaciones simplemente para él no es pulsional. Entonces hace una relectura de la primera teoría de las pulsiones, poniendo en oposición el campo pulsional a otro campo que él va a llamar campo narcisista del amor, en el cual se encuentran las antiguas pulsiones que son las pulsiones del yo. Esto retoma lo que Freud muy ampliamente opuso en su texto "Introducción del narcisismo". Y quiere estudiar el narcisismo que él llama primario, o sea, común a todos los seres humanos en oposición a las perversiones narcisistas que son formas patológicas.

Freud parte de la investidura de las energías psíquicas:

1. En el estado narcisista están reunidas y son imposibles de diferenciar.
2. Con la investidura de objeto se puede diferenciar una energía sexual, la libido, de una energía de las pulsiones del yo.

Pero luego Freud da vueltas alrededor de la oposición de libido del yo y libido de objeto, atribuyendo el término libido a los dos. Ese texto entonces se puede prestar a confusiones, lo cual sucedió y sigue sucediendo entre nosotros. He aquí resumido la situación que le permitirá a Lacan, más tarde, reservar el campo de las pulsiones a las pulsiones sexuales parciales. Y poner en otro campo a las pulsiones del yo, propias al narcisismo y a las que les retira el carácter de pulsión. Este campo toma para Lacan el nombre de campo narcisista del amor.

Esta organización del pensamiento de Lacan en *El Seminario XI* es útil para la clínica de estos estados particulares de ciertos bebés que no consiguen dar el paso de ir hacia un investimento de la libido en los objetos, permitiendo reconocer ahí a las pulsiones sexuales. Podemos comprender que el mismo texto pueda ser leído como afirmando que lo previo a toda pulsión es narcisista. Esto puede sostenerse y es coherente con la clínica de los bebés.

El paso siguiente que puede hacer un especialista del narcisismo, como Christian Fierenz, y seguramente otros especialistas, es leer que el narcisismo es pulsional. En el texto de 1914 Freud opone pulsiones sexuales y pulsiones del yo. Al año siguiente, en "Pulsiones y sus destinos", sustituye la palabra pulsión del yo por la palabra pulsiones de autoconservación, y de esta manera establece la primera de las teorías de las pulsiones. Estas oposiciones son importantes porque detrás de todo esto se encuentra Carl Jung y su monismo pulsional. Está claro que el narcisismo se encuentra del lado de las pulsiones del yo en Freud, todo su texto sobre narcisismo va en ese sentido.

Oposición del campo pulsional y campo narcisista del amor

A mi entender, en *El Seminario XI*, para Lacan todo el registro de la necesidad, o sea, el registro de la supervivencia del individuo, lo que Freud llamaba pulsiones del yo, *Ich Triebe*, cae fuera del campo pulsional. ¿Dónde? En lo que él llama campo narcisista del amor. Y será entre este campo narcisista del amor de un lado, y el de la pulsión del otro, que reside el punto donde Lacan hace jugar un nuevo dualismo. Les propongo verlo juntos:

> En este nivel no hay huella de funciones pulsionales sino aquellas que no son verdaderas pulsiones, lo que Freud llama en su texto las pulsiones del yo. Al nivel del yo es no pulsional y es ahí que Freud funda el amor. (Lacan, 1964/1973: 226).

La sexualidad como tal hace su entrada, ejerce su actividad propia, por el intermediario de las pulsiones parciales, las cuales para Lacan, repitámoslo, son las únicas que merecen el título de pulsiones.

Todo lo que nos dice Freud nos muestra ese movimiento circular de algo del empuje que parte a través de los bordes erógenos para luego regresar a él como su objetivo después de haber contorneado algo, un x, que yo llamo el objeto a. Es a través de este recorrido que el sujeto llega a alcanzar lo que es, hablando con propiedad, la dimensión del Otro con mayúscula. En esos tres tiempos de la pulsión Lacan ve una hiancia que no se encuentra en el campo narcisista.

La clínica de los bebés con riesgo de autismo pone en escena estos dos registros. En primer lugar, el del narcisismo que es primero y primordial pero no suficiente para captar al bebé de manera definitiva. En esta clínica la cuestión de la falta del lado de la pulsión es muy clara. Cuando nosotros hacemos elogios a un bebé, o a cualquiera, nada indica nuestra propia incompletud. Nos situamos del lado del que sabe: la maestra, o el entrenador deportivo y atribuimos esos "buenos puntos".

Muy diferente es la situación cuando el bebé viene a captar el goce en el campo materno escuchando una cierta forma de prosodia que solo existe cuando se encuentran juntos la sorpresa debido a lo inesperado, pero que acaba de suceder, y la luz del placer que sentimos.

Yo utilizo acá esos dos términos del poeta Heinrich Heine, con los cuales Freud nos introdujo en *El chiste y su relación con el inconsciente*, lo que pasa con esta tercera persona. Se trata de la historia de un pobre judío que corta uñas que le cuenta a alguien haber sido recibido por su tío Rothschild, de una manera "famillionaria". El poeta Heine, que pasa por ahí escucha la historia. Esto no es alemán, podría decir él. Esto no está en el código (A), pero después de un momento de perplejidad acepta su incompletud por esta novedad y se deja invadir por la luz del placer de ese chiste que el pobre judío hizo sin darse cuenta. Efectivamente, Rothschild no podría recibir a nadie de esa manera, pero al mismo tiempo es justo y es cómico.

La segunda parte del libro lo consagra a las palabras de los niños. Pero es desde el primer día que el mínimo gesto y la mínima mirada maravillan y sorprenden a los padres. Este produce una forma particular de prosodia que necesita dos elementos para producir esas curvas específicas. Anne Fernald lo describió en los años noventa. Los bebés tienen un apetito muy particular por esta prosodia en la voz de su madre y eso incluso antes de la subida de la leche materna. Lacan, en el seminario sobre *Las formaciones del inconsciente*, hizo un grafo del deseo sobre esta historia del pobre judío y del poeta que después de un tiempo de asombro se deja descompletar y se ilumina de placer. Es así como escribe en el grafo el gran S del Otro barrado y que él lo llama, más tarde, goce del Otro. Esta barra representa para él ese momento de sorpresa que le permite al Otro poder entregar su falta y ahí estamos en el registro de la pulsión.

El grafo del deseo permite visualizar lo que Lacan explica en *El Seminario XI* cuando dice que el *Ich*, que acá reemplazamos por el bebé, viene a agarrar el goce en el campo del Otro. Sería un grafo que indicaría el anclaje del circuito pulsional en uno de sus pasos.

Nosotros leemos ahí que hay un movimiento innato del bebé hacia el Otro, pero que ese bebé esté desde el principio a tal punto aspirado por lo que podría asombrar e iluminar al Otro, nos obliga a reconocer que el psiquismo del bebé no se constituye en el *a posteriori* de la satisfacción de la necesidad, o sea hambre y sed, lo cual es lo que comúnmente se entiende por la teoría del apuntalamiento. Desde el principio hay también en el bebé un empuje hacia el segundo registro del grafo, o sea hacia el goce del Otro barrado.

Los bebés comprendieron muy rápido que cuando ofrecen su piecito, el Otro con su prosodia, que no engaña, le dice que son ricos para comerlos y que son buenos para el goce de este Otro. Más tarde, con una tacita de juguete ellos se divierten viendo cómo pueden ofrecerle un rico café para el goce imaginario de este Otro auxiliador. Se trata siempre de este circuito pulsional y solo es posible gracias a la falta en el Otro.

CAPÍTULO 12

Cómo la lectura del *Proyecto* de Lacan esclarece la clínica del bebé[1]

Marie-Christine Laznik

Introducción

El año pasado, en septiembre, en esta misma sala, personas especializadas en la atención de los bebés, tanto a nivel físico como psíquico, se reunieron durante dos días para intercambiar sus conocimientos. Esta reunión de trabajo se denominó "El cuerpo fragmentado del bebé que evoluciona hacia el autismo". Fue una reunión eminentemente clínica, para hacer un balance de las investigaciones actuales, que demuestran hasta qué punto, y para muchos de ellos desde el nacimiento, los bebés que más tarde devendrán autistas tienen una organización motora y tónico sensorial distinta a la de los bebés típicos.

Esto implica que el analista tiene todo el interés en que su tratamiento se acople al de un colega de dicha especialidad. Genevieve Haag, psicoanalista de la escuela inglesa, ha construido con sus conceptos una teorización de esta clínica. Tuvo la amabilidad de estar allí todo el tiempo, pero para nosotros, analistas del campo lacaniano, la articulación entre cuerpo y psiquis, cuando implica consecuencias tan dramáticas para la constitución del sujeto, todavía necesita ser conceptualizada. La inmensa obra de Jean Bergès da cuenta de esta cuestión, especialmente para el llamado bebé típico. Para estos bebés, que tenemos la suerte de recibir cada vez más precozmente, el trabajo de teorización queda aún por hacer.

1. Artículo basado en la *Conférence du Grand séminaire: Comment la lecture de L'Esquisse par Lacan éclaire la clinique du bébé,* presentada en la Asociación Lacaniana Internacional (ALI) en junio de 2019. Publicado en el sitio web de la autora: <www.laznik.fr>.

En ello está trabajando nuestro grupo cerrado de investigación[2], y esperamos poder darles los frutos de ese trabajo dentro de catorce meses, en las jornadas de la Asociación Lacaniana Internacional.

Es un trabajo arduo, por lo que el objetivo que hoy tenemos es resumir lo que ya sabemos, y pedirles a los que trabajarán en el seminario de *La ética* del próximo año que presten especial atención a la reelaboración de Lacan del *Proyecto* de Freud, ya que nos parece que contiene respuestas a esta clínica particular. Estaremos encantados de contar con sus aportes a la lectura de Lacan de este texto que él llama *"Una topología de la subjetividad, en tanto que se constituye en la superficie del organismo"* (Lacan, 1959/1986)[3]. Esta articulación entre ambos, subjetividad y organismo, es la que tenemos que trabajar en esta clínica.

Pero empecemos por compartir con ustedes lo que hemos aprendido en los últimos veinte años sobre la constitución de esta subjetividad, leyendo a la luz de esta clínica ciertos conceptos que ofrece Lacan y lo que esto ha permitido en términos de progreso en el llamado mundo de la ciencia.

Una cierta lectura lacaniana de la pulsión permitió hacer avanzar la investigación sobre el autismo

Gracias a la generosidad de nuestros colegas de la Fundación Stella Maris de Pisa, a finales de los años noventa, tuvimos acceso a docenas de películas caseras de bebés que posteriormente fueron diagnosticados con autismo. Algunos equipos de investigación pensaron que era posible utilizar las herramientas de la metapsicología de Lacan para leer lo que estaba en juego. Estas herramientas metapsicológicas que permiten una lectura de los primeros fracasos de la relación con el Otro condujeron a una grilla de signos de riesgo de desarrollo de autismo en un bebé, de una manera más clara que las disponibles actualmente en el mundo (Laznik & Saint-Georges, 2019).

---

2. Grupo cerrado de investigación sobre autismo en ALI: Hervé Bentata, Annik Beaulieu, Paule Cacciali, Jean-Claude Fauvin, Claire Favrot, Catherine Ferron, Souad Hamdani, Marie-Christine Laznik. Invitadas externas: Roberta Bertone, Marie Couvert, Erika Parlato, Maria Laura Seeling Roman, Catherine Saint George.

3. Lección del 2 de diciembre de 1959.

Un proyecto de investigación basado en conceptos psicoanalíticos

La hipótesis que se ha demostrado en esas investigaciones, fruto de un largo trabajo clínico y teórico, es la siguiente: la patología autista primaria en un niño sería concomitante con la no realización del circuito pulsional completo por la ausencia de su tercer tiempo.

Solo Lacan destacó este tercer tiempo. La hipótesis enunciada solo puede concebirse por lo tanto *a posteriori* de sus trabajos sobre la teoría de la pulsión que se encuentran en *El Seminario XI: Los cuatro conceptos fundamentales del psicoanálisis.* Esta hipótesis metapsicológica ha dado lugar a veinte años de investigación. Seiscientos médicos de las unidades de Protección Materno Infantil (PMI) aplicaron una grilla a doce mil bebés basada en lo que acabamos de evocar (Olliac et al., 2017).

Esta grilla no toma partido por una etiología determinada. El debate entre los partidarios de la psicogénesis pura y de la organogénesis ha resultado muy estéril. Cualesquiera que sean las causas, el bebé que corre el riesgo de devenir autista, o el que ya lo es, presenta una falla en el establecimiento de este vínculo funcional con el Otro, sin el cual no podrán advenir las dimensiones de alienación y separación constitutivas del sujeto. El papel clínico del analista será entonces intentar restablecer este vínculo. Y esto es posible, aunque las investigaciones actuales han demostrado que en muchos casos los factores genéticos de susceptibilidad desempeñan un papel importante. Esto no cambia nada el trabajo de reanimación pulsional que el analista puede emprender con el bebé y sus padres.

Para realizar esta investigación, primero fue necesario enseñarles a los médicos de estos centros de PMI a identificar los lazos pulsionales que podían ser defectuosos. Esto solo fue posible gracias a la separación entre necesidad y pulsión, afirmada por Lacan en el seminario de *Los cuatro conceptos fundamentales del psicoanálisis*: *"Para la Trieb no se trata del organismo en su totalidad, ¿es el viviente todo entero que está involucrado? No"* (1964/1973: 150).

Es esta diferenciación la que permite utilizar el concepto de falla en el establecimiento del circuito pulsional en casos como el autismo, sin que el médico pueda replicar que como hay mantenimiento de la vida, hay pulsión en funcionamiento. El desconocimiento de esta distinción –recordemos que Jones tradujo "pulsión por instinto" en la *Standard Edition*– podría explicar la ceguera de autores de los países anglosajones sobre el interés mayor del concepto de pulsión en la clínica de las patologías precoces.

¿Cómo lee Lacan la pulsión? Sabemos que Lacan examinará sus cuatro componentes: el empuje, el fin, el objeto y la fuente. Lo que caracteriza el empuje es que es una fuerza constante:

> La constancia del empuje prohíbe cualquier asimilación de la pulsión a una función biológica, la cual siempre tiene un ritmo. La pulsión no tiene ni subida ni bajada. (1964/1973: 150).

Son las indicaciones de este tipo las que permiten a un médico de la primera infancia ser capaz de imaginar que no todo está necesariamente bien en un bebé, aunque sus funciones biológicas sean adecuadamente rítmicas.

El fin es alcanzar la satisfacción pulsional que consiste en el cierre de un bucle en tres tiempos. Se trata de que la pulsión cumpla un determinado recorrido. Es este recorrido el que le interesa a Lacan en la noción de satisfacción, que se empeña en separar radicalmente a toda satisfacción de la necesidad orgánica.

Hablando del objeto, Lacan vuelve a distinguir la necesidad de la satisfacción pulsional:

> Ningún objeto de la necesidad puede satisfacer la pulsión. La boca que se abre en el registro de la pulsión no es de comida que ella se satisface. (1964/1973: 198).

A la lista habitual de objetos de Freud: pecho, pene, heces, añade la mirada y la voz. Estos dos últimos objetos son fundamentales en la clínica temprana. En la reanimación a la que deberemos proceder, convocamos la pulsión invocante, la pulsión escópica y la pulsión oral.

Lacan mantiene el término de pulsión solo para las pulsiones sexuales parciales, y pondrá todo lo que concierne a la conservación del individuo –lo que Freud llamaba *Ich Trieb*, las pulsiones del yo– en un registro diferente que lo va a llamar campo narcisista del amor. De este modo todo el registro de la necesidad queda por fuera del campo de la pulsión. Todo eso está muy claro en el libro de Darmon sobre la topología.

La satisfacción de la pulsión no es otra cosa que la realización de un trayecto en forma de circuito que llega a su fin en su punto de partida. Es trabajando en detalle este recorrido pulsional en tres tiempos, escrito por Freud, que Lacan introduce lo que me parece lo más interesante y lo más inaudible de los elementos de su concepción de la pulsión: la emergencia del sujeto de la pulsión.

El surgimiento de un nuevo sujeto

Lacan probablemente llevado por su experiencia clínica, pero sobre todo por la lógica interna de sus teorías, fuerza el texto freudiano en un cierto sentido, un forzamiento que es lacaniano y extremadamente prometedor como herramienta de trabajo para una clínica como la del inicio del autismo en los bebés.

Freud describe tres tiempos de la pulsión y, según sus propias palabras, en el tercero aparece un nuevo sujeto. Lacan añade:

> Este sujeto, que es propiamente el otro, aparece mientras la pulsión ha podido cerrar su recorrido circular. Sólo con su aparición a nivel del Otro puede realizarse lo que hace a la función de la pulsión. Lacan dice que ese sujeto es el primero en advenir, ya que antes de su cierre la pulsión "se manifiesta como un sujeto acéfalo". (1964/1973: 165).

De estos tres tiempos Freud dice que el primero es activo, el lactante, que es lo que nos interesa, y que va hacia un objeto externo, el pecho o la mamadera; que el segundo es reflexivo, tomando como objeto una parte del propio cuerpo, el chupete o el dedo. En el tercer tiempo, el que Freud califica de pasivo, es cuando el lactante se hace objeto de un otro, ese famoso nuevo sujeto, la madre, por ejemplo.

Es una pequeña niña autista, Halimata, junto con Nora Woscoboinik-Scheimberg, a quien le debemos haber descubierto la importancia clínica de este tiempo para un niño (Laznik & Saint-Georges, 2019)[4].

Este aspecto eminentemente activo del tercer tiempo del circuito pulsional es subrayado por Lacan, que no lo llama como Freud, el tiempo pasivo, sino el tiempo del "hacerse". Este matiz es muy importante en el plano clínico, ya que en los videos caseros de bebés devenidos autistas no encontramos ninguna escena donde ellos "se hagan comer, se hagan mirar, se hagan escuchar".

También sucede que estas madres intentan entrar en contacto con su bebé, besándole en la panza, por ejemplo. La excitación es bastante notable y por un momento, el bebé no puede evitar el contacto de la madre o incluso su mirada. Pero esta acción, que todas las madres realizan cuando enseñan el goce a sus bebés, es vivida por ellos como una intrusión intolerable, contra la cual, en los instantes que siguen se cierran aun más.

---

4. Este caso clínico fue trabajado en el capítulo 1, "El circuito de la pulsión en la comprensión de los trastornos del espectro autista", en p. 33 del presente volumen. (N. de T.).

En cambio, un bebé sin problemas colocado desnudo para cambiarle el pañal, levanta su vientre, se contonea, se ofrece como objeto en espera de la voluptuosidad oral de su madre. Entonces observará atentamente cómo se muestra la alegría en el rostro y la mirada de su madre, para quien él es rico para degustar y que lo gratificará con un "mi caramelo preferido" o alguna otra dulce metáfora. Es precisamente este goce de la madre que el bebé viene a agarrar.

Este tercer tiempo del circuito pulsional, este momento en el que el bebé podría hacerse objeto de un nuevo sujeto, el futuro autista no lo puede hacer o no lo practica.

Lacan en *El Seminario XI* cruza esta lectura del texto de Freud sobre las pulsiones con una lectura del *Proyecto*. Nos ofrece otras herramientas para la clínica muy temprana.

Lacan y el *Proyecto*

Como el *Proyecto* es central en nuestras preocupaciones actuales, me voy a permitir una breve reseña sobre la manera en que fue abordado por Lacan.

El Proyecto *en el* Seminario II: *El yo en la teoría de Freud y en la técnica psicoanalítica*

Como ustedes saben, Lacan sacó al *Proyecto* del ostracismo en el cual el mismo Freud lo había sumergido. Este último, temía que hubiera propuesto una psicología demasiado biologizante y orientada a las localizaciones cerebrales.

Sin embargo, recordarán que las ideas expresadas en ese manuscrito eran muy avanzadas para su época, Freud planteaba la hipótesis de las barreras sinápticas que aún no se habían descubierto.

Esto es lo que Lacan le recuerda a Didier Anzieu en enero de 1955, incluso antes de la publicación en francés de el *Proyecto* y apenas unos meses después de la traducción al inglés. En esa época, la de *El Seminario II* sobre el yo, Lacan seguía de cerca los trabajos de la cibernética y sabía que las redes neuronales matematizadas, acababan de posibilitar importantes avances en la inteligencia artificial. En los años cincuenta Lacan era uno de los raros psiquiatras que estaba al corriente de estas investigaciones. Su amigo Levi Strauss había participado personalmente en los segundos encuentros de cibernética (Dupuy, 1999).

Es con pleno conocimiento que Lacan saca del olvido al *Proyecto*, pero es la nueva lectura que propone en el seminario de *La ética,* cinco años más tarde, que nos interesa más particularmente en la clínica de lo muy precoz. Comenzaremos exponiendo lo que nos sirve para pensar esta clínica, es decir, la topología del sujeto que allí se presenta.

El 2 de diciembre de 1959, Pontalis hace una interesante presentación. En los seminarios siguientes, Lacan le responde. Precisa muchos puntos ya evocados en el *Seminario II: El yo en la teoría de Freud y en la técnica psicoanalítica.*

Lo que voy a exponer ahora se encuentra en el seminario del 16 de diciembre. Voy a citar a Lacan:

> En el *Proyecto* Freud dice que la estructura de un ser vivo está dominada en primer lugar por un proceso de homeostasis; según él, la primera función del aparato psíquico es de aislar al sujeto de la realidad, de separarlo del mundo exterior. Este primer registro del yo –el *Real Ich* de la homeostasis– corresponde a la defensa primaria: cuya única finalidad es proteger el aparato psíquico contra el dolor o simplemente el displacer.

Volveremos a hablar de ello en profundidad al final de esta presentación. Lacan dice que se trata de una "topología de la subjetividad que se constituye en la superficie del organismo". Es este punto de articulación entre la topología de un sujeto y el organismo lo que constituye nuestro trabajo actual y para el cual esperamos la contribución de todos.

Resumamos lo que ya sabemos de esta topología de la subjetividad. Desde hace mucho tiempo los psicoanalistas que trabajan con bebés utilizan el concepto de prójimo auxiliador. Acá también voy a parafrasear a Lacan, que a su vez parafrasea a Freud:

> Sabemos que, debido a su prematuridad, el cachorro humano es incapaz de realizar por sí solo la acción específica capaz de poner fin a la excitación procedente del interior del aparato psíquico, y por tanto al displacer que la acompaña.

Freud introduce la noción de una ayuda ajena aportada por un individuo servicial que se hace cargo del desamparo original (*Hilflösigkeit*) del niño. Este semejante (*Nebenmensch*) que interviene desde el principio de la vida psíquica, realiza la acción capaz de calmar la excitación endógena y permitir la experiencia de la satisfacción. Esto tiene consecuencias radicales en la complejización del aparato psíquico porque dejará huellas de memoria de varios órdenes.

- Las de la descarga motora, producida por un cierto número de movimientos que ponen fin a la experiencia del displacer.
- El investimento de cierto número de huellas mnémicas que corresponden a la percepción del prójimo auxiliador.
- Las articulaciones entre dos órdenes de imágenes del recuerdo (I articulado al II).

Freud piensa que cuando hay un resurgimiento del estado de empuje, la investidura encontrará articulaciones eficaces para acceder a ese conjunto de imágenes de la memoria y vivificarlas. Freud las llama *Wunschvorstellungen,* representaciones de deseo. Según él, esta vivificación producirá lo mismo que una percepción: la satisfacción alucinatoria primaria que es, por tanto, central en la experiencia humana.

Dice Lacan:

> A fin de cuentas sin algo que lo alucine como sistema de referencia, ningún mundo de la percepción llega a ordenarse de modo valedero, a constituirse de manera humana. El mundo de la percepción nos es dado por Freud como dependiente de esta alucinación fundamental sin la cual no habría ninguna atención disponible. (1959/1986: 66)[5].

La representación[6]

Les propongo llamar a este conjunto de imágenes de la memoria: el polo alucinatorio de satisfacción. Esto es lo que se activa cuando un bebé se chupa el dedo mientras sueña despierto.

Añadiremos que es gracias a la experiencia repetida de la satisfacción creando articulaciones duraderas hacia el complejo de representaciones de deseo situado en ese mismo polo alucinatorio, que se puede organizar el mundo de la representación, que la complejidad del representante representativo de la pulsión puede establecerse. Veamos por qué: gracias a la función inhibidora del *Real Ich*, este polo de las representaciones de deseo no va a guardar todo el investimento: una parte de este investimento irá hacia el polo perceptivo y se transformará en atención psíquica en busca del objeto de satisfacción en el mundo exterior. Las nuevas percepciones tendrán entonces que ser juzgadas frente

---

5. Lección del 9 de diciembre de 1959.
6. Basado en Laznik, 2007c. Disponible en el anexo digital, p. 289 de este volumen. (N. de T.).

a las representaciones inscriptas en el polo alucinatorio. Esto sirve como una especie de patrón. Como el objeto de la realidad nunca es completamente similar al de la representación de deseo y como es necesario que el aparato psíquico encuentre similitudes antes de autorizar la respuesta motriz específica, se establecerán nuevas articulaciones entre las representaciones. Los procesos de juzgar y reconocer se pondrán entonces en marcha, y con ellos toda la complejidad de los pensamientos inconscientes. Pero esto solo puede ocurrir a condición de que el camino que conduce al complejo conjunto de las representaciones de deseo permanezca investido de forma duradera. Hasta aquí, no he hecho más que referenciar a Lacan.

El complejo del prójimo auxiliador

Freud y Lacan convergen en la misma dirección: las imágenes de recuerdo vinculadas a este objeto primario, que Freud denomina prójimo, son de naturaleza compleja. El prójimo en cuestión se une aquí a la noción de Otro primordial, inolvidable, añade Lacan. Nosotros sabemos que el *Proyecto* es uno de los raros textos freudianos, sino el único, en que el papel del Otro estructura explícitamente la organización misma del inconsciente articulando la palabra y esto, desde el principio, sin que se mencione ningún autoerotismo previo.

Lacan, como sabemos, le dio mucha importancia a este semejante. Los complejos perceptivos que parten de él se dividen en dos componentes de los cuales, y cito a Freud, uno se impone como una estructura constante, un resto congregado como cosa (*Das Ding*) cuya importancia conocemos en el resto de la obra de Lacan, mientras que el otro puede entenderse en un trabajo de rememoración y contiene los atributos. Todos lo sabemos, Lacan lo ha retomado tal cual.

Veamos un poco más de cerca una frase que fue omitida por Lacan, pero que es bastante útil para la clínica de lo más precoz.

> Entonces los complejos de percepción que parten de este semejante (*Nebenmensch*) serán en parte nuevos e incomparables, por ejemplo, en el dominio visual, sus rasgos. Otras percepciones visuales, por ejemplo, las del movimiento de su mano, coincidirán en el sujeto con el recuerdo de sus propias impresiones visuales, muy similares, procedentes de su propio cuerpo y a las que se asocian los recuerdos de los movimientos experimentados por él mismo. (Freud, 1895/1977).

Así, en la parte de la constante incomparable, Freud agrega los rasgos en el dominio visual que no deben confundirse con otras percepciones visuales especularizables. Entiendo esta idea de los rasgos, como los del rostro, y me permitiré añadir después, en el ámbito acústico, la prosodia del *maternés*.

Donald Winnicott (1972) atribuye al rostro de la madre como espejo un rol indispensable como precursor de la experiencia especular; es todo el rostro de la madre y en particular sus rasgos, los que pueden o no servir de espejo para el bebé. Pero hay un problema, dice, cuando el rostro de la madre refleja solo su estado de ánimo personal, o peor aún, la rigidez de sus defensas. Winnicott afirma, con una especie de asombrosa intuición clínica, que cuando el rostro de la madre no es un espejo para su bebé, la capacidad creativa de éste se atrofia. Esta clínica la conocemos desde hace mucho tiempo: es la de las patologías maternas, no es la del autismo. Winnicott no había encontrado a esos bebés que no pueden mirar a un adulto en cuanto este es portador de la más mínima preocupación, cosa que le ocurre a todo el mundo (pero eso lo veremos en la segunda parte).

Recordemos que, en el *Proyecto*, este *Nebenmensch*, este prójimo auxiliador solo entra en juego en la medida en que disminuyen las excitaciones que provienen del organismo, puesto que es el principio de placer, en tanto que menos displacer, el que reina.

Intentemos ahora articular lo que Lacan nos trae sobre la pulsión en *El Seminario XI*, con lo que acabamos de recordar. Cito:

> El camino de la pulsión es la única forma de transgresión que se le permite al sujeto en relación con el principio del placer. (...) El sujeto se dará cuenta de que su deseo no es más que un vano rodeo que busca pescar, enganchar el goce del otro, por cuanto al intervenir el otro advertirá que hay un goce más allá del principio de placer.

Como cuando el bebé ofrece sus deditos para que el Otro se los coma. Lacan dice:

> El forzamiento del principio del placer, por la incidencia de la pulsión parcial, es gracias a esto que podemos concebir que las pulsiones parciales ambiguas se instalen en el límite de una *Erhaltungstrieb* (pulsión de autoconservación), del mantenimiento de una homeostasis.

Esto es lo que yo propongo como lectura: cuando ocurre el tercer tiempo del circuito de la pulsión, algo de la representación de deseo

(*Wunschvorstellung*) se inscribirá en el polo alucinatorio de la satisfacción primaria. Habrá una huella, no solo de las características de este prójimo auxiliador, que es el Otro (*Nebenmensch*), sino también algo del goce de este Otro, que el bebé fue a pescar. El bebé encontrará las coordenadas de placer de ese Otro del que habló Lacan el 9 de diciembre de 1959: *"No es a él (*Dans Ding*, el Otro absoluto del sujeto) a quien se encuentra sino a sus coordenadas de placer".*

Cuando el bebé se encuentre solo con su chupete y que, en su sueño, sentirá la llegada de un empuje, la investidura será enviada hacia el polo de satisfacción y la representación de deseo se reactualizará. Eso es lo que dice Freud en el *Proyecto*. Retomando la pulsión oral, que acabamos de describir, podríamos decir que, en la experiencia alucinatoria de satisfacción, el bebé reencuentra la sonrisa del placer de su madre. A partir de allí, cuando el segundo tiempo del circuito pulsional vuelve, será verdaderamente autoerótico, porque ya habiendo pasado por el tercer tiempo, habrá *Eros* en el segundo.

Si esto falla, si este tercer tiempo no se instala, si el circuito pulsional se bloquea entre el primero y el segundo tiempo, entonces no hay garantía de que el autoerotismo no esté desprovisto de la marca del vínculo con el Otro, que es *Eros*. Entonces si quitamos *Eros*, el autoerotismo se lee autismo. Nada garantiza entonces, que el polo alucinatorio de satisfacción esté en el circuito y que, en consecuencia, pueda constituirse todo el sistema de representaciones de pensamiento inconsciente, porque la metáfora, la metonimia y los procesos de condensación y desplazamiento están ausentes. No es de extrañar que encontremos más adelante déficits cognitivos.

La voz

Cuando Freud escribe que una parte permanece reunida como un todo –por ejemplo, a nivel visual, los rasgos–, según nuestra clínica eso podría extenderse a nivel acústico, como afirmamos antes, en la prosodia del *maternés*. ¿De qué estamos hablando? También aquí se trata de ver qué efectos permiten la intersección de la investigación clínica con una determinada lectura de los avances de Lacan.

Como analistas que trabajamos con bebés, nos interesamos en los estudios de los psicolingüistas sobre el lenguaje de los bebés. En la época del AFI (Asociación Freudiana Internacional) habíamos organizado un coloquio sobre este tema, con "Espacio Analítico: Función y campo del lenguaje en los bebés".

Un artículo de estos psicolingüistas me llamó especialmente la atención porque respondía, sin saberlo, a preocupaciones importantes para nuestra clínica y nos remitía a las herramientas dejadas por Lacan.

Una lectura lacaniana de una investigación en psicolingüística

En una de sus primeras investigaciones, Anne Fernald, una de las fundadoras, observó en los bebés una apetencia oral exacerbada por una forma particular de voz materna, el *maternés* (*mamanais*). Ese *maternés* presenta una serie de características específicas en términos de gramática, puntuación, escansión, además de una prosodia específica. En los últimos años, ha sido llamado *paternés*, pues los hombres también cambian su voz de base. La autora se interesó en el efecto producido por las características prosódicas del *maternés*, sobre la apetencia oral del bebé. Trabajando en una maternidad con bebés saludables, entre uno y tres días de vida, ella descubrió que aun antes de la bajada de leche, desde el primer día de vida, los bebés que todavía no habían vivenciado la experiencia de la satisfacción alimentaria permanecían muy atentos al oír la voz de sus madres dirigida a ellos, comenzando a succionar intensamente la tetina. Esta tetina es "no nutritiva" porque no proporciona nada, solo registra la intensidad de la succión.

¿Cómo podemos interpretar estos datos desde la perspectiva psicoanalítica?

El empuje pulsional suscitado en el bebé se traduce en intensas succiones: es la traducción oral de todas las experiencias de interés de un bebé. Aquí no hay objeto de satisfacción de la necesidad. Vemos ahí justamente la diferencia radical entre el objeto causa del deseo, que es aquel de la pulsión, y el objeto de satisfacción de la necesidad.

El bebé entusiasmado por algo contenido en este *maternés*, chupa frenéticamente su tetina. Esto sucede aun cuando el *maternés* es retransmitido por un grabador. Sin embargo, Fernald descubrió que, si ella grababa la voz de la madre, sin la presencia del bebé, el resultado obtenido era diferente. Ya no se encontraban los picos prosódicos tan marcados y el bebé demostraba menos interés por la grabación. Lo que indica que la prosodia del *maternés* de la madre depende de la presencia de su bebé. Y cuando una madre se dirige a otro adulto, los picos prosódicos son aun más débiles y el interés del bebé todavía menor.

Fernald intentó descubrir si había alguna situación en la que el adulto al hablar con otro adulto produce esos mismos picos prosódicos específicos del *maternés*. La respuesta es sí, aunque para obtenerlos es necesaria una situación bastante rara en la que debe haber al mismo tiempo sorpresa, estupefacción, gran placer y alegría. Entonces, la estupefacción y el placer conjugados producen ese tipo de picos prosódicos, pero Fernald no sacó ninguna conclusión de esta constatación.

Lacan, en *El Seminario V: Las formaciones del inconsciente,* trabaja la cuestión de la tercera persona, tal como fue descrita por Freud en *El chiste y su relación con el inconsciente.*

Recuerden que Lacan parte de la palabra "famillonario". Él dice que esa tercera persona al oír una formación de palabra defectuosa como algo ininteligible, incomprensible, enigmático, lejos de rechazar tal palabra como no perteneciente al código, se deja, después de un momento de estupefacción, llevar por la iluminación y reconoce el chiste.

Me parece que es precisamente sobre esa tercera persona que después de un periodo de estupefacción se deja iluminar de placer, que Lacan apoya su concepto del gran Otro barrado en el grafo del deseo. Aceptar ser sorprendido, quedar perplejo, es la marca de la barra en el Otro. Este Otro se deja dividir, tiene una falta. El segundo momento es el de la risa. Toda la segunda parte del libro de Freud se dedica a esa risa que es placer, que es goce. Con la estupefacción y la alegría del Otro barrado estamos en el registro de la tercera persona del chiste y el bebé lo escucha en las características de la prosodia del *maternés*, por el cual él se muestra, por supuesto, ávido.

¿Qué podemos nosotros aprender de esta investigación? Desde el nacimiento y antes de cualquier experiencia de satisfacción alimenticia, el bebé posee un apetito extraordinario por el goce que la visión de su presencia desencadena en el Otro materno.

Sorpresa y placer, características del chiste, es también por ahí que pasan la mirada y la voz de la madre frente a los movimientos anárquicos característicos del bebé que encontrarán su unificación a través de la imagen del Otro.

Ustedes me van a decir que pasar del chiste a los movimientos descoordinados del bebé es un poco tirado de los pelos. Ese pasaje fue hecho por Lacan en la lección del 11 de diciembre de 1957.

Este grafo completo se encuentra en el texto "Subversión del sujeto y dialéctica del deseo" (septiembre de 1960 escrito en el verano subsiguiente al seminario de *La ética*).

GRAFO COMPLETO:

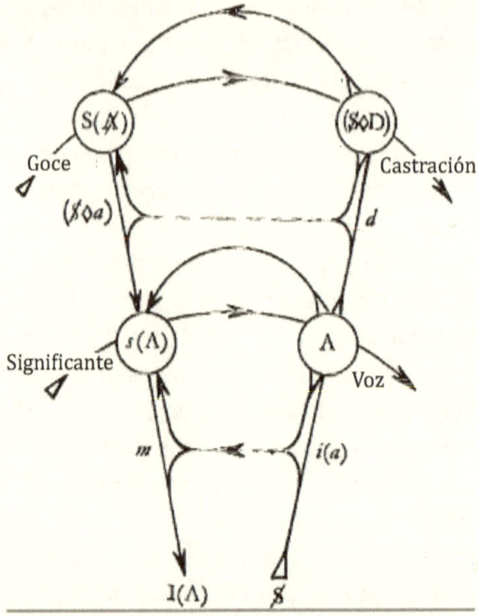

Al seguir el grafo del deseo, observamos que el empuje que anima al bebé pasa en S (A) barrado, donde Lacan escribió "goce del Otro". Podemos entonces decir que en un bebé típico que mira a su madre, esa simple mirada y esos movimientos descoordinados, lo que Bergès llamó (siguiendo a Julián de Ajuriaguerra) el funcionamiento de la función del bebé, desencadenan en la madre sorpresa y placer y que el bebé lo aprehende a través de la prosodia de la voz de su madre. Esta prosodia deviene un primer objeto pulsional.

En una lectura atenta de los videos familiares de los bebés que más adelante desarrollaron autismo, de la muestra de Pisa (Laznik et al., 2005b), habíamos notado que, si en las experiencias de la vida cotidiana hay una falta de mirada por parte de los bebés, una falta de interés por el discurso materno que comenta las actividades, si nada indica que ellos se hacen objeto de alguna pulsión materna, ellos pueden incluso a veces responder. ¿Qué es lo que presidiría a este milagro? Partiendo de cinco videos de bebés que desarrollaron autismo, observamos que ese momento coincidía con la presencia de una prosodia.

Hice la hipótesis entonces de que incluso los bebés que desarrollarían autismo más tarde responden a esa prosodia en los primeros meses de vida. Eso pudo ser confirmado, primeramente, con los cinco bebés, al analizar en laboratorio las curvas de la voz del adulto. A partir de esto surgieron investigaciones científicas que demostraron con base en mil quinientos tramos de videos (quinientos bebés típicos, quinientos bebés que desarrollaron autismo y quinientos bebés con retraso mental), que los que desarrollaron autismo solo respondían cuando la prosodia estaba presente. Eso tiene consecuencias sobre la manera a través de la cual podemos identificar un riesgo de autismo, aún en el caso de bebés que aparentan responder, y también sobre la teoría de la técnica para reanimar a estos bebés.

Las publicaciones científicas de los resultados fueron replicadas en diversos laboratorios en todo el mundo y a partir de una hipótesis metapsicológica eso se volvió una verdad científica (Cassel et al., 2013).

El posicionamiento del cuerpo

Como dijimos antes, la investigación demostró que mi hipótesis era correcta. Al contrario de los demás bebés, aquellos que iban a desarrollar autismo solamente responden en presencia de la prosodia del *maternés* o del *paternés*. Pero no siempre responden, y eso yo no me lo esperaba. ¿Qué otra condición necesita estar presente?

Elaboro ahora ante ustedes una nueva hipótesis que tal vez sea validada o no en investigaciones futuras, de que la posición del cuerpo desempeña un papel importante.

En nuestra clínica con esos bebés se trata, en principio, de atraerlos a la relación intentando producir una prosodia que contenga la sorpresa y el placer que su visión puede suscitar en nosotros, terapeutas, y luego en sus padres. Percibimos también la importancia de la posición del cuerpo: si el bebé está bien instalado, con un sostén y un apoyo dorsal que lo libera de tener que sostener él mismo el eje del cuerpo, las posibilidades de ser escuchado aumentan considerablemente. Entonces un bebé en peligro necesita ser sostenido y contenido, "rodeado" en todo su cuerpo porque tiende a tirarse para atrás (en opistótonos) en hiperextensión. Y necesita sentir la espalda apoyada en una superficie amplia y estable.

Lo que acabo de decir sobre la importancia de la disposición del cuerpo también fue descrito por Geneviève Haag y por André Bullinger que creó la evaluación sensoriomotora. Bullinger estudió mucho con Ajuriaguerra, fundador de la psicomotricidad. Ustedes saben también que fue Bergès quien asumió el laboratorio de investigación de Ajuriaguerra en el hospital de Henri Roussel.

Un bebé típico responde a una bella prosodia materna en cualquier posición. Incluso en ausencia de toda prosodia va a venir a solicitarnos cuando la conversación entre los adultos lo aburre. ¿Qué sucede entonces con el cuerpo del bebé recién nacido "en riesgo"? Las investigaciones actuales demuestran que, desde el inicio, sus movimientos generales son claramente diferentes de aquellos de los bebés típicos.

Además, cuando sienten dolor –lo que les ocurre, bastante a menudo, en la población general ya que en ellos el reflujo gastroesofágico está casi siempre presente– no consiguen establecer el contacto.

Frente a este dolor que no cede, incluso con los pequeños remedios dados por el pediatra, los padres son como un prójimo auxiliador incapaz de encontrar la solución para disminuir la tensión. Nosotros tampoco lo logramos, por lo que estamos obligados en un primer momento a pedir ayuda con un tratamiento médico prescrito por el pediatra (el omeprazol), para que el dolor interno desaparezca. Y luego a brindarle a ese cuerpo todos los apoyos que necesita para lograr que nuestra voz llegue a ese bebé y así poder lograr el encantamiento.

Necesitamos reconocer que los movimientos de hiperextensión de esos bebés son diferentes de los movimientos de los demás. Esto fue destacado por el profesor Filippo Muratori y por el equipo de Pisa en diversas publicaciones científicas. Siempre a partir de los videos familiares; ellos compararon los movimientos de los bebés que desarrollaron autismo con los de los bebés típicos de la misma edad, y el contraste es impresionante.

Debido a la hiperextensión estos bebés no van a poder gatear. Cuando son más grandes, para no experimentar un cuerpo fragmentado, tendrán que mecerse de modo permanente, para enviar al cerebro informaciones musculares provenientes de los miembros superiores e inferiores; pues la imagen unitaria del cuerpo nunca fue construida. El estado del cuerpo fragmentado en esos bebés no se resuelve gracias al Estadio del Espejo que, sin tratamiento, no consiguen alcanzar.

Y cuando tardíamente llegan a ese Estadio del Espejo, eso no basta para restablecer la unidad del cuerpo fragmentado. Pero pensamos que podemos evitar ese destino si instalamos en los primeros meses de vida paralelamente un tratamiento psicoanalítico y un tratamiento sensoriomotor. Además, lo que es interesante en estos bebés es que las dificultades motoras tardan más tiempo en desaparecer en comparación con las dificultades pulsionales.

Después de algunos meses de trabajo tenemos un bebé que se hace comer los deditos, que se hace mirar, que se hace oír, vemos operar el cierre del circuito pulsional, pero en el plano corporal todavía observamos algunas de esas dificultades.

Los bebés cuya retracción relacional se debe a una depresión, se presentan en el plano corporal como bebés típicos, lo que permite un diagnóstico diferencial entre las retracciones relacionales de esas dos categorías de bebé.

Bullinger también identifica algunas irritabilidades táctiles en estos bebés, que no se encuentran en la clínica de los bebés deprimidos de madres frágiles o enfermas.

Reunimos todas estas observaciones clínicas durante los dos días de trabajo realizado aquí el año pasado. ¿Cómo articularlo en una metapsicología basada en Freud y Lacan? Es entonces cuando una lectura del *Proyecto*, como la realizada por Lacan en el seminario de *La ética*, me parece capaz de empezar a proporcionarnos algunos elementos de respuesta. ¿Qué es lo que no funciona adecuadamente en estos bebés?

Volvamos al Proyecto tal como lo lee Lacan en *El Seminario VII: La ética del psicoanálisis.* En el *Proyecto*, Freud describe un aparato psíquico cuya función primera es la homeostasis: aislar al sujeto del displacer y del mundo exterior mediante una defensa primaria. Lacan lee allí una "topología de la subjetividad" que se constituye en la superficie del organismo (articulación que orienta las preguntas de nuestro grupo).

En Freud vemos cómo se representa el trabajo de este aparato formado por lo que él llama las neuronas φ, Ψ, ω:

> De afuera surgen las magnitudes de excitación sobre los terminales del sistema φ; primero chocan con los aparatos nerviosos terminales y son rebajadas por estos a unos cocientes probablemente de un orden superior al de los estímulos intercelulares (¿o quizá del mismo orden?). Hay aquí un primer umbral; por debajo de cierta cantidad, no se produce ningún cociente eficaz, de suerte que la capacidad eficiente de los estímulos está en cierta medida limitada a las cantidades medias. Además de esto, la naturaleza de las vainas nerviosas terminales actúa como filtro, de suerte que en cada uno de los lugares terminales no pueden operar estímulos de cualquier índole. (Freud, 1895/1996: 357).

Más adelante, hablando del problema de la cantidad, Freud vuelve sobre este tema y dice:

> ...en efecto, verificamos que las neuronas φ no terminan libremente (o sea sin matiz) en la periferia, sino debajo de estructuras celulares que reciben en su lugar la estimulación exógena. Esos "aparatos

> nerviosos terminales" muy bien podrían tener el fin, en el sentido más general, de poner diques a las Q exógenas, no dejarles ejercer un no reducido efecto sobre φ. Tendrían en tal caso el significado de unas "pantallas de cantidad" (Q) que solo dejarían pasar fracciones de las cantidades φ.

Vemos entonces que esta topología de la subjetividad, o sea los aparatos *phy*, *psy* y *omega*, en la superficie del organismo, es protegida por un aparato del organismo. ¿Dónde sitúa Lacan este aparato? Dice al respecto:

> Las terminaciones nerviosas a nivel de la piel, de los tendones, incluso de los músculos o de los huesos, la sensibilidad profunda. (Lacan, 1959/1986).[7]

Lacan va más allá que Freud, que no habla ni de los huesos, ni de la sensibilidad profunda, que están claramente involucrados en la clínica de los bebés con riesgo de autismo. Nuestras colegas psicomotricistas formadas en el abordaje sensoriomotor de Bullinger, trabajan esta sensibilidad profunda ayudándose con una especie de tabla vibratoria, que le permite al bebé sentir todo su esqueleto. Para tratar las irritabilidades táctiles que presentan esos bebés intervienen al nivel de esa sensibilidad profunda. Esto provoca que todo contacto "táctil" desencadene en ellos una sensación de displacer. Ese trabajo nos permite recuperar más rápidamente el vínculo con esos bebés y permitirles construir un lazo pulsional con el Otro.

El dolor

Este es un tema al cual Freud le consagra dos capítulos en el *Proyecto* y al que Lacan retorna frecuentemente. Freud presenta al dolor de la siguiente manera:

> Hemos hallado al sistema de neuronas con un dispositivo tal que las grandes cantidades exteriores (Q) son apartadas de φ y, todavía más, de Ψ. (...) ¿Existe algún fenómeno que se pueda coordinar con el fracaso (*Versagen)* de estos dispositivos? Creo que es el dolor. El dolor puede resultar de un aumento de esa cantidad; toda excitación sensorial tiende a devenir dolor cuando crece la estimulación y esto incluso cuando se trata de órganos sensoriales superiores. (Freud, 1895/1996).

7. Lección del 9 de diciembre de 1959.

Nosotros conocemos esto: ruidos o luces muy fuertes desencadenan vivencias dolorosas.

Los bebés que nosotros recibimos no están expuestos a esto. Sin embargo, hay un segundo caso, dice Freud:

> ...si hay dolor allí donde las cantidades externas son pequeñas [que es el caso de estos bebés], esto quiere decir que las cantidades externas (Q) actúan directamente sobre las terminaciones de las neuronas φ y no a través de los aparatos nerviosos terminales. (...) Inferimos que el dolor consiste en la irrupción de grandes cantidades (Q) hacia φ y Ψ. (...) ...el dolor deja como secuela en Ψ unas facilitaciones duraderas, como traspasadas por el rayo. (1895/1996: 351).

La clínica del autismo nos enseña que esto ocurre en detrimento de las vías facilitadoras que llevan a las representaciones de deseo ligadas a los recuerdos sobre el prójimo auxiliador.

Esta falta de filtro, también estudiada por la neurobiología actual, es una de las hipótesis más prometedoras para la comprensión de los problemas de estos bebés. Entremos ahora en esta topología del sistema *phy, psy* y *omega*

Rol del sistema *phy*

Lo que todos leímos en este texto de Freud es lo siguiente: el mundo externo constituye la fuente de todas las grandes cantidades de energía. El sistema φ que es el que está orientado hacia el mundo externo, tiene la tarea de descargar lo más rápidamente posible esas cantidades (*Qn*).

Freud recuerda, una vez más, que los aparatos formados por las terminaciones nerviosas constituyen una pantalla destinada a permitir que solo algunas fracciones de la cantidad externa accionen sobre φ, mientras que φ al mismo tiempo, efectuaría la descarga de la cantidad. ¿Cómo lo consigue? Transformándola en excitación motora proporcional. El aparato de la motilidad está directamente conectado a *phy*, nos dice Freud.

El equipo de Pisa describió una motricidad particular en los bebés que más tarde devendrán autistas: no solamente movimientos de hiperextensión sino también movimientos de agitación motora de las extremidades de los miembros superiores e inferiores. Bulinger y su equipo describieron movimientos incoordinados de los miembros de esos bebés, lo cual lo encontramos también en las descripciones de Haag de los clivajes derecha-izquierda. Ellos observan también muy precozmente una diferencia muy notoria entre la fluidez de los movimientos generales de los bebés típicos, mientras que los bebés que comienzan a desarrollar autismo se vuelven más bruscos y repetitivos.

Volvamos a el *Proyecto*. Freud en su capítulo sobre la cualidad aborda el papel de los órganos sensoriales.

> Los órganos de los sentidos no solo actúan como pantallas de Q cantidad, igual que todos los aparatos nerviosos terminales, sino también como filtro, pues solo dejan pasar un estímulo de ciertos procesos con período definido. Es probable que transfieran luego sobre φ esta condición diferente, comunicando al movimiento neuronal periodos diferentes de alguna manera análogos; y estas modificaciones son las que se continúan por φ pasando por Ψ hacia *omega*, y allí, donde están casi exentas de cantidad, producen sensaciones conscientes de cualidades. (1895/1996: 355).

Mi hipótesis es la siguiente: hay en estos bebés una falla innata en lo que Freud llama los aparatos de las terminaciones nerviosas que no hacen su trabajo de filtro. A causa de ellos, los órganos sensoriales que tienen que hacer una gran parte del trabajo se cierran frente a las sensaciones como, por ejemplo, no escuchar, no mirar, etc.

¿Qué dice Lacan sobre este tema?:

> Un aparato sensorial, nos dice Freud, no juega solamente el rol de un extintor o amortiguador, como el aparato *phy* en general, sino también como un tamiz.

Y por esto él se preocupa por los ataques que pueden producirse contra las percepciones visuales, auditivas u otras.

Lo que los bebés en riesgo, como aquellos que desarrollarán autismo, saben hacer muy bien sobre el plano motor para evitar esas cantidades, es girar la cabeza para no ver ningún rostro que, como siempre, es portador de la complejidad de los sentimientos humanos para los cuales ellos parecen carecer de filtro. Como no es posible cerrar los oídos, estos bebés consiguen concentrarse en contrastes luminosos para escapar de la voz. Por esto los padres se preguntan si por casualidad el bebé no es sordo.

El sistema *psy* y las excitaciones provenientes del interior del organismo

Según el modelo del *Proyecto*, las excitaciones que provienen del interior del organismo son recibidas directamente por esta estructura que él nombra neuronas *psy*. Es allí donde las excitaciones endógenas que pueden llevar al displacer como el hambre o la sed son recibidas. El cachorro humano en su prematuración depende del prójimo auxiliador para lograr apaciguarlas. En los bebés que recibimos surgen en el interior de su organismo excitaciones que llevan no solo al displacer, sino al dolor, como el reflujo gastroesofágico, por ejemplo, y puede haber otras fuentes de dolor.

Esas excitaciones que provienen del interior del organismo le interesaron a Lacan en su primera conferencia (2 de diciembre) del seminario de *La ética* en el que nos habla del *Proyecto*, escuchémoslo:

> Existe, por ejemplo, la noción de las *Schlüsselneuronen*, las que desempeñan cierta función en relación a la parte del ψ que está dirigida hacia lo endógeno y que recibe sus cantidades. Las *Schlüsselneuronen*, son un modo particular de descarga que se produce en el interior del sistema ψ . Pero, paradójicamente, esta descarga solo tiene como función el aumentar aún la carga. (1959/1986: 356).

Lacan resalta que Freud la llama también *motorische neuronen* y habla de los músculos y de las neuronas secretoras. Lacan piensa que esto no es un *lapsus* de Freud, como lo imagina el traductor inglés, sino que se trata realmente de excitaciones que se producen en el interior del sistema ψ donde no hay filtro, y que van a provocar una serie de movimientos que, en lugar de bajar la tensión, la aumentan más.

Para Lacan esto tiene un gran interés porque nos sirve para esclarecer las neurosis actuales. Para nosotros, psicoanalistas de bebés, también es importante, porque cuando recibimos bebés nos confrontamos al hecho de que el dolor causado por el reflujo gastroesofágico suscita rigidez y movimientos en hiperextensión cuya consecuencia es el aumento de la secreción ácida que lleva todavía a más dolor.

Si yo les digo:

> Algo llamó mi atención hace mucho tiempo en la organización de la médula espinal. Encontramos neuronas y axones del dolor en el mismo lugar que, en otros niveles se encuentran ciertas neuronas y axones ligados esencialmente a la motricidad tónica.

Y ustedes me responderán, con razón, que allí le estoy dando demasiado lugar al organismo, y, además, estoy evocando localizaciones anatómicas. Pero es Lacan el que está hablando, y es él quien está interesado en el organismo. En esta misma lección del 9 de diciembre de 1959, Lacan pide a sus alumnos leer de corrido el artículo "La represión". Yo lo hice y encontré una interesante frase sobre el dolor, en relación con el empuje de la pulsión. Cito a Freud:

> Puede ocurrir que un estímulo exterior sea interiorizado, por ejemplo, si ataca o destruye a un órgano; entonces se engendra una nueva fuente de excitación continuada y de incremento de tensión. Tal estímulo cobra así notable semejanza con una pulsión. (1915/1981: 191-192).

A la Dra. Pascale Ambroise, que tiene un servicio para pequeños niños autistas, le llamaba mucho la atención la manera en que estos pequeños pueden aferrarse a las sensaciones dolorosas del reflujo gastroesofágico. Los exámenes practicados indican que los tejidos están dañados.

Con el fin de ayudarnos a percibir el dolor y los disturbios motores y sensoriales de los bebés que desarrollarán autismo, terminaré este primer abordaje del *Proyecto* haciendo homenaje a la madre de Emilie (de tres meses) que venía todas las semanas desde Bretaña para que podamos atenderla tanto sobre el plano psíquico, como corporal.

Cuando Emilie nació, su mamá ya tenía otra hija pequeña, y percibió desde el primer día que algo andaba mal. Esta bebé tenía mucho dolor, la pediatra había encontrado un reflujo gastroesofágico y le había dado como tratamiento omeprazol. Pero, la bebé permanecía rígida, con sus grandes ojos abiertos hacia el vacío, inaccesible. Su rigidez era tal que la neuropediatra pensó en un riesgo de autismo sindrómico, o sea asociado a otro problema neurológico. Fue la psicoanalista de la madre, colega de nuestra asociación, quien hizo la derivación. En paralelo a las sesiones con la psicoanalista, Emilie se benefició de la atención de Beaulieu, nuestra joven colega analista que es osteópata desde hace mucho tiempo y que pudo rápidamente percibir que el hombro de Emilie estaba dislocado. El pediatra y los padres no se habían dado cuenta. ¿Por qué? Estos bebés tienen una tal falla innata de filtro que cualquier acercamiento táctil es invasivo y provoca movimientos de evitamiento, que impiden que se encuentre una zona de dolor.

Al cabo de nueve meses Emilie no tuvo más necesidad de tomar el tren de alta velocidad. Su madre, feliz de la relación que pudieron establecer juntas. Gracias a un tratamiento sensorio motor, Emilie desarrolló un magnífico gateo antes de la marcha, y pudo afrontar las alegrías, los contratiempos, los fracasos, los logros que la vida nos aporta a cada uno de nosotros, como cualquier persona. Este trabajo sobre el *Proyecto* recién empieza, tiene como objetivo articular en el campo del Psicoanálisis el interés de nuestros abordajes simultáneos con relación al cuerpo y a la psiquis.

CONCLUSIONES GENERALES

"Entonces abre la posibilidad
de que sobrevenga lo inesperado".

Anne Dufourmantelle

¿Qué es necesario poner en marcha para que pueda constituirse un sujeto?

La obra de Marie-Cristine Laznik nos invita a estudiar conceptos fundamentales de Sigmund Freud y de Jacques Lacan y a dialogar con los aportes de otras disciplinas, posibilitando una reinvención y una brújula para intervenir en la clínica temprana.

Para que un sujeto se constituya deben darse determinadas condiciones que son efecto de un entrecruzamiento entre el sujeto y el Otro.

Parafraseando a Nora Woscoboinik-Scheimberg podemos decir que la vida comienza cuando empieza la mirada:

> La clínica de la mirada es central en el primer año de vida. No solo porque su ausencia constituye el signo patognomónico de las patologías graves de la comunicación, sino también porque la instauración de la mirada en el sentido del "acceso a lo especular" constituye el umbral del mundo de lo visible.

Ubicamos entonces a la mirada y a la voz del Otro como operadores fundamentales que estructuran lo real del cuerpo del bebé, ofreciéndole un lugar en el mundo. Del mismo modo,

> Un bebé que no llama, que no contesta, que no mira puede desorganizar completamente a su madre, instalándose así un círculo que hay que romper.

Quienes ejercen la función materna y paterna necesitan también de la mirada y sostén de su bebé para sentirse reconocidos y validados en su función.

¿Cómo intervenir cuando nos encontramos con bebés que, por diversas vulnerabilidades (bebés que padecen de dolor crónico por reflujo gastroesofágico, alteraciones sensoriomotoras, bebés con retraimiento emocional), no miran o rechazan a esos otros significativos? ¿Y cómo intervenir con los bebés que responden a los estímulos de sus padres, pero no los inician?

Años de investigación y trabajo clínico de Nora Woscoboinik-Scheimberg y Marie-Christine Laznik profundizan y ponen en cuestionamiento la falsa pregunta o dicotomía entre "psicogenética y organicidad".

Si bien la pregunta por la etiología está presente en sus textos, sus aportes principales trascienden esa cuestión: nos presentan una clínica psicoanalítica con lactantes que no culpabiliza a los padres. Por el contrario, les proponen un lugar central en el tratamiento, haciendo hincapié en la "bidireccionalidad" entre el bebé y el Otro, retroalimentando así el vínculo entre ambos.

Marie-Christine nos hace testigos de su clínica:

> Sostengo entonces a Enrico en mis brazos y le hablo con un tono teatral, en *maternés*, exagerando los tonos melódicos, lo que hace reír a los padres, que dicen que Laznik es como una vieja tía que ellos hicieron venir de América Latina para ocuparse del bebé. Les parezco ridícula cuando hago esto, pero reconocen que su bebé la mira. (...) Mi trabajo consistió en ayudar a su madre, tal como una bailarina de tango, a escuchar el ritmo siguiendo los pequeños signos que Enrico podía emitir.

Lo novedoso y valioso de la intervención del analista en la clínica con bebés con riesgo de autismo, es que el analista funciona como un prójimo auxiliador que permite que las madres y los padres, heridos al no sentirse buscados, se conviertan, a través del amor de transferencia, en "coanalistas" y logren así recobrar su capacidad de ilusión anticipatoria.

La clínica con bebés nos enseña la importancia del diagnóstico y detección precoz de riesgo de autismo. Poder identificar los tres tiempos de la pulsión, los recorridos y errores posibles nos ofrece la posibilidad de contribuir a una "reanimación pulsional". Y nos alienta a considerar que incluso, en los casos más graves, hay margen de intervención. La detección antes de los cuatro meses de vida del bebé es fundamental, así como el diagnóstico diferencial entre signos de riesgo de autismo y retraimiento emocional u otras problemáticas.

El psicoanálisis con bebés propone un desafío fundamental: el trabajo en conjunto con las familias y el diálogo e intervención con otras disciplinas. No es posible el abordaje sin el armado de un dispositivo que implique pensar al bebé o el niño en su contexto.

Reafirmamos fuertemente lo que nos enseñó Donald Winnicott:

> Lo esencial de los pediatras es prevenir las enfermedades mentales, y esto no se puede hacer solo con tratamientos, sino también con una comprensión profunda de la dinámica entre el niño y su entorno. (1958/1999: 15).

El entrecruzamiento y trabajo en común entre pediatra y psicoanalista es crucial en la prevención y el abordaje de los problemas tempranos en el desarrollo del niño.

Apostamos firmemente a ese sujeto por advenir. Esa apuesta no es solo un acto técnico, sino ético. El psicoanálisis con bebés y niños pequeños abre camino a una clínica posible. Su intervención puede generar nuevos trayectos en el desarrollo emocional y permitir torcer el rumbo en la vida de un bebé que padece sufrimiento psíquico.

Cynthia Frenkel, Melisa Fuchila,
Juliana Mazza y Dolores Casares

ACERCA DE LAS COMPILADORAS

CYNTHIA FRENKEL es Licenciada en Psicología, egresada de la Universidad de Buenos Aires, Diploma de Honor. Psicoanalista de Niños, Adolescentes y Adultos. Trabajó en el Equipo de Niños y Adolescentes y en el Equipo de Adultos del Centro de Salud Mental Nº 3 "Arturo Ameghino", Gobierno de la Ciudad de Buenos Aires. Becaria Honoraria. Desarrolla su práctica profesional en el ámbito clínico con niños, adolescentes y adultos. Coordina Talleres de Reflexión para Adultos Mayores.
Formó parte del equipo de Salud Mental del CESUN, Centro de Educación y Salud universitario, Sede UBA, Martínez.

Coordina el Equipo de Trabajo "Hacia el habla", conformado por psicoanalistas que estudian problemáticas de la constitución de la subjetividad. Ha presentado trabajos en diversas instituciones. Ha colaborado en diversas publicaciones y recibió, junto a un equipo de colegas, el Primer Premio Ameghino a la Investigación Clínica 2010 del Centro de Salud Mental Nº 3 "Arturo Ameghino" por la investigación "Abordaje de pacientes graves en el Centro de Salud".

Ha realizado el Programa de Actualización interdisciplinaria en Primera Infancia en la Sociedad Argentina de Primera Infancia, el curso de formación en observación de bebés en la Asociación Psicoanalítica Argentina y la Certificación en entrenamiento en el uso clínico de la escala ADBB para evaluar retraimiento relacional en bebés de 2 meses a dos años con la Dra. Mónica Oliver.

Contacto: cvfrenkel@gmail.com

MELISA FUCHILA es Licenciada en Psicología, egresada de la Universidad de Buenos Aires. Realizó el Posgrado en Psicoanálisis con especificidad en niños y adolescentes en la Institución Fernando Ulloa. Se desempeñó como concurrente en el servicio de salud mental, área clínica infanto-juvenil, del Hospital C. de Gandulfo. Trabajó como psicóloga clínica infanto-juvenil en el equipo interdisciplinario "Movernos". Desarrolla su práctica profesional en el ámbito clínico con bebés, niños, adolescentes y sus familias.

Realizó el curso de Introducción a la Psicología perinatal en la Facultad de Psicología, UBA y el curso de formación en Psicoperinatología con orientación psicoanalítica, en la Asociación Argentina de Salud Mental. Completó la formación interdisciplinaria en desarrollo infantil temprano en Sociedad Argentina de primera infancia y el Curso de formación en observación de bebés en Asociación Psicoanalítica Argentina.

Certificada en entrenamiento en el uso clínico de la escala ADBB para evaluar retraimiento socioemocional en bebés de dos meses a dos años. Es cocreadora de los talleres "Jugar Es Cosa Seria", un espacio dedicado al acompañamiento temprano del vínculo y el juego en la primera infancia. Forma parte del grupo de psicoanalistas "Sur Espacio Psicoanalítico". Práctica y lectura en psicoanálisis, coordinado por la Lic. Daniela Pérez. Es miembro del Equipo de Trabajo "Hacia el habla", conformado por psicoanalistas que estudian problemáticas de la constitución de la subjetividad.

Contacto: melisafuchila@gmail.com

JULIANA MAZZA es Licenciada en Psicología, egresada de la Universidad de Buenos Aires, realizó sus estudios de posgrado en el Centro de Salud Nº 3 Dr. A. Ameghino, realizando su especialización en Psicoanálisis. Se dedica a la clínica psicoanalítica, ejerciendo con infancias, adolescencias y adultos. Participa de distintos grupos de lectura de psicoanálisis como parte de su formación.

Fue fundadora y coordinadora de Espacio Autor, un espacio de juego y acompañamiento en la crianza para bebés, niños y niñas hasta 5 años. Ha realizado diversos talleres en el acompañamiento en la crianza en diversos centros educativos. Dictó talleres en diferentes ONGs y Fundaciones. Trabajó en Aldeas Infantiles, dando talleres en todo el país en el marco de "Crianza sin violencia" y en la Fundación Kaleidos, en su proyecto con UNICEF de Cuentos que Cuidan; en proyectos con Senaf, capacitando a cuidadores y docentes de diferentes provincias de Argentina, así como en capacitaciones en el marco de ESI.

También ha realizado durante diez años estudios en teatro con diferentes dramaturgos. Miembro del Equipo de Trabajo "Hacia el habla", conformado por psicoanalistas que estudian problemáticas de la constitución de la subjetividad.

Contacto: mazzajuliana@hotmail.com

DOLORES CASARES es Licenciada en Trabajo Social y en Psicología, egresada de la Universidad de Buenos Aires. Psicóloga Social, egresada de la Primera Escuela de Psicología Social Dr. Enrique Pichon Riviere. Psicoanalista de niños, adolescentes y adultos. Formó parte del equipo de Salud Mental del CESUN, Centro de Educación y Salud universitario, Sede UBA, Martínez.

Fue Jefa de Trabajos Prácticos y docente de la Cátedra de Grupos, UBA. Docente del Seminario Cesac Nº 10 del Hospital Penna y de la Escuela Rioplatense de psicoanálisis y poesía. Coordinó talleres de promoción de la lectura a través del proyecto Caracol de Cuentos. Fue integrante de IPBA, Institución Psicoanalítica de Buenos Aires y de Convergencia/ Lacanoamérica.

Forma parte de la Institución Psicoanalítica Airesis. Coautora de los siguientes libros: *Los hilos de la transferencia, Sublimación escritura en la ética del psicoanálisis, Poemarios, Postales de Cuarentena, El mercader del río.* Miembro del Equipo de Trabajo "Hacia el habla", conformado por psicoanalistas que estudian problemáticas de la constitución de la subjetividad.

Contacto: casaresdolores@gmail.com

ANEXO DIGITAL

Los invitamos a leer a través de este QR[8] los siguientes artículos y la síntesis de los conceptos significativos que cada capítulo, publicado en el presente volumen, nos aportó[9].

LA TEORÍA LACANIANA DE LA PULSIÓN PERMITIRÍA HACER AVANZAR LA INVESTIGACIÓN SOBRE EL AUTISMO

En este texto de Marie-Christine Laznik será puesto en relevancia el concepto freudiano de pulsión, con los importantes aportes de Jacques Lacan, quien retoma los tres tiempos del montaje pulsional y sus cuatro componentes.

Se toma de la metapsicología de Lacan las herramientas que permiten leer aquellos procesos que se ponen en juego en los primeros tiempos constitutivos. El fracaso del tercer tiempo del circuito pulsional se traduce en hechos clínicamente observables que pueden ser enseñados a detectar por los médicos de primera infancia.

En el presente capítulo se analiza la función del Estadio del Espejo y su valor constitutivo en relación a la pulsión escópica e invocante.

Se plantea al autismo como un fracaso o una falla en el establecimiento del lazo funcional al Otro, sin el cual ningún sujeto puede advenir. La función del analista será poner en ruta ese lazo.

---

8. <https://minoydavila.com.ar/anexo-bebes-y-primera-infancia/>.

9. Elaborado por Cynthia Frenkel, Melisa Fuchila, Juliana Mazza y Dolores Casares.

¿PODEMOS PENSAR UNA CLÍNICA DEL NUDO BORROMEO QUE DISTINGA PSICOSIS Y AUTISMO EN LOS NIÑOS MÁS PEQUEÑOS?

La autora plantea la utilidad del nudo borromeo para pensar las estructuras clínicas. Accidentes de recorridos muy diferentes pueden llevar a un mismo fracaso del nudo borromeo.

Jacques Lacan nos ofrece una "figuración de la trenza cuando todo va bien, o sea, cuando ella lleva a un nudo borromeo que no tiene necesidad de un sinthome o de un cuarto nudo para sostenerse". Pero, ¿cuáles son los accidentes de la trenza en los bebés que van a devenir autistas?

Este escrito permite precisar la diferencia entre psicosis y autismo a nivel del anudamiento borromeano. En el caso de la psicosis infantil se tratará de una exclusión de lo Simbólico en el nudo borromeo.

En el caso del autismo, se tratará de una falla en el campo de lo imaginario. Laznik postula: "La hipótesis de que lo que fracasa en el autista es el anudamiento de lo Imaginario con las otras dos consistencias. Por supuesto, aquí también, un cuarto anudamiento puede paliar este accidente. Esto fue lo que le sucedió a James Joyce, que yo no considero autista".

Los niños autistas "no solamente no son capaces de construir un Estadio del Espejo, sino que, más pequeños, no se dejan llevar por la admiración que sus padres le muestran al mirarlos".

DEL POR QUÉ DEL LENGUAJE ESTEREOTIPADO...

Entre estereotipia y lenguaje, cómo la instalación del representante representativo de la pulsión puede fracasar o lograrse

Este texto presenta dos casos clínicos, Halimata, una niña de 5 años (un caso de Nora Woscoboinik-Scheimberg) y Ludivin, un bebé de 17 meses. Trabaja sobre el complejo del semejante, tomando el *Proyecto de una psicología para neurólogos* de Sigmund Freud y la "Carta 52".

Se sostiene la importancia de una "locura necesaria de las madres". El texto analiza que "el problema central en el autismo pareciera ser más el de una falla en el registro del inconsciente, que una imposibilidad de traducción en representación de palabras por el preconsciente. (...) Las palabras pueden funcionar sin que tengamos realmente el sentimiento de que remiten a procesos de pensamiento inconsciente en el sujeto. Podríamos situar en esta rúbrica todo hablar ecolálico".

BIBLIOGRAFÍA GENERAL

Ami, O.; Maran, J. C.; Gabor, P.; Whitacre, E. B.; Musset, D.; Dubray, C.; Mage, G. & Boyer, L. (2019). Three-dimensional magnetic resonance imaging of fetal head molding and brain shape changes during the second stage of labor. *PLOS ONE*, 14(5), e0215721.

Araujo, G.; Lerner, R.; Hoffmann, C. & Laznik, M.-C. (2013). Étude sur le développement des frères et sœurs d'enfants autistes. *La psychiatrie de l'enfant*, 56(1), 27–63.

Baron-Cohen, S.; Allen, J. & Gillberg, C. (1992). Can autism be detected at 18 months? The needle, the haystack, and the CHAT. *British Journal of Psychiatry*, 161, 839–843.

Beaulieu, A. (2021). *Le bébé à risque d'autisme: Regards croisés entre psychanalyse et ostéopathie*. Éditions Erès.

Bentata, H. (2000). Sirènes et chofar: Incarnation mythique et rituelle de la voix. Dans F. Meyer (Dir.), *Quand la voix prend corps* (pp. 89–104). L'Harmattan.

Bentata, H.; Ferron, C. & Laznik, M.-C. (2015). *Ecoute, ô bébé la voix de ta mère: la pulsion invocante*. Éditions Érès.

Bentata, H.; Ferron, C. & Laznik, M.-C. (2018). *Le bébé dans tous ses états*. Éditions Érès.

Bentata, H.; Ferron, C. & Laznik, M.-C. (2022). *Le corps sensori-moteur du bébé à risque: avancées théoriques et pratiques*. Éditions Érès.

Bérengère Olliac et al. (2017). Infant and Dyadic Assessment in Early Community-Based Screening for Autism Spectrum Disorder with the PRÉAUT Grid. *PLOS ONE*, 12(12): e0188831.

Bion, W. R. (1991). *Aux sources de l'expérience*. Presses Universitaires de France (PUF).

Boddaert, N.; Chabane, H.; Gervais, C. D.; Good, M.; Bourgeois, M.-H.; Plumet, C.; Barthelemy, M.-C.; Mouren, E.; Artiges, Y.; Samson, F.; Brunelle, E.; Frackviak, R. S. J. & Zilbovicius, M. (2004). Anomalías anatómicas del surco temporal superior en el autismo infantil: un estudio de resonancia magnética de morfometría basada en vóxeles. *Neuroimage*, 23(1), 364–369.

Boddaert, N.; Chabane, H.; Belin, P.; Bourgeois, M.; Royer, V.; Barthelemy, C.; Mouren-Simeoni, M.-C.; Philippe, A.; Brunelle, F.; Samson, Y. & Zilbovicius, M. (2004b). Percepción de sonidos complejos en el autismo: procesamiento cortical auditivo anormal en niños. *American Journal of Psychiatry*, 161(12), 2117–2120.

Boucher, J.; Lewis, V. & Collis, G. (1998). Coincidencia y reconocimiento de caras y voces familiares en niños con autismo. *Journal of Child Psychology and Psychiatry*, 39(2), 171–181.

Boysson-Bardies, B. de (1996). *Comment le langage vient aux enfants.* Odile Jacob.

Bullinger, A. (2007). *Le développement sensori-moteur de l'enfant et ses avatars: Un parcours de recherche*. Éditions Erès.

Bullinger, A. (2015). *Le développement sensori-moteur de l'enfant et ses avatars,* vol. II. Éditions Erès.

Burnham, D.; Kitamura, C. & Vollmer-Conna, U. (2002). ¿Qué hay de nuevo, Pussycat? Sobre hablar con bebés y animales. *Science*, 296(5572), 1435.

Burnod, Y. & Laznik, M.-C. (2018). Diálogos neurobiología y psicoanálisis. En *Construcción y compartición del mundo interno*, 83–94. Éditions Érès.

Cabrera-Martos, I.; Valenza, M. C.; Valenza-Demet, G.; Benítez-Feliponi, Á.; Robles-Vizcaíno, C. & Ruiz-Extremera, Á. (2016). Repercusiones de la plagiocefalia sobre la postura, la flexibilidad muscular y el equilibrio en niños de 3–5 años. *Revista de Pediatría y Salud Infantil*, 52(5), 541–546.

Caesar, P. (1979). *Postural behavior in newborn infants.* J. B. Lippincott.

Cassel, R. S.; Saint-Georges, C.; Mahdhaoui, A.; Chetouani, M.; Laznik, M. C.; Muratori, F.; Adrien, J. L. & Cohen, D. (2013). Course of maternal prosodic incitation (motherese) during early development in autism: An exploratory home movie study. *Interaction Studies*, 14(3), 480–496.

Chauvet, M.; Laznik, M.-C. & Pelabon, C. (2020). Collision triptyque entre un accouchement traumatique, la réalite de l'équipement du bébé et l'histoire maternelle. Dans *Soins, corps et langage*. Éditions Érès.

Chauvet, M. & Laznik, M.-C. (2022). Enrico, un bébé dit a "haut risque d'autisme". Dans Marie-Dominique Amy, Armelle Barral, Bernard Golse (Éds.), *Des troubles sensoriels aux stratégies thérapeutiques* (pp. 115–126). Éditions Érès.

Cleary, D. B.; Maybery, M. T.; Green, C. & Whitehouse, A. J. O. (2023). The first six months of life: A systematic review of early markers associated with later autism. *Neuroscience & Biobehavioral Reviews*, 151, 105304.

Cohen, D.; Saint-Georges, C.; Mahdhaoui, A.; Chetouani, M.; Laznik, M. C.; Muratori, F.; Adrien, J. L. & Cassel, R. S. (2013). Do parentese prosody and fathers' involvement in interacting facilitate social interaction in infants who later develop autism? *PLOS ONE*, 8(5), e061402.

Condon, W. S. & Sanders, L. W. (1974). El movimiento del neonato se sincroniza con el habla del adulto: participación interaccional y adquisición del lenguaje. *Science*, 183(4120), 99–100.

Crespin, G. (2007). *L'épopée symbolique du nouveau-né*. Éditions Érès.

Dawson, G. (2008). Early behavioral intervention, brain plasticity, and the prevention of autism spectrum disorder. *Development and Psychopathology*, 20(3), 775–803.

Delion, P. & Bullinger, A. (2016). Les bébés à risque d'autisme. Dans Florence Joly y Pierre Delion (Eds.), *L'enfant autiste et son corps*. In Press.

Doi, H.; Sugiyama, T.; Murai, C.; Matsuzaki, T.; Ito, H.; Fujisawa, T.; Tsuchiya, K. J. & Kato, N. (2022). Prediction of autistic tendencies at 18 months of age via markerless video analysis of spontaneous body movements in 4-month-old infants. *Scientific Reports*, 12(1), 18045.

Doi, H.; Sugiyama, T.; Murai, C.; Matsuzaki, T.; Ito, H.; Fujisawa, T.; Tsuchiya, K. J. & Kato, N. (2023). Spatiotemporal patterns of spontaneous movement in neonates are significantly linked to risk of autism spectrum disorders at 18 months old. *Scientific Reports*, 13(1), 13869.

Dupuy, J.-P. (1999). *Aux origines des sciences cognitives*. La Découverte.

Ellis, H. (1921). *La pudeur, la périodicité sexuelle, l'auto-érotisme, l'inversion sexuelle*. Cercle du Livre Précieux.

Einspieler, C.; Sigafoos, J.; Bölte, S.; Bartl-Pokorny, K. D.; Landa, R. & Marschik, P. B. (2014). Highlighting the first 5 months of life: General movements in infants later diagnosed with autism spectrum disorder or Rett syndrome. *Research in Autism Spectrum Disorders*, 8(3), 286–291.

Fernald, A. (1992). Human maternal vocalizations to infants as biologically relevant signals: An evolutionary perspective. En P. Bloom (Éd.), *Language acquisition* (pp. 390–428). Oxford University Press.

Fernald, A. & Simon, T. (1982). Expanded intonation contours in Mother's Speech to Newborns. *Developmental Psychology*, 20(1), 104–113.

Fernald, A. & Kuhl, P. (1987). Determinantes acústicos de la preferencia infantil por el habla del "parentés". *Infant Behavior and Development*, 10(3), 278–293.

Ferreira, S. M. (1995). De l'interaction mère-bébé au dialogue mère-bébé : le premier pas. *La psychanalyse de l'enfant*, (16), 69–83.

Filippa, M. et al. (2018). Cambios en el habla y el canto directo del bebé relacionados con la expresión facial del bebé prematuro en la unidad de cuidados intensivos neonatales. *Interaction Studies*, 19(3), 427–444.

Fraiberg, S. (1982). Defensas patológicas en la infancia. *Psychoanalytic Quarterly,* 51(4), 594–615.

Freud, S. (1895/1973). L'esquisse d'une psychologie scientifique. Dans *La naissance de la psychanalyse.* Presses Universitaires de France (PUF).

Freud, S. (1895/1977). Proyecto para una psicología científica. En *Obras completas* (Vol. I). Imago.

Freud, S. (1895/1996). Proyecto de una psicología para neurólogos. En J. L. Etcheverry (Trad.), *Obras completas* (Vol. 1, pp. 323–393). Editorial Amorrortu.

Freud, S. (1905/1968). *Trois essais sur la théorie sexuelle.* Gallimard, Collection NRF.

Freud, S. (1905/1971). *Le mot d'esprit et sa relation à l'inconscient.* Gallimard, Collection NRF.

Freud, S. (1905/1981). *El chiste y su relación con lo inconsciente.* Biblioteca Nueva.

Freud, S. (1905/2015). Tres ensayos de teoría sexual. En J. L. Etcheverry (Trad.), *Obras completas* (Tomo VII). Editorial Amorrortu.

Freud, S. (1914/2005). Introduction du narcissisme. Dans *Œuvres complètes,* vol. XII. Presses Universitaires de France.

Freud, S. (1915/1968). Pulsions et destins des pulsions. Dans *Métapsychologie.* Gallimard, Collection NRF.

Freud, S. (1915/1981). La represión. En *Obras completas.* Biblioteca Nueva.

Freud, S. (1938/1991). Esquema del psicoanálisis. En J. L. Etcheverry (Trad.), *Obras completas* (Tomo XXIII). Editorial Amorrortu.

Gador, E. (2003). Síntomas tempranos y prodrómicos de la esquizofrenia. VERTEX *Revista Argentina de Psiquiatría,* 14(53), 18–31.

Getahun, D.; Fassett, M. J.; Peltier, M. R.; Wing, D. A.; Xiang, A. H.; Chiu, V. & Jacobsen, S. J. (2017). Association of perinatal risk factors with autism spectrum disorder. *American Journal of Perinatology,* 34(3), 295–304.

Gervais, H.; Belin, P.; Boddaert, N.; Leboyer, M.; Coez, A.; Sfaello, I.; Barthelemy, C.; Brunelle, F.; Samson, Y. & Zilbovicius, M. (2004). Procesamiento cortical anormal de la voz en el autismo. *Nature Neuroscience,* 7(8), 801–802.

Golse, B. (2003). Bordando condiciones de más dignidad. Entrevista a S. Celia por R. Gorodisch. *VERTEX Revista Argentina de Psiquiatría,* 14(54).

Gori, R. (2002). *La logique des passions.* Éditions Denoël.

Haag, G. (1997). Contribution à la compréhension des identifications en juego dans le moi corporel. *Journal de la psychanalyse de l'enfant,* (20), 111-131.

Haag, G. (2005). Réflexions de psychothérapeutes de formation psychanalytique qui s'occupent de sujets avec autisme. *Cahiers de PRÉAUT,* (2), 55–66.

Haag, G. (2008). De quelques fonctions précoces du regard à travers l'observation directe et la clinique des états archaïques du psychisme. *Enfances & Psy*, 41, 14–22.

Haag, G. (2018). *Le moi corporel. Autisme et développement.* Presses Universitaires de France (PUF).

Hadders-Algra, M. (2003). Motricidad espontánea normal y patológica en lactantes pequeños. *Enfance*, 55(1), 13–22.

Hayat, T. T. A.; Martinez-Biarge, M.; Kyriakopoulou, V.; Hajnal, J. V. & Rutherford, M. A. (2018). Neurodevelopmental correlates of fetal motor behavior assessed using cine MR imaging. *AJNR*, 39(8), 1519–1522.

Jones, E. J. H. & Johnson, M. H. (2016). A revolution for the at-risk. *The Psychologist*, 29(12), 912–917.

Jones, W. & Klin, A. (2013). Attention to eyes is present but in decline in 2–6-month-old infants later diagnosed with autism. *Nature*, 504(7480), 427–431.

Kandel, E. R. (2007). *À la recherche de la mémoire: Une nouvelle théorie de l'esprit.* Odile Jacob.

Klein, M. (1930/1968). L'importance de la formation du symbole dans la formation du moi. Dans *Essais de psychanalyse* (pp. 263–278). Payot.

Klein, M. (1930/1975). The importance of symbol-formation in the development of the ego. In *The writings of Melanie Klein* (Vol. I). The Hogarth Press.

Klin, A. (2012). Una nueva forma de diagnosticar el autismo [Video]. TED Conferences.

Lacan, J. (1953–1954/1975). *Le Séminaire, Livre I: Les écrits techniques de Freud.* Éditions du Seuil.

Lacan, J. (1956–1957/1994). *Le Séminaire, Livre IV: La relation d'objet.* Éditions du Seuil.

Lacan, J. (1957–1958/1998). *Le Séminaire, Livre V: Les formations de l'inconscient.* Éditions du Seuil.

Lacan, J. (1959/1986). *Le Séminaire, Livre VII: L'éthique de la psychanalyse.* Éditions du Seuil.

Lacan, J. (1960–1961/1991). *Le Séminaire, Livre VIII: Le transfert.* Éditions du Seuil, pp. 401–418.

Lacan, J. (1964/1973). *Le Séminaire, Livre XI: Les quatre concepts fondamentaux de la psychanalyse.* Éditions du Seuil. Edición en castellano: (1985). *El Seminario, Libro XI: Los cuatro conceptos fundamentales del psicoanálisis.* Jorge Zahar.

Lacan, J. (1970–1971) *Le Séminaire, Livre XVIII: D'un discours qui ne serait pas du semblant.* Éditions du Seuil.

Lacan, J. (1966/1999). Le stade du miroir comme formateur de la fonction du Je. En *Écrits*. Éditions du Seuil.

Lacan, J. (1981). *The seminar of Jacques Lacan, Book XI: The four fundamental concepts of psychoanalysis* (A. Sheridan, Trad.). W. W. Norton & Company.

Lacan, J. (1991). *The seminar of Jacques Lacan, Book I: Freud's papers on technique* (J. Forrester, Trad.). W. W. Norton & Company.

Laznik, M.-C. (1971/1997). *Hacia el habla, tres niños autistas en psicoanálisis.* Nueva Visión. Edición en francés: (1995). *Vers la parole: trois enfants autistes en psychanalyse.* Éditions Denoël.

Laznik, M.-C. (1991). À propos du rôle fondateur du regard de l'Autre. *Psychanalyse de l'Enfant,* 10.

Laznik, M.-C. (1993). Pour une théorie lacanienne des pulsions. *Le Discours Psychanalytique,* (10), 221–239.

Laznik, M.-C. (1995). Les effets de la parole sur le regard des parents, fondateur du corps de l'enfant. Dans Daniel Brun (Éd.), *Les parents, le pédiatre et le psychanalyste.* Éditions P.A.U.

Laznik, M.-C. (2000). La théorie lacanienne de la pulsion permettrait de faire avancer la recherche sur l'autisme. *La célibataire* (Automne–Hiver), 67–78.

Laznik, M.-C. (2000b). *Une psychanalyste avec des parents et trois enfants autistes se mettent à parler.* Éditions Erès.

Laznik, M.-C. (2004). Des passions amoureuses qui suscitent la passion d'ignorer. *Cliniques méditerranéennes,* 70(2), 113–129.

Laznik, M.-C. (2004b). Traitement conjoint mère-bébé, chez un bébé de trois mois et demi, présentant des clignotants de risque d'autisme. *Cahiers de Préaut,* (1), 103–112.

Laznik, M.-C. (2005). *La menopausia: el deseo inconcebible.* Nueva Visión.

Laznik, M.-C. (2005b). Les interactions sonores entre les bébés devenus autistes et leur mère. Dans M. F. Castarède & G. Konopczynski (Éds.), *Au commencement était la voix* (pp. 171–181). Éditions Érès.

Laznik, M.-C. (2005c). Rôle fondateur du regard de l'Autre maternel dans la constitution de l'image du cuerpo. *Cahiers de l'Infantile,* (4), 77–96.

Laznik, M.-C. (2007). La prosodie avec les bébés à risque d'autisme: clinique et recherche. Dans M.-C. Laznik & S. Tordjman (Éds.), *Langage, voix et parole dans l'autisme* (pp. 181–216). Presses Universitaires de France (PUF).

Laznik, M.-C. (2007b). Joint mother–baby treatment with a baby of 3½ months who shows early warning signs of autism. In S. Acquarone (Ed.), *Signs of Autism in Infants: Recognition and Early Intervention.* Karnac.

Laznik, M.-C. (2007c). Sur le pourquoi du langage stéréotypé... Ou entre stéréotypie et langage: comment peut échouer ou réussir l'installation du représentant représentatif de la pulsion. Dans B. Touati, F. Joly, & M.-C. Laznik (Éds.), *Langage, voix et parole dans l'autisme* (pp. 13–17). Presses Universitaires de France.

Laznik, M.-C. (2008). La voix comme premier objet de la pulsion orale. *Psychanalyse et Enfance* (28), Centre Alfred Binet, 10–25.

Laznik, M.-C. (2009). The lacanian theory of the drive: gains for research on autism. *Journal of the Centre for Freudian Analysis and Research*, (19), 41–62.

Laznik, M.-C. (2013). Traitement psychanalytique d'un bébé de deux mois, frère d'autiste, présentant des signes de danger d'une évolution semblable. *Revue de Psychiatrie française, Autismes* I(43), 124–150.

Laznik, M.-C. (2014). Empathie émotionnelle et autisme. Dans D. Amy (Éd.), *Autismes et Psychanalyse* (pp. 372–398). Éditions Erès.

Laznik, M.-C. (2018). Le dualisme de Lacan entre champ narcissique de l'amour et champ pulsionnel et son application à la clinique des bébés. *Le Bulletin Freudien*, 63, 65–80.

Laznik, M.-C. (2022). Comment la pauvreté des mouvements du nourrisson peut casser le rythme chez l'autre. *Journal Français de Psychiatrie, Rythme* 50(1), 38–45.

Laznik, M.-C. (2023). Comment enchanter par la voix un bébé en danger d'autisme. Dans Bernard Touati, Fabien Joly, Marie Christine Laznik, *Autismes, Corps et psyché* (pp. 67-97). Presses Universitaires de France (PUF).

Laznik, M.-C. (2025). Pourquoi les pédiatres doivent-ils apprendre à évaluer les signes de risque... Dans *Bébés fragiles et risques en cascade* (pp. 47–62). Éditions Érès.

Laznik, M.-C. & Ferron, C. (2014). La pulsion invocante et l'Autre dans la clinique du bébé. En H. Bentata, C. Ferron y M. C. Laznik (Éds.), *Écoute, ô bébé, la voix de ta mère: La pulsion invocante*. Éditions Erès.

Laznik, M.-C.; Muratori, F.; Maestro, S.; Parlato, E. (2005). Las interacciones sonoras de los bebés que se vuelven autistas y sus padres. En M.-F. Castarède & G. Konopczynski (Dirs.), *Al principio estaba la voz* (pp. 171–181). Éditions Érès.

Laznik, M.-C. & Saint-Georges, C. (2013). Pulsion invocante avec les bébés à risque d'autisme. Dans G. Crespin (Éd.), *Cahier de PRÉAUT #10: La voix. Des hypothèses psychanalytiques à la recherche scientifique* (pp. 23–78). Éditions Érès.

Laznik, M.-C., & Saint-Georges, C. (2019). Pourrait la détection du risque d'autisme chez des bébés de quelques mois aider à transformer le pronostic? La grille PRÉAUT, son origine et ses applications. *Enfance Psy*, 80, 13–17. Éditions Érès.

Lev Enacab, O. (2022). Interaction précoce mère-bébé et mouvements généraux, une relation si étroite. Dans Bentata, H.; Ferron, C. & Laznik, M.-C. (Éds.). *Le corps sensori-moteur du bébé à risque: avancées théoriques et pratiques* (pp. 119–131). Éditions Érès.

Maestro, S.; Pei, F. & Muratori, F. (2002). Attentional Skills During the First 6 Months of Age in Autism Spectrum Disorder. *Journal of the American Academy of Child & Adolescent Psychiatry*, 41(10), 1239–1245.

McElhanon, B. O.; McCracken, C.; Karpen, S.; Sharp, W. G.; Schreck, K. A.; Roux, S.; Krizo, J. (2014). Gastrointestinal symptoms in autism spectrum disorder: A meta-analysis. *Pediatrics*, 133(5), 872–883.

Mehler, J. & Dupoux, É. (1990). *Naître humain*. Odile Jacob.

Mercier, A. (1995). Oralité: questions à propos de nourrissons en nutrition artificielle. Tesis doctoral, Université Paris Diderot–París 7.

Mottron, L. (2004). *El autismo: otra inteligencia*. Mardaga.

Muratori, F., Apicella, F. & Maestro, S. (2016). Le corps et la motricité comme véhicule ou obstacle au développement de l'intersubjectivité chez les bébés devenus autistes. Dans F. Joly & P. Delion (Éds.), *L'enfant autiste et son corps: Une approche psychomotrice de l'autisme infantile*. Éditions In Press.

Nagy, E. & Molnar, P. (2004). ¿Homo imitans or homo provocans? Human imprinting model of neonatal imitation. *Infant Behavior and Development*, 27(4), 57–63.

Nothomb, A. (2002). *Métaphysique des tubes*. Le Livre de Poche.

Olliac, B.; Crespin, G.; Laznik, M.-C.; Cherif Idrissi El Ganouni, O.; Sarradet, J.-L.; Bauby, C.; Mialet, M.; Aussilloux, C. (2017). Infant and dyadic assessment in early community-based screening for autism spectrum disorder with the PREAUT grid. *PLOS ONE*, 12(12), e0188831.

Ouss, L.; Ben Soussan, S.; Mialet, M.; Le Bihan, M.; Cohen, D.; Saint-Georges, C. (2014). Infant's engagement and emotion as predictors of autism or intellectual disability in West syndrome. *European Child & Adolescent Psychiatry*, 23(3), 143–149.

Ozonoff, S.; Young, G. S.; Carter, A.; Messinger, D.; Yirmiya, N.; Zwaigenbaum, L.; Bryson, S.; Carver, L. J.; Constantino, J. N.; Dobkins, K.; Hutman, T.; Iverson, J. M.; Landa, R.; Rogers, S. J.; Sigman, M.; Stone, W. L. (2011). Recurrence risk for autism spectrum disorders: A baby siblings research consortium study. *Pediatrics*, 128(3), e488–e495.

Phagava, H.; Muratori, F.; Einspieler, C.; Maestro, S.; Apicella, F.; Guzzetta, A.; Prechtl, H. F. R.; Cioni, G. (2008). General movements in infants with autism spectrum disorders. *Georgian Medical News*, 156, 100–105.

Prechtl, H. F. R. (1990). Qualitative changes of spontaneous movements in fetus and preterm infant are a marker of neurological dysfunction. *Early Human Development*, 23(3), 151–158.

Raimbault, G. (1980). Les nourritures terrestres, à propos d'enfants en réanimation digestive. *Psychiatrie de l'Enfant*, 23(1), 5–84.

Reissland, N.; Shepherd, J.; Cowie, L. (2002). La melodía de la sorpresa: vocalizaciones maternas de sorpresa durante el juego con su bebé. *Infant and Child Development*, 11(3), 271–278.

Roman-Teboul, L. (2022). Le rôle des points d'appui pour interagir avec l'autre. Dans H. Bentata, C. Ferron & M.-C. Laznik (Éds.), *Le corps sensori-moteur du bébé à risque* (pp. 217–234). Éditions Érès.

Roman-Teboul, L. (2024). Les enjeux corporels des bébés et ses effets dans les interactions parents-bébés. Tesis doctoral, Université Paris Cité.

Saint-Georges, C. et al. (2011). Do Parents Recognize Autistic Deviant Behavior Long before Diagnosis? Taking into Account Interaction Using Computational Methods. *PLOS ONE*, 6(7), e22393.

Saint-Georges, C. et al. (2017). Do parents recognize autistic deviant behavior long before diagnosis? *PLOS ONE*, 12(12), e0188831.

Scherer, K. R. (1979). Nonlinguistic indicators of emotion and psychopathology. In C. E. Izard (Ed.), *Emotions in personality and psychopathology* (pp. 493–529). Plenum Press.

Schultz, R. T.; Grelotti, D. J.; Klin, A.; Kleinman, J.; van der Gaag, C.; Marois, R.; Skudlarski, P. (2003). El papel del área fusiforme de la cara en la cognición social: implicaciones para la patobiología del autismo. *Philosophical Transactions of the Royal Society* B, 356(1430), 415–427.

Soulé, M. (1970). *La connaissance de l'enfant par la psychanalyse*. Presses Universitaires de France (PUF).

Smith, A. (2009). The Empathy Imbalance Hypothesis of Autism: A Theoretical Approach to Cognitive and Emotional Empathy in Autistic Development. *The Psychological Record* (59)3, 489–510.

Spitz, R. A. (1957/2008). *Le oui et le non: la genèse de la communication humaine*. Presses Universitaires de France (PUF).

Stern, D. (1981). *Madre-hijo: primeras relaciones*. Mardaga.

Tordjman, S. et al. (2015). El autismo como trastorno de los ritmos biológicos y conductuales: hacia nuevas perspectivas terapéuticas. *Frontiers in Pediatrics*, 3(1), 1-13.

Touati, B.; Joly, F. & Laznik, M.-C. (Éds.). (2007). *Langage, voix et parole dans l'autisme*. Presses Universitaires de France (PUF).

Touati, B.; Joly, F. & Laznik, M.-C. (2023). *Autismes, corps et psyché*. Presses Universitaires de France (PUF).

Trevarthen, C. (2014). La musicalité intime des voix avec le bébé. Dans H. Bentata, C. Ferron y M.-C. Laznik (Éds.), *Écoute, ô bébé, la voix de ta mère: La pulsion invocante* (pp. 241–250). Éditions Erès.

Trevarthen, C. & Malloch, S. (Eds.) (2009). *Communicative musicality: Exploring the basis of human companionship*. Oxford University Press.

Trevarthen, C.; Delafield-Butt, T. J. & Jonathan, T. (2013). El autismo como un trastorno del desarrollo en el movimiento intencional y el compromiso afectivo. *Frontiers in Integrative Neuroscience*, 7.

Wanderley, D. (Comp.) (1999). *A voz da sereia. O autismo e os impasses na constituição do sujeito*. Editorial Ágalma.

Wasilewska, J. & Klukowski, M. (2015). Gastrointestinal symptoms and autism spectrum disorder: Links and risks. A possible new overlap syndrome. Pediatric Health. *Medicine and Therapeutics*, 6, 153–156.

Whitehouse, A. J. O.; Varcin, K. J.; Pillar, S. et al. (2021). Effect of Preemptive Intervention on Developmental Outcomes Among Infants Showing Early Signs of Autism: A Randomized Clinical Trial of Outcomes to Diagnosis. *JAMA Pediatr*. 2021;175(11):e213298.

Winnicott, D. W. (1958/1999). *Escritos de pediatría y psicoanálisis*, trad. J. Beltrán. Editorial Paidós.

Winnicott, D. W. (1972). *Realidad y juego*. Editorial Galerna.

Woscoboinik-Scheimberg, N. (2001). *Paroles de Bébés*. Éditions Érès.

Woscoboinik-Scheimberg, N. (2005). Vertiges de l'amour: Récit d'un traitement précoce. Dans M. Caron-Lefèvre (Éd.), *Traitement psychanalytique du bébé avec ses parents* (pp. 67–86). In Press.

Woscoboinik-Scheimberg, N. (2008). El circuito de la pulsión en la comprensión de los trastornos del espectro autista. *Revista de Psicoanálisis*, 65(3), 611–625.

Zappella, M.; Einspieler, C.; Bartl-Pokorny, K. D.; Krieber, M.; Coleman, M.; Bölte, S.; Marschik, P. B. (2015). What do home videos tell us about early motor and socio-communicative behaviours in children with autistic features during the second year of life. *Early Human Development*, 91(10), 569–575.

www.ingramcontent.com/pod-product-compliance
Lightning Source LLC
LaVergne TN
LVHW100258210926
848480LV00003B/951
* 9 7 9 1 3 8 7 5 4 6 6 6 3 *